中国海域综合管理概述

何伟宏　索安宁　编

海洋出版社

2021年·北京

图书在版编目(CIP)数据

中国海域综合管理概述／何伟宏，索安宁编著．--北京：海洋出版社，2021.10

ISBN 978-7-5210-0845-6

Ⅰ．①中… Ⅱ．①何… ②索… Ⅲ．①海域使用管理法-研究-中国 Ⅳ．①D993.5

中国版本图书馆 CIP 数据核字(2021)第 236998 号

责任编辑：苏　勤
责任印制：安　淼

海洋出版社出版发行

http://www.oceanpress.com.cn
北京市海淀区大慧寺路8号　邮编：100081
北京中科印刷有限公司印刷
2021年10月第1版　2021年10月北京第1次印刷
开本：787 mm×1092 mm　1/16　印张：18
字数：300千字　定价：298.00元
发行部：010-62100090　邮购部：010-62100072
总编室：010-62100034
海洋版图书印、装错误可随时退换

前　言

中国位于亚欧大陆东部，太平洋西岸，倚陆临海，陆海兼顾，大陆海岸线长达 1.84 万千米，东南部近海分别为渤海、黄海、东海和南海四大海域，拥有 12 海里领海权的海域面积 38 万平方千米，另外还拥有 200 海里的专属经济区、大陆架以及部分国际海底区域管辖权，面积将近 300 万平方千米。进入 21 世纪，随着我国海洋开发装备能力的加强和提升，海域使用对海洋经济的支撑、对沿海地区社会经济发展的推动作用日益突现，海域综合管理已成为我国海洋综合管理的核心工作。

2002 年《中华人民共和国海域使用管理法》颁布实施以来，我国海域综合管理制度逐步发展、完善并走向系统化。2002 年，《全国海洋功能区划》（第二次全国海洋功能区划）经国务院批准实施，成为我国海域使用管理的重要依据。2007 年，全国海域分等与海域使用金标准发布，海域有偿使用制度基本形成。2008 年《海域使用论证管理规定》印发，海域使用论证制度正式确立。2009 年，国家海域使用动态监视监测管理系统正式业务化运行，我国海域综合管理迈入到信息化管理新时代。2010 年，围填海计划管理制度正式实施，围填海规划引导、计划调控、总量控制等管理制度体系逐步形成。2012 年，《全国海洋功能区划（2012—2020 年）》及 11 个沿海省级海洋功能区划得到国务院批复，海洋功能区划制度成为我国海域综合管理的核心制度之一。2014 年，海域海岸带整治修复工作持续推进，海域海岸带整治修复管理制度逐步完善；2016 年，中央全面深化改革领导小组审议通过了《海岸线保护与利用管理办法》，海岸线综合管理制度正式确立。2018 年，以生态建设、生态评估、生态修复为主要内容的生态用海制度形成。2019 年，以国土空间规划为引导的陆海统筹海域综合管理制度正在探索形成中。

本书是作者在长期跟踪研究我国海域综合管理政策、方法与支撑技术，全面分析和总结我国现行的海域综合管理制度体系，并融汇最新的海域综合管理政策制度基础上，精心组织与规划编写完成的。全书共分十二章，分别就海洋功能区划制度、海域使用权属管理制度、海域使用金征收制度、海域使用权有偿出让/转让制度、海域使用论证制度、海域使用动态监管制度、围填海管理制度、海岸线管理制度、海域海岸带整治修复管理制度、生态用海管理制度、海砂开采用海管理制度、海上风电用海管理制度、海底电缆管道管理制度、海域使用执法检查制度共十五项海域综合管理制度进行了较为系统的阐述，以为我国海域使用者了解国家海域综合管理制度，为海域使用管理者掌握和应用我国海域综合管理制度，为海域使用管理涉业者熟悉我国海域综合管理制度，为有志于从事海域综合管理和教学事业的老师和学生认知我国海域综合管理制度，提供一本相对全面、客观、系统的读本。由于作者对我国海域综合管理制度认知局限于此，书中难免有一些瑕疵，希望广大读者批评指正。

编　者
2019 年 9 月

目　录

第一章　海域管理概述 ·· 1
　　第一节　海域的概念与特征 ·· 1
　　第二节　海域使用特点与分类 ······································ 6
　　第三节　海域使用管理 ·· 13
第二章　海洋功能区划制度 ·· 18
　　第一节　我国海洋功能区划体系 ···································· 18
　　第二节　海洋功能区划编制 ·· 21
　　第三节　海洋功能区分类体系 ······································ 26
　　第四节　我国海洋功能分区 ·· 35
第三章　海域使用权属管理制度 ·· 48
　　第一节　海域使用权属相关概念 ···································· 48
　　第二节　我国海域使用权属管理制度建立与发展 ······················ 51
　　第三节　海域使用权获取与流转变更 ································ 53
　　第四节　海域使用权属单元 ·· 62
第四章　海域有偿使用制度 ·· 68
　　第一节　海域有偿使用制度建立与发展 ······························ 68
　　第二节　海域分等定级 ·· 73
　　第三节　海域使用金征收制度 ······································ 79
　　第四节　海域价值评估与使用权转让制度 ···························· 86
第五章　海域使用论证制度 ·· 93
　　第一节　海域使用论证概述 ·· 93

第二节　海域使用论证管理制度体系 …………………… 96

　　第三节　海域使用论证技术要求 …………………………… 103

第六章　海域使用动态监视监测制度 …………………………… 111

　　第一节　海域使用动态监视监测系统 …………………… 111

　　第二节　海域使用动态监视监测业务化流程 …………… 115

　　第三节　海域使用动态监视监测管理系统软件 ………… 124

　　第四节　海域使用动态监视监测系统维护与管理 ……… 128

第七章　围填海管理制度 ………………………………………… 132

　　第一节　围填海管理概述 ………………………………… 132

　　第二节　围填海动态监测与评价 ………………………… 135

　　第三节　围填海竣工验收 ………………………………… 140

　　第四节　围填海后评估 …………………………………… 143

第八章　海岸线综合管理制度 …………………………………… 154

　　第一节　海岸线分类体系 ………………………………… 154

　　第二节　海岸线管理制度 ………………………………… 159

　　第三节　海岸线调查修测与评价 ………………………… 163

第九章　海域海岸带整治修复管理制度 ………………………… 171

　　第一节　海域海岸带整治修复概述 ……………………… 171

　　第二节　海域海岸带整治修复规划与管理 ……………… 174

　　第三节　海域海岸带整治修复项目申报与审批 ………… 176

　　第四节　海域海岸带整治修复项目组织与实施 ………… 178

　　第五节　海域海岸带整治修复项目监督检查 …………… 180

第十章　生态用海管理制度 ……………………………………… 187

　　第一节　生态用海概述 …………………………………… 187

　　第二节　用海生态建设 …………………………………… 190

　　第三节　用海生态评估 …………………………………… 194

　　第四节　用海生态保护与生态修复 ……………………… 203

第十一章　海域综合管理其他制度 ·················· 207
第一节　海砂开采用海管理制度 ·················· 207
第二节　海上风电用海管理制度 ·················· 212
第三节　海底电缆管道管理制度 ·················· 217
第四节　海域使用执法检查制度 ·················· 220

第十二章　我国海域综合管理制度面临的形势与展望 ·········· 225
第一节　我国海域综合管理现状与挑战 ··············· 225
第二节　我国海域使用管理面临的任务与形势 ············ 229
第三节　我国海域使用管理展望 ·················· 234

参考文献 ································ 238

附录1　中华人民共和国海域使用管理法 ················ 244

附录2　海籍调查规范：典型宗海界址界定示例 ············· 253

第一章

海域管理概述

第一节 海域的概念与特征

海洋是地球表面由广阔连续的咸水水体组成的海和洋的总称，是地球上水圈的主体，海洋覆盖了地球表面的71%，水量占地球上总水量的97%。洋是海洋的中心部分，它远离大陆，面积广阔，约占整个海洋面积的89%，深度一般在2 000米以上，水色深，透明度高，有强大的海流系统和各自的潮汐系统。海位于大陆边缘，倚靠大陆，水色浅，透明度低，水文特征既受大洋影响也受大陆的影响。依据海与洋的分离状况，可以把海划分为内海、外海、边缘海、岛间海。

根据《联合国海洋法公约》，领海为沿海国家陆地领土及其内水以外邻接的一带海域，在群岛国家的情况下，则是群岛水域以外邻接的一带海域。领海主权包括领海的上空、水面、水体及其海床和底土。公约还规定沿海国家在邻接领海不超过200海里的专属经济区和大陆架内有勘探、开发、养护和管理海床、底土及其以上水域自然资源的主权权利。以上基本确切阐述了海域的概念，海域实际上是指海洋所在地球表层的一个立体空间，从海洋上空、海面、水体，直到海床及其底土。《中华人民共和国海域使用管理法》所指的海域是中华人民共和国内水、领海的水面、水体、海床和底土，其中内水是指中华人民共和国领海基线向陆一侧至海岸线的海域，领海为中华人民共和国领海基线向外海12海里宽度的一带海域。可以看出法律意义上的海域是一个客观存在的立体空间，包含两层含义：

(1) 在垂直方向上，它不仅仅指水面，还包括水面以下的水体、海床和底土；

(2) 在水平方向上，海域包括内水和领海，具有明确的界限范围。

我国近岸海域的海底地形相当大面积为大陆架，宽度一般在100海里以上，其中渤海和黄海的海底全部是大陆架，东海海底的2/3和南海海底的1/2以上是大陆架。我国拥有的38万平方千米的领海和内水，以及近300万平方千米的大陆架和专属经济区均为我国海域科学调查研究与管理的对象。

一、海域的特征

海域具有多种属性，本书主要结合海域管理的实际情况，具体分析与海域管理制度密切相关的海域重要特征，以便于海域管理相关者了解海域。

(一) 海域水体的流动性及其带来的空间关联性

海域水体与毗邻的大海、大洋是连成一体的，而且连在一体的水体是不停地流动的。这种水体在水平和垂直方向上的流动性还引起了水体中许多资源的流动性，使得这些资源无法单独有效地占有和开发。如渔业资源、海水卤化学资源等。与此同时，这种流动性作用于环境污染物时，也就带来了环境影响的空间关联性，一个海域的污染物不仅影响本海域的自然环境和开发效益，而且必然通过水体流动性带来空间关联性影响，使得临近海域、毗邻大海甚至全球大洋受到污染物流动干扰。

(二) 海域资源空间上的立体性

海域的不同区域深度差别很大，在一些海域，其不同深度分布着不同的海洋资源，海底有油气资源、水体有渔业资源、水面则是船舶通行的航道。就海洋生物资源而言，不同深度也存在不同的生物资源类型，海底有底栖生物资源，水中有鱼、虾等游泳动物，接近水面有海带、紫菜等藻类资源。这种空间立体复合层次决定了海域价值的多样性和开发利用的多宜性。

(三) 海域表面的均质性

在陆地表面，由于土地组成要素性质和组合形式的不同，客观上存在着一系列相互区别各具特色的地段,可看作是由地形、气候、植被、水文等各要素相互作用的自然综合体,并以明显的地形、植被、土壤标志予以识别。在海洋表面,则由同一水平面的、化学组成趋近的海水全面覆盖,除了低潮裸露的近岸潮间带和某些岛屿密布的海域外,绝大部分海域为性质单一的海洋水体。海水的极强包含性、溶解力和流动性,抚平了局部海域间在物理、化学性质和生物分布上的众多差异,进一步加剧了海域表面的均质性。

(四)可持续利用的资源宝库

海域利用的可持续性具有多层含义:①海域是自然的产物,只要海域存在,对海域的利用就不会终结;②海域的绝大多数资源具有可再生性和可更新性,如海洋生物资源具有可再生性,海水、海洋化学元素,以及某些海底矿产,只要合理开发利用,重视海洋环境和资源的保护,就不会枯竭;③海域作为地球表面的一部分三维空间,具有固定位置,不会消失,不会磨损,可以永续利用下去;④人类对海域的利用不断扩大加深,利用方式不断变化,从早期的捕捞、行船、制盐,到今天的养殖、油气开采、海水综合利用、海洋能开发、海上工程建设等,对海域的利用总是通过不同方式得以延续。

(五)海域性质和用途受人类活动的影响

海域虽然是自然的产物,但人类活动的影响已成为海域的重要组成部分,从而使海域的性质和用途发生变化。港口水域的形成有赖于码头、防波堤、航道和锚地的修建和整理;滨海旅游业的发展需要在海滨浴场、海上游乐场等方面建设投资;开展水产养殖需要有固定基、台筏、网箱等多种设施的设置。工业城镇围填海造地使海域由自然水域改变成陆地,使用用途也就由海域使用变成陆地开发建设利用。可以看出,人类活动对海域性质、用途的影响,既可引起海域利用方式的改变,也可造成海域自然属性的改变。

(六)非居住环境,极少建筑覆盖

尽管人们对海洋的开发历史悠久,然而,由于海洋水体的流动性、淡水缺乏等原因,远离岸线的海域基本上为非居住环境,与陆地相比,较少有固定性建筑和设施。海域的这一特点对海域管理的影响表现为:海域开发利用活动大部分集中于近岸海域，对于离岸海域开发利用较少，因而海域管理也主要以近岸海域目标区域为主，管理制度措施也多针对近岸海域特点制订。

二、海域的类型划分

由于海域环境复杂多样，为了方便海域资源开发利用与管理，可依据海域不同的自然环境特征与社会经济特征，对海域进行类型划分。目前，海域类型划分主要有：按照距离大陆海岸线远近对海域的划分、按相邻海岸类型对海域的划分和按海域水体环境质量对海域的划分。

(一)按距离大陆海岸线远近划分

按照与大陆海岸线的距离，可将海域分为近岸海域、近海海域和远海海域。近岸海域指领海基线向陆一侧的全部海域。尚未公布领海基线的海域及内海，指10米等深线向陆一侧的全部海域。近海海域指近岸海域外部界限平行向外20海里的海域。远海海域指近海海域外部界限向外一侧的全部管辖海域。

目前，我国海域资源开发利用主要集中于近岸海域，如养殖、港口建设、围填海造地、滨海旅游等。对近海和远海海域的开发利用主要以非专项的捕捞、航运为主。

(二)按相邻海岸类型划分

海岸的形成及其演化受到多种因素影响，以物质组成为主导，并考虑地质地貌、水动力状况、生物类型等因素，可将近岸海域划分为5大类，即基岩海岸海域、沙砾质海岸海域、淤泥质海岸海域、红树林海岸海域和珊瑚礁海岸海域。

基岩海岸海域

基岩海岸海域的海岸由基岩组成，海岸线曲折，多半岛与岛屿，海域水深较大，岬湾相间。该类海岸营造力一般以波浪为主，某些岸段受潮汐影响。一般水下岸坡较陡，岸滩宽度较窄，地形和沉积物横向变化显著。

沙砾质海岸海域

沙砾质海岸海域的海岸由沙砾堆积而成，多分布于有沙砾来源的平原地区，海岸带较宽阔，海岸线较平直，海岸营造力以波浪为主，堆积地貌多样，有岸坝、离岸坝构成的沙坝-潟湖体系。沙砾质海岸海域常为多种有用矿物富集带，蕴藏有石英砂、钨、铜、钛铁矿、金红石、铬铁矿等，是海砂开采的主要海域。

淤泥质海岸海域

淤泥质海岸海域的海岸由黏土质砂及细粉砂等细粒物质组成，主要分布在黏土类物质来源丰富的大江大河河口地区、平原地区或第四纪冰碛黏土区。淤泥质海岸海域滩面平坦广阔，水下岸坡坡度平缓，多被开发为盐场、围海养殖场、围填海造地建设城市工业区等。

红树林海岸海域

红树林海岸生长有以红树科植物为主的多种植物组成的植物群落。红树林对海岸的堆积作用显著，甚至可使原来的侵蚀海岸变成堆积海岸。红树林海岸演变从水下岸坡上部海洋植物的繁衍开始，导致上部逐渐淤积，为先锋植物侵入繁殖创造了条件，低潮滩多为鱼、虾、贝、蟹的栖息地，中潮滩逐渐被红树植物占领形成红树林海岸。当成熟的红树林变老被陆地植物群落代替后，新的红树林则向海推移扩展。红树林海岸海域主要分布在热带、亚热带。

珊瑚礁海岸海域

珊瑚礁海岸由珊瑚礁组成。珊瑚礁是珊瑚死后，其骨骼同其他含石灰质生物的骨骼和外壳胶结在一起，形成的多空隙块体物质。珊瑚礁有岸礁、离岸礁、环礁、台礁和堡礁。珊瑚礁海岸海域主要分布在热带。

(三) 按海域水质划分

按照海域的海水环境质量，可将海域划分为清洁海域、较清洁海域、轻度污染海域、中度污染海域和严重污染海域。清洁海域是指符合国家海水水质标准中一类海水水质的海域，适合于海洋渔业水域，海上自然保护区和珍稀濒危海洋生物保护区。较清洁海域是指符合国家海水水质标准中二类海水水质的海域，适用于水产养殖区、海水浴场、人体直接接触海水的海上运动或娱乐区，以及与人类食用直接有关的工业用水区。轻度污染区是指符合国家海水水质标准中三类海水水质的海域，适用于一般工业用水区。中度污染海域是指符合国家海水水质标准中四类海水水质的海域，仅适用于海洋港口水域和海洋开发作业区。严重污染海域是指劣于国家海水水质标准中四类海水水质的海域。

第二节　海域使用特点与分类

海域使用从广义上讲，是指人类依据海域区位，资源与环境的优势所开展的一切开发利用海洋资源的活动和在海域从事的海洋经济活动。依据使用海域时间的长短，可将海域使用划分为持续性用海和暂时性用海。持续性用海是指使用特定海域时间在3个月以上的用海活动，如养殖用海、填海造地用海、临海工业用海、港口航运用海等。暂时性用海是指使用特定海域时间不足3个月的临时性用海活动，如某些临时性的捕捞用海，旅游用海。

持续性用海需要办理海域使用权（自然资源使用权）证书，一些经营性用海活动需要缴纳海域使用金。持续性用海不是永久性用海，根据《中华人民共和国海域使用管理法》规定，养殖用海使用权最高年限15年，旅游娱乐用海使用权最高年限为25年，盐业、矿业用海使用权最高年限为30年，公益事业用海最高年限为40年，港口、修造船等建设工程用海最高年限为50年。

根据用海活动对海域自然属性的改变程度，可将海域使用划分为填海造地用海、围海用海、不改变海域属性的用海和其他用海。填海造地用海是完全改变海域自然属性的用海活动，根据填海造地后形成土地的利用方式，填海造地用海可划分为工业城镇建设用填海造地、农业用填海造地和码头、堤坝、路桥工程填海等。围海用海是部分改变海域自然属性的用海活动，包括围海修建港池、围海修建养殖池塘、围海晒盐、围海蓄水等把开放式海域变成封闭或半封闭海域的用海活动。不改变海域自然属性的用海包括航道、锚地、滨海浴场、游乐场、增养殖等。

《中华人民共和国海域使用管理法》把海域使用界定为，在中华人民共和国内水、领海持续使用特定海域3个月以上的排他性用海活动。这一定义概括了海域使用的四个特征：①使用的海域是特定的，利用海域的任何一部分，如水面、水体、海床、底土，均为海域使用。如海底电缆管道虽然只占用底土，但也属于海域使用的一种类型。②固定使用海域，而非游动性使用，如航行、捕捞等则不属于海域使用。③持续使用海域，且时间在3个月以上。④使用主体具有排他性，即只要某一开发利用活动发生后，其他单位和个人则不能在此海域从事性质相同的开发利用活动。同时具备以上四项特征的海洋开发利用活动，才属于海域使用。满足以上一、二和四点，时间不足3个月的用海活动，即为临时性海域使用。

一、海域使用特点

(一)海域使用的多宜性和使用方式兼容性

海域的自然属性决定了自身的多功能和多价值性，形成了同一海域多种功能的重叠，使同一海域具有适宜多种资源开发利用活动的特点，比如在一定海域既可以捕捞、航运、旅游观光，也可以开采矿产资源、布设电缆管道、架设跨海大桥等。为此，海域开发利用过程要考虑综合利用各种海域资源，选择资源配置的最优途径。通过时空范围的限制与约束，使海域开发活动与海域主导功能协调一致，保证海域的各种资源、环境价值都能得到科学、合理、充分的利用。

(二)海域使用的关联性和综合性

海域使用具有多目标、多因素等综合特征，关联到海洋水文、地质、生物等多学科，涉及海洋水产、交通、能源、旅游等行业。因此，海域使用要以资源环境可持续发展、社会进步、经济发展和生态保护为基本出发点，要确保总体目标的实现，协调好各方面的关系，兼顾经济效益、社会效益和环境效益。

(三)海域使用的战略性

海域开发利用是一种具有全局性、长远性和稳定性的战略行为，应从长远角度研究制定开发目标、开发时序、开发方式，从而克服以掠夺资源和破坏生态为代价的短期行为，确保海域资源开发利用的连续、稳定和有序。

(四)开发利用的高技术、高风险性

海域资源开发利用是一个综合性强、技术密集的行业，海洋环境的严酷性和海域资源的复合性决定了海域资源开发利用对科学技术的高度依赖性和开发收益的高风险性，而且随着技术的发展海域资源开发利用空间也在扩展，由浅海逐渐向深海迈进，对技术的依赖性也会增强，遭遇台风、风暴潮等灾害的风险更加增大。

（五）海域使用的共享性与兼容性

共享资源是指一定范围内任何主体都可享用的资源，如国家公园、野外游乐地、自然界的空气和阳光、公海等。海洋资源属于典型的公共资源，其产权难以界定，而且部分资源具有一定的流动性，例如深海和公海资源，海洋水体覆盖下可以游动的生物资源等。

二、海域使用分类

对海域使用进行分类是合理利用海域资源，实现海域可持续利用的需要，也是国家规范海域使用管理的需要。为了配合不同海域管理制度落实的需要，海洋管理部门从多个角度对海域使用类型进行了划分。《海域使用分类》（HY/T 123—2009）按照海域用途的差异，将海域使用划分为9个一级类，25个二级类，具体分类体系见表1-1。

表1-1 海域使用分类体系表

一级类			二级类	
代码	名称	含义	代码	名称
1	渔业用海	指为开发利用渔业资源，开展海洋渔业生产使用的海域	11	渔业基础设施用海
			12	围海养殖用海
			13	开放式养殖用海
			14	人工鱼礁用海
2	工业用海	指开展工业生产所使用的海域	21	盐业用海
			22	固体矿产开采用海
			23	油气开采用海
			24	船舶工业用海
			25	电力工业用海
			26	海水综合利用用海
			27	其他工业用海

续表

	一级类			二级类
3	交通运输用海	指为满足港口、航运、路桥等交通需要所使用的海域	31	港口用海
			32	航道用海
			33	锚地用海
			34	路桥用海
4	旅游娱乐用海	指开发利用滨海和海上旅游资源，开展海上娱乐活动所使用的海域	41	旅游基础设施用海
			42	浴场用海
			43	游乐场用海
5	海底工程用海	指建设海底工程设施所使用的海域	51	电缆管道用海
			52	海底隧道用海
			53	海底场馆用海
6	排污倾倒用海	指用于排放污水和倾废的海域	61	污水达标排放用海
			62	倾倒区用海
7	造地工程用海	指为满足城镇建设、农业生产和废弃物处置需要，通过筑堤围隔海域并最终填成土地，形成有效岸线的海域	71	城镇建设填海造地用海
			72	农业填海造地用海
			73	废弃物处置填海造地用海
8	特殊用海	指用于科研教学、军事、自然保护区及海岸防护工程等用途的海域	81	科研教学用海
			82	军事用海
			83	海洋保护区用海
			84	海岸防护工程用海
9	其他用海	上述用海类型以外的用海		

其中：

11 渔业基础设施用海：指用于渔船停靠、进行装卸作业和避风，以及用以繁殖重要苗种的海域，包括渔业码头、引桥、堤坝、渔港港池(含开敞式码头前沿船舶停靠和回旋水域)、渔船航道、附属的仓储地、重要苗种繁殖场所及陆上海水养殖场延伸入海的取排水口等所使用的海域。

12 围海养殖用海：指筑堤围隔海域进行封闭或半封闭式养殖生产的海域。

13 开放式养殖用海：指无须筑堤围隔海域，在开敞条件下进行养殖生产所使用的海域，包括浮筏养殖、网箱养殖及无人工设施的人工投苗或自然增殖生产等所使用的海域。

14 人工鱼礁用海：指通过构筑人工鱼礁进行增养殖生产的海域。

21 盐业用海：指用于盐业生产的海域，包括盐田、盐田取排水口、蓄水池、盐业码头、引桥及港池(船舶靠泊和回旋水域)等所使用的海域。

22 固体矿产开采用海：指开采海砂及其他固体矿产资源所使用的海域，包括海上以及通过陆地挖至海底进行固体矿产开采所使用的海域。

23 油气开采用海：指开采油气资源所使用的海域，包括石油平台、油气开采用栈桥、浮式储油装置、输油管道、油气开采用人工岛及其连路或连岛道路等所使用的海域。

24 船舶工业用海：指船舶(含渔船)制造、修理、拆解等所使用的海域，包括船厂的厂区、码头、引桥、平台、船坞、滑道、堤坝、港池(含开敞式码头前沿船舶靠泊和回旋水域，船坞、滑道等的前沿水域)及其他设施等所使用的海域。

25 电力工业用海：指电力生产所使用的海域，包括电厂、核电站、风电场、潮汐及波浪发电站等的厂区、码头、引桥、平台、港池(含开敞式码头前沿船舶靠泊和回旋水域)、堤坝、风机座墩和塔架、水下发电设施、取排水口、蓄水池、沉淀池及温淀水区等所使用的海域。

26 海水综合利用用海：指开展海水淡化和海水化学资源综合利用等所使用的海域。包括海水淡化厂、制碱厂及其他海水综合利用工厂的厂区、取排水口、蓄水池及沉淀池等所使用的海域。

27 其他工业用海：指上述工业用海以外的工业用海，包括水产品加工厂、化工厂、钢铁厂等的厂区、企业专用码头、引桥、平台、港池(含开敞式码头前沿船舶靠泊和回旋水域)、堤坝、取排水口、蓄水池及沉淀池等所使用的海域。

31 港口用海：指供船舶停靠、进行装卸作业、避风和调动等所使用的海域，包括港口码头(含开敞式的货运和客运码头)、引桥、平台、港池(含开敞式码头前沿船舶靠泊和回旋水域)、堤坝及堆场等所使用的海域。

32 航道用海：指交通部门划定的供船只航行使用的海域(含灯桩、立标及浮式航标灯等海上航行标志所使用的海域)，不包括渔港航道所使用的海域。

33 锚地用海：指船舶候潮、待泊、联检、避风及进行水上过驳作业等所使用的海域。

34 路桥用海：指连陆、连岛等路桥工程所使用的海域，包括跨海桥梁、跨海或顺岸道路等及其附属设施所使用的海域，不包括油气开采连陆、连岛道路及栈桥所使用的海域。

41 旅游基础设施用海：指旅游区内为满足游人旅行、游览和开展娱乐活动需要而建设的配套工程设施所使用的海域，包括旅游码头、游艇码头、引桥、港池(含开敞式码头前沿船舶靠泊和回旋水域)、堤坝、游乐设施、景观建筑、旅游平台、高脚屋、旅游用人工岛及宾馆饭店等所使用的海域。

42 浴场用海：指专供游人游泳、嬉水的海域。

43 游乐场用海：指开展游艇、帆板、冲浪、潜水、水下观光及垂钓等海上娱乐活动所使用的海域。

51 电缆管道用海：指埋(架)设海底通讯光(电)缆、电力电缆、深海排污管道、输水管道及输送其他物质的管状设施所使用的海域。不包括油气开采输油管道所使用的海域。

52 海底隧道用海：指建设海底隧道及其附属设施所使用的海域，包括隧道主体及其海底附属设施，以及通风竖井等非透水设施所使用的海域。

53 海底场馆用海：指建设海底水族馆、海底仓库及储罐等及其附属设施所使用的海域。

61 污水达标排放用海：指受纳指定达标污水的海域。

62 倾倒区用海：指倾倒区所占用的海域。

71 城镇建设填海造地用海：指通过筑堤围割海域，并填成土地后用于城镇(含工业园区建设的海域。

72 农业围垦用海：指通过筑堤围割海域，并填成土地后用于农、林、牧业生产的海域。

73 废弃物处置填海造地：指通过筑堤围割海域，用于处置工业废渣、城市建筑垃圾、生活垃圾及疏浚物等废弃物，并最终形成土地的海域。

81 科研教学用海：指专门用于科学研究、试验和教学活动的海域。

82 军事设施用海：指建设军事设施和开展军事活动所使用的海域。

83 海洋保护区用海：指各类涉海保护区所使用的海域。

84 海岸防护工程用海：指为防范海浪、沿岸流的侵蚀及台风、气旋和寒潮大风等自然灾害的侵袭，建造海岸防护工程所使用的海域。

三、我国的主要海域使用类型

(一) 渔业用海

我国海域跨热带、亚热带和温带，大陆架面积广阔，为海洋鱼类生长繁殖提供了优越的自然环境。海洋捕捞一直是我国的主要海洋产业。自20世纪50—60年代起，我国开始注意改进海水养殖技术，加速了海水养殖业的发展。目前海水养殖业遍布沿海各个省区，在辽宁、山东、江苏、浙江、福建和广东发展基础更好。

(二) 石油、天然气开采用海

我国大陆近海分布有渤海、北黄海、南黄海北部、南黄海南部、东海、冲绳海槽、台湾东部及西南部、珠江口、琼东南、北部湾、莺歌海等12个沉积盆地蕴藏着丰富的油气资源，有效勘探面积约70万平方千米，拥有石油资源245.6亿吨(不含南海南部西、中、南沙海域)、天然气资源量8.43万亿立方米。目前已经开发海上石油、天然气主要分布在辽东湾海域、冀东南海域、渤海湾、莱州湾附近海域、东海东部海域、珠江口南部海域、北部湾海域等。

(三)海洋交通运输用海

改革开放以来,我国港口航运事业快速发展,已经形成以上海港、宁波港为中心的长江三角洲港口群,以广州港、深圳港为中心的珠江三角洲港口群,以大连港、天津港和青岛港为中心的环渤海港口群。远洋航运发展突出,与世界100多个国家和地区、400多个港口通航,成为我国对外交通运输的重要力量。

(四)盐业用海

海盐是我国主要的食用盐和工业原料。我国海盐生产分为北方盐场和南方盐场,北方盐场主要包括辽宁、河北、天津、山东、江苏的盐场,这些盐场濒临渤海、黄海,滩涂宽广,晒盐季节长,海盐品质好,产量高。南方盐场主要分布在浙江、福建、广东、广西、台湾和海南,处于东海、南海沿岸,因气温高,除降水多的雨季外全年可晒盐。

(五)海砂开采用海

海砂是一种重要的建筑材料,随着近年来我国建筑行业的繁荣和围填海造地的扩展,我国海砂开采规模持续扩大,主要分布在渤海的辽东湾两岸、江苏沿海、珠江口等区域,海砂是许多土石方缺乏区域围填海造地的主要物料。

(六)旅游娱乐用海

20世纪80年代以来,随着我国沿海地区社会经济快速发展,人民群众物质文化生活水平不断提高,对外交流也逐年加大,以观光、休闲、度假、游览为目的的滨海旅游业持续壮大,已成为我国新兴海洋产业之一。旅游娱乐用海(包括滨海浴场、游乐场、水上运动场、水上观光平台)逐渐增加。目前我国已形成环渤海、"长三角"、闽东南、"珠三角"、海南岛等5大滨海旅游区,青岛、大连、深圳、秦皇岛、海口、三亚、厦门等海滨名胜集中城市的旅游娱乐用海已成为重要的用海类型。

(七)海洋保护区用海

随着人们对海洋环境重要性认知的不断加深,国家对海洋生态环境保护的力度也逐年加大,海洋保护区用海项目稳步增加。目前,海洋保护区用海在全国沿海省(市、自治区)均有分布。至2018年,我国已建成国家级和省级各类海洋保护区(保护地)100多个。海洋保护区的建立,保护了具有较高科研、教学、自然历史价值的海岸、河口、岛屿等海洋生境,也保护了中华白海豚、斑海豹、绿海龟、文昌鱼等珍稀濒危海洋生物及其栖息环境以及红树林、珊瑚礁等典型海洋生态系统。

(八)倾废用海

近年来,由于我国海岸带地区开发利用力度持续加大,沿海产业和城市废弃物排放增加,主要是港口、航道、锚地疏浚物,沿海各省、市、自治区倾废用海均有分布。

(九)围填海工程用海

我国钢铁、石化等重要产业的趋海转移和涉海产业的发展壮大,对海岸土地资源的需求规模不断扩大,为了解决沿海土地紧缺问题,围填海造地成为重要的选项。目前我国沿海从南到北出现了规模大小不一的众多围填海造地。一些区域为了补占耕地平衡,也开展了大规模的农业围垦工程。围填海造地用海规模扩张成为我国近年来海域使用的一大特点。

(十)军事用海

面对复杂多变的国际环境,合理部署军事用海对保障我国的国防安全、海洋开发权益,实现国家统一和和平发展都具有重要意义。

第三节 海域使用管理

海域使用管理是国家通过各级政府及其自然资源(海洋)行政主管部门,为维护海域的国家所有权,保护海域使用权人的合法权益,促进海域的合理开发和可持续利用,按照依法、统一、全面、科学的原则和要求,对海域的分配、占有、开发、使用等过程和行为所进行的一系列决策、组织、协调、控制和监督等综合性管理活动。于青松等将海域使用管理主要特点总结如下。

第一,统一性,海域属于国家所有,由国务院代表国家行使海域所有权,也就是说海域所有权的主体是唯一的。因此，在国家主权范围内，不论哪个地方的毗邻海域都属于国家统一管理的范畴。海洋行政主管部门统一对全国海域使用行使管理权，这种管理权包括海域开发利用政策、规章、规划、计划的征订权、审批确权，发放使用权证书、监督检查权等。

第二，综合性，海域是各种海洋开发活动的空间载体，海域使用管理涉及城乡建设、环境保护、地质矿产、交通、土地、水利、农林渔以及国防等多个方面。随着海洋经济的快速发展，用海需求不断增长，但在特定经济与技术条件下，海域资源具有稀缺性，尤其是具有开发利用价值的海域，这就要求海域使用管理必须站在全局和整体的立场上统筹兼顾，正确协调各部门、各行业、各单位及个人的用海关系，在综合考虑经济建设、社会公共事业和生态环境保护等方面的用海需求基础上，合理配置海域资源。

第三，科学性，海域使用管理是一项实践性、综合性很强的管理活动。海域使用管理充分尊重客观科学规律，以现代科学技术为支撑，强化海域使用规划、监管、评估工作。海域管理工作者和相关专家只有掌握海域开发利用和保护的客观规律，运用科学方法，编制海洋空间规划、开展海域使用论证、海域权属核查、海籍测量、海域动态监测等工作，才能充分发挥海域使用管理的效能。

一、我国海域使用管理体制

目前我国海域使用管理，实行中央统一管理与授权地方分级管理相结合的管理模式，《中华人民共和国海域使用管理法》第七条规定"国务院海洋行政主管部门负责全国海域使用的监督管理。沿海县级以上地方人民政府海洋行政主管部门根据授权，负责本行政区毗邻海域使用的监督管理。"根据2018年《国务院机构改革方案》，国家海洋局的海域资源管理职能并入新组建的自然资源部，自然资源部成为国务院海洋行政主管部门，是负责监督管理全国海域使用、依法维护海洋权益、组织海洋科技研究的中央级自然资源（海洋）行政管理部门。在自然资源部之下，设有北海局、东海局和南海局三个海区的派出机构，负责监督管理各自海区的海域使用活动。在沿海各个地方，原来沿海各省、直辖市、自治区的海洋厅(局)都并入新组建的自然资源厅,只有山东省保留了山东省海洋局。

在相关分布的管理权限划分上,负责海域使用监督管理的海洋行政主管部门、海洋渔业行政主管部门、海上交通安全行政主管部门之间,既有联系,又有相对明确的分工。《中华人民共和国海域使用管理法》第七条规定,渔业行政主管部门依照《中华人民共和国渔业法》,对海洋渔业实施监督管理,海事管理机构依照《中华人民共和国海上交通安全法》,对海上交通安全实施监督管理。渔业行政主管部门和海事管理机构没有海域使用的监督管理权。

按照审批权限,国务院主要负责审批50公顷以上的填海项目、100公顷以上的围海项目、700公顷以上不改变海域自然属性的用海项目、国家重大建设项目用海。省级人民政府负责审批50公顷以下填海项目,不得下放权限。100公顷以下围海项目由省、市、县三级人民政府分级审批,审批权限由省级人民政府规定。大体上是完全改变海域自然属性的项目用海由国务院和省级人民政府审批,不完全改变海域自然属性的项目用海按面积分级审批,不改变海域自然属性的养殖用海一般由市、县两级人民政府审批。

海域使用管理作为实施海洋综合管理的重要举措,其宗旨体现在以下三个方面。

一是维护国家海域所有权,保护海域使用权人的合法权益。通过建立与完善海域权属管理制度,界定和保护海域物权,确认海域的财产法律地位,规范海域开发利用中的各种利益关系,从根本上维护海域使用权人享有的占有、使用和收益的权利,同时在经济上体现国有海域所有权,杜绝国有资产的流失。

二是规范海域使用行为,维护海域使用秩序。通过依法实施海域使用管理,保护合法用海,打击非法用海,纠正传统用海观念,制止侵占、买卖和以其他形式非法转让海域的现象,克服只顾眼前、不顾长远的利益驱动,防止盲目开发、过度开发海域等不合理的行为,建立有利于推动科学发展、促进社会和谐的海域使用秩序。

三是合理配置海域资源,实现海域的可持续利用。根据经济和社会发展的需要,统筹安排各有关行业用海,保障公益事业和基础设施用海,合理配置海域资源，使海域开发利用的规模和强度与海洋资源和环境承载能力相适应，实现海域经济效益、社会效益和生态效益的统一。

二、我国海域综合管理制度

(1)海洋功能区划制度。

海洋功能区划的主要任务是根据海域自然资源环境条件，科学划定海洋基本功能区，明确海域功能定位和管理要求。海洋基本功能区分为8个一级类，包括农渔业区、港口航运区、旅游娱乐区、海洋保护区等。海洋功能区划由海洋行政主管部门会同有关部门编制，其中全国海洋功能区划和省级海洋功能区划由国务院批准实施，市县海洋功能区划由省级人民政府批准实施。所有涉海行业规划都应当与海洋功能区划相符合，项目用海审批要以海洋功能区划为依据。

(2)海域权属管理制度。

海域属于国家所有，单位和个人使用海域必须依法取得海域使用权。海域使用权可以通过申请审批、招标、拍卖挂牌出让等方式取得。海域使用申请统一由海洋行政主管部门受理，由国务院和沿海县级以上地方政府按照规定的审批权限批准。海域使用权人享有依法用海、获取收益的权利，可以依法转让、出租、抵押。

(3)海域有偿使用制度。

单位和个人使用海域应当按照规定的征收标准缴纳海域使用金。根据不同的用海性质或情形，可以一次缴纳或按年度逐年缴纳，符合法定条件的还可以申请减免。海域使用金征收标准由财政部和自然资源部统一制定。海域使用金纳入财政预算，中央与地方三七分成，实行收支两条线。

(4)海域使用论证制度。

海域使用论证目的是对项目用海的科学性和合理性进行综合评估，为各级海洋行政主管部门审批项目用海提供科学决策依据。单位和个人提出海域使用申请，必须编制海域使用论证报告。论证报告编制完成后由海洋行政管理部门组织专家评审，并出具专家评审意见，专家评审通过的海域使用论证报告是海域使用审批的重要依据之一。

(5)海域使用监测管理制度。

国务院海洋行政主管部门负责全国海域使用的监督管理，沿海县级以上地方人民政府海洋行政主管部门根据授权，负责本行政区域毗邻海域使用的监督管理。为了加强海域使用监督管理，国家建立了海域使用动态监视监测系统，分国家、省、市、县一共四节点，采用卫星遥感、航空遥感、远程监视、地面监测等手段对全国海域使用进行动态监测与管理。

(6)围填海管理制度。

为加强围填海等严重改变海域自然属性的海域开发活动管理，国家先后实施了围填海可行性与适宜性论证制度、区域建设用海规划制度、区域农业围垦规划制度、围填海计划管理制度、围填海平面设计要求、围填海竣工验收与后评估等管理制度，形成了比较系统的围填海管理制度体系。

(7)海域海岸带整治修复制度。

为了提高海域空间资源的开发利用效益，国家有序对海域海岸带资源环境问题突出区域开展整治修复工作，制定了海域海岸带整治修复规划，形成了海域海岸带整治修复工作长期业务化运行机制，构建了海域海岸带整治修复工作监督检查与竣工验收评估技术程序等相关管理制度。

(8)海域使用登记制度。

海域使用登记制度，是指县级以上人民政府依法对项目用海的权属、位置、面积、用途、使用期限等基本情况进行登记管理，同时向海域使用权人颁发海域使用权证书的一种法律制度。海域使用权登记包括海域使用权初始登记、变更登记和注销登记。

(9)海域使用统计制度。

海域使用统计制度是国家对海域面积、分布、属性和使用状况等进行调查、汇总、统计分析和提供统计数据和资料的制度。海域使用统计的主要任务是掌握海域的自然属性、利用现状和变化情况，系统地收集、整理、分析海域及其利用的各种数据信息、更新完善资料，保证统计资料的及时、准确，为国家制定海域使用管理政策、区划和规划提供依据。

第二章

海洋功能区划制度

第一节 我国海洋功能区划体系

海洋功能区划是根据海域及相邻陆域的自然资源条件、环境状况和地理区位，并考虑到海洋开发利用现状和经济社会发展的需要，而划定的具有特定主导功能，有利于资源的开发利用，能够发挥最大效益的海域空间规划。海洋功能区划是按各类海洋功能区的标准把某一海域划分为不同类型海洋功能区单元的一项开发和管理的基础性工作。考虑到海岸线附近海域与其他海域在资源环境特点、开发利用状况和管理要求等方面存在显著差异，海洋基本功能区又分为海岸基本功能区和近海基本功能区。《中华人民共和国海域使用管理法》将海洋功能区划以法律形式确定为我国海洋管理的基本制度之一，提出"国家实行海洋功能区划制度，海域使用必须符合海洋功能区划"。

一、海洋功能区划体系

海洋功能区划分为四级区划体系，分别为全国海洋功能区划、省级海洋功能区划、市级海洋功能区划和县级海洋功能区划。全国海洋功能区划负责科学划定一级海洋功能区和重点的二级海洋功能区，明确海洋功能区的开发保护重点和管理要求，合理确定全国重点海域及主要功能，制定实施海洋功能区划的主要措施。省级海洋功能区划根据全国海洋功能区划的要求，科学划定本省管辖海域一级类和二级类海洋功能区，明确海洋功能区的空间布局、开发保护重点和管理措施，对毗邻海域进行功能分区并确定其主要功能，根据本省特点制定区划实施的具体措施。市、县级海洋功能区划根据所属省级海洋功能区划，科学划定本行政区域管辖海域一级类、二级类海洋功能区，并根据所辖海域的自然属性，兼顾社会经济发展的实际情况，划分更详细类别海洋功能区。市、县级海洋功能区划明确近期内各功能区开发保护的重点和发展时序、各海洋功能区的环境保护要求和措施，提出区划的实施步骤、措施和政策建议。

二、海洋功能区划发展历程

改革开放以来，我国海洋经济、沿海经济和入海河流流域经济快速发展，涉海各部门根据各自发展需要编制和实施了多项海洋开发规划。这些规划由于相互之间缺乏协调机制，造成海域开发利用秩序混乱、局部海域用海矛盾突出，同时也带来了近岸环境污染加剧，海洋环境灾害频繁发生等问题。为了解决这些问题，国家海洋局于1989年启动了第一次全国海洋功能区划工作，1993年完成了《中国海洋功能区划报告》和《中国海洋功能区划图集》的编写和编绘，比例尺为1:20万至1:300万，称为小比例尺海洋功能区划。这次海洋功能区划工作初步揭示了我国管辖海域固有的自然属性及其与社会、经济发展因素的关系，基本确定了各个具体海区的优势功能，为合理开发利用海洋空间和资源，有效保护海洋生态环境，实现海洋经济持续和协调发展发挥了重要作用。

为了准确把握和量化海域的自然属性和社会属性，提高功能区划的实用性和可操作性，2000年国家海洋局提出在全国开展大比例尺海洋功能区划（即第二次海洋功能区划），比例尺限定为1:5万，多数海域为1:2.5万，局部海域为1:1万和1:5 000。2002年8月国务院批准了《全国海洋功能区划》。此后，沿海地方各级海洋行政主管部门相继开展了省、市、县海洋功能区划编制报批工作，沿海省级海洋功能区划和多数市、县海洋功能区划均得到了批准，海洋功能区划体系逐步完善。

21世纪以来，为了进一步保障海洋经济持续快速发展，2008年国家海洋局启动了第三次海洋功能区划编制工作。2012年，国务院批复了《全国海洋功能区划(2011—2020年)》及沿海11个省级海洋功能区划,此后沿海各省级人民政府相继批复了各自管辖区域的市、县级海洋功能区划,共同构成了我国当前海洋功能区划制度体系的核心文件。

三、海洋功能区划编制程序

海洋功能区划实行"分级编制、两级审批",全国海洋功能区划由国务院海洋行政主管部门会同国务院有关部门和沿海省、自治区、直辖市人民政府编制,报国务院批准。沿海县级以上地方人民政府海洋行政主管部门会同本级人民政府有关部门,依据上一级海洋功能区划,编制省级、市级和县级海洋功能区划(统称地方海洋功能区划)。沿海省、自治区、直辖市海洋功能区划,经省、自治区、直辖市人民政府审核同意后,由省级人民政府报国务院批准。沿海市、县级海洋功能区划,经本市、县人民政府审核同意后,报所在省、自治区、直辖市人民政府批准,报国务院海洋行政主管部门备案。海洋功能经批准后,除涉及国家秘密的部分除外,全部向社会公布。

为了规范各级海洋功能区划编制工作,国家海洋局曾经组建了国家海洋功能区划专家委员会,发布了海洋功能区划编制技术单位推荐名录。省级海洋行政主管部门组建了本省级海洋功能区划专家委员会,承担海洋功能区划编制任务的技术单位应当从海洋功能区划编制技术单位推荐名录中选择。

海洋功能区划是我国海洋综合管理领域的最基础空间规划,是海洋开发利用管理、海洋环境保护的重要科学依据。养殖、交通、旅游、盐业等行业规划涉及海域使用的,要符合海洋功能区划。所有海域使用项目只有符合海洋功能区划才能通过审批。沿海地区土地利用总体规划、城乡建设规划、港口规划等涉海行业规划都要与海洋功能区划相符合或相衔接,海洋功能区划与土地利用总体规划、城乡建设规划并列为我国国土三大空间规划。

经批准的海洋功能区划具有强制执行的法律效力,不得随意修改。海洋功能区划的修改,要由原编制机关会同同级有关部门提出修改方案,报原批准机关批准修改。未经批准修改,不能改变海洋功能区划确定的海域功能。因公共利益、国防安全或者大型能源、交通等基础设施建设,需要改变海洋功能区划，必须报国务院批准，并根据国务院的批准文件修改海洋功能区划。

第二节 海洋功能区划编制

海洋功能区划编制包括编制目标制定、编制方法研究、编制专题研究、区划文本拟定、区划图件编绘、海洋基本功能区登记、有关说明编制、组织审查与修改等内容。

一、海洋功能区划编制目标

编制和实施海洋功能区划的目的是促进海域资源配置更趋合理，海域使用更加高效，开发利用秩序进一步规范，生态环境质量明显改善，可持续发展能力显著增强，加快海洋经济发展方式转变，保证沿海地区又好又快地发展。海洋功能区划编制的具体落实目标主要有：①合理控制建设用海规模。严格实施围填海年度计划制度，遏制建设用围填海增长过快的趋势。②维持渔业用海基本稳定。渔民生产生活和现代化渔业发展用海需求得到有力保障，重要渔业水域和水产种质资源得到有效保护。③保留海域后备空间资源。对功能定位不清楚、开发需求不明确或开发条件不成熟的海岸线和近岸海域，实施严格的阶段性开发限制。④实施海域海岸带整治修复工程。重点对由于开发利用造成的自然景观受损严重、生态功能退化、防灾能力减弱，以及利用效率低下的海域海岸带进行整治修复。⑤改善海洋生态环境。主要污染物排海总量得到有效控制，重点污染海域环境质量得到改善，局部海域海洋生态恶化趋势得到遏制，受损海洋生态系统得到初步修复。⑥逐步扩大海洋保护区面积。推进近岸海域、大陆架及专属经济区海洋保护区建设。

二、海洋功能区划编制原则

（一）以自然属性为主原则

海洋功能区划要在系统、充分掌握海洋自然资源、自然环境、地理区位等自然属性信息与数据基础上，以自然属性为主，兼顾社会属性，科学确定海域功能定位。以自然属性为主是海洋功能区划不同于自然资源区划、地理区划、区域规划等其他空间规划的主要特点。

（二）统筹兼顾原则

海洋功能区划在以海域自然属性为主的区划前提下，要根据区域经济和社会发展需要，统筹兼顾各行业用海需求，合理处理好：①海洋功能区划与海域开发利用现状的关系。为了保持开发利用的连续性，海洋功能区划编制要统筹考虑区域海洋开发利用现状与海洋功能区划以自然属性为主的关系。②短期开发与长期发展的关系。海洋功能区划要实现近期开发、未来开发、整治利用和保留区的合理配置，兼顾近期发展与长远发展的关系。③主导功能与其他功能的关系。在划定各类海洋功能区时，要做到主导功能与一般功能兼容。

（三）可持续原则

海洋功能区划要实现保护和改善海洋自然生态环境，保障海洋资源的可持续利用，达到资源效益、经济效益、社会效益和生态环境效益的统一。严格遵守自然规律，根据资源再生能力和自然环境的适应能力，科学处理好海洋开发与环境保护之间的关系，实现海洋资源的可持续利用。

（四）整体性原则

海洋的贯通性和海水的流动性决定了海洋的统一性和整体性。各种海洋资源的开发是一个整体协调发展的过程，在确定某一海域的功能时，应考虑该功能开发利用对周边海域功能的影响，将相对完整的地理单元作为一个整体加以考虑。某一海域功能定位与布局服从和遵从于整个海域的功能定位，以从整体上保障海上交通安全、军事国防安全等国家整体海洋发展需求。

（五）备择性原则

对于具有多种功能用途的海域，当出现某些功能互相不能兼容时，优先安排资源、环境等条件备择性窄、可直接开发利用的功能用途类型，同时也注意海洋依托性开发利用功能以及非海洋性配套开发利用功能，做到合理、最佳原则。

（六）可行性原则

海洋功能区划要立足于当前和未来科学技术与经济能力可能实现水平。充分考虑政府和行业对海域开发利用的意见，与现有的规划进行协调，注意保持开发利用的连续性，划定的海洋功能区立足于近期可以实现的技术水平。

（七）超前性原则

在海洋功能区划中，要体现社会发展的超前意识，引入本领域和相关领域研究的最新成果，为将来引入更高层次的高新技术和社会发展留有余地。处理好近期主导功能向未来主导功能过渡的关系。

三、海洋功能区划编制方法

海洋功能区划编制方法包括指标法、综合法、协调法、图形叠加法等。

（一）指标法

海洋功能区划编制具体指标见《海洋功能区划技术导则》，此外，在区划中可结合地方海洋特点提出对特定区域自然条件、区位条件、环境状况、资源条件、社会条件、社会需求等满足国家法律法规以及行业标准和规范要求的指标体系。

（二）综合法

比较不同海域的固有属性和社会属性，综合权衡。在利用指标法判别各区域对各种功能定位适宜性的基础上，以自然属性划定基本功能，兼顾社会属性，综合比较、判断，确定综合效益最佳的功能类型为主导功能，舍去与之不能兼容的功能后排出功能顺序。

（三）协调法

指标法和综合分析法是确定海洋功能区的重要方法，但在确定海洋功能区时，还必须协调处理好各种关系，进行协调和优化处理。对不同地区间和不同行业间的利益关系进行科学分析，正确处理各种关系。协调主要包括：①法律法规说明；②功能区间相互作用与影响；③产业效益贡献水平；④环境承载力。此外，对开发利用和治理保护间的关系，近期与长远效益，不同地区间和不同行业间的利益等均需做出说明。

(四)图形叠加法

将不同类型的海洋空间属性信息进行图形叠加，通过一定的指标运算和空间综合分析，得出各类海洋功能区的空间位置信息的方法。图形叠加法的步骤包括：①读取要进行图形叠加的海洋空间属性图层信息数据，并为图层中的面状数据初始化其方向；②将所述数据中所要叠加的对象按照叠加类型进行栅格转换，可以进行点叠加、线叠加以及面叠加等；③采用一定的指标运算规则对转换成栅格的图层数据进行叠加运算；④对叠加得到的图形结果进行分析，从而得到海洋功能区的位置、范围及面积等空间信息。

四、几种关系的处理

(一)自然属性与社会属性的关系

自然属性是划分和确定海洋功能区的先决条件。海洋功能区及其功能区范围的确定，首先是由其自然资源和生态环境所决定的。海洋资源的开发利用，只有充分认识和利用自然规律，并严格遵从自然规律，才能实现自然资源的持续利用。社会属性是划分海洋功能区的充分条件。社会属性强调的是人类对海洋资源功能如何利用，何时利用，以及利用的程度和深度。它体现在由社会条件和社会需求而作出的各种不同层次海洋经济的发展战略、规划和计划之中。社会属性应体现出对海洋资源开发利用方向和海洋产业布局的总体把握和资源环境利用、保护最佳效益的选择。

(二)海洋功能区划与海域开发利用现状的关系

海洋功能区划是对海洋开发利用现状的一次再认识。尽量把海洋功能区划与海洋开发利用现状结合起来，按照有缓有急，有主有次，有先有后原则合理地选择功能定位。凡已开发利用的功能与主导功能一致的，予以保留；在功能顺序中，已开发利用的功能虽然不是主导功能，但与主导功能不存在根本矛盾，则这种开发现状在近期内可予保留，但须在报告中加以阐述，在以后的海洋开发利用规划中适当限制其规模，转向主导功能的开发。由于认识上的原因或历史遗留问题使开发现状不合理，与确定的主导功能存在根本性矛盾时，应在报告中阐明开发的不合理性，建议调整开发方向。

(三)海洋功能区划与相关规划的关系

海洋功能区划是各类涉海规划的基础。它主要依据海域的自然属性,确定海域开发利用的功能定位与空间布局。各类海洋规划主要立足于实现海洋最佳经济效益,执行价值规律,是在海洋功能区划所依据的条件上,规划海洋开发利用的具体方案、技术方法、时间步骤与投资保障等。海洋功能区划和各类涉海规划都是人们通过海洋区域条件的客观认识所制定的一种选择性安排,以便于组织各种海洋开发活动。海洋功能区划可对相关规划的合理内容进行融合和兼顾,对不合理的内容进行协调和调整。

(四)开发利用与保护的关系

海洋功能区划按照生态环境保护与可持续发展的观点,突出环境保护治理与资源整治修复,把生态环境保护放在首位,对不同海洋功能区,提出污染物排放总量控制目标和功能区环境质量标准与要求,制定海洋资源整治修复的目标。海洋功能区的开发利用以保护和维持海洋功能区资源环境质量为前提,强调环境保护与治理。

(五)重叠功能之间的关系

由于海洋功能的多样性,同一海域往往会出现不同功能多层次的重叠问题,其中既有功能间互不干扰的功能区重叠(可兼容性或一致性),又有功能间明显矛盾或冲突的功能区重叠(排他性或不兼容性)。当各功能利用互不干扰,有时还有利于发挥综合效益,那么此功能区为多功能同时并存,做到对多种资源合理开发,相互兼容,各得其所。当各功能间存在矛盾或不能兼容时,依据国家法律、法规和区划原则,进行取舍。

海洋功能区类型排序确定主要依据以下原则:

(1)优先考虑自然综合体的完整性和可持续利用,并能带动区域经济发展或对全局起重要作用的功能。

(2)保护、保留功能优先于其他功能。

(3)资源和环境备择性窄的功能优先于备择性宽的功能。

(4)再生资源与非再生资源存在矛盾时,优先考虑再生资源。

第三节 海洋功能区分类体系

海洋基本功能区是海洋功能区划组成的最基础空间单元。建立科学性和可操作性的海洋基本功能区分类体系，是海洋功能区划编制的首要工作。第一次海洋功能区划将海洋功能区分为5个大类19个子类，分别为开发利用区(6个子类)、整治利用区(3个子类)、海洋保护区(2个子类)，特殊功能区(5个子类)和保留区(2个子类)，具体见表2-1。

表2-1 第一次海洋功能区划分类体系

大类	子类	亚类	种类
开发利用区	空间资源开发利用区	港口区	
		海上航运区	航道
			锚地
		旅游区	
		农林牧区	农业区
			林业区
			牧业区
		工业和城镇建设区	
		核能利用区	
	矿产资源开发利用区	油气区	
		固体矿产区	金属矿区
			非金属矿区
	生物资源开发利用区	海水养殖区	滩涂养殖区
			浅海养殖区
		海洋捕捞区	
	化学资源开发利用区	盐田区	
		地下卤水区	
	海洋能和风能开发利用区	海洋能区	
		风能区	
	海上工程利用区	海上工程建筑区	
		海底管线区	

续表

大类	子类	亚类	种类
整治利用区	资源恢复保护区	增殖区	
		禁渔区	
		地下水禁采和限采区	
	环境治理保护区	防护林带	
		污染防治区	
	防灾区	海岸防侵蚀区	
		防风暴区	
		防海冰区	
海洋保护区	海洋自然保护区	生态系统自然保护区	红树林生态系统自然保护区
			珊瑚礁生态系统自然保护区
			湿地与沼泽生态系统自然保护区
		珍稀与濒危生物自然保护区	珍稀与濒危动物自然保护区
			珍稀与濒危植物自然保护区
		历史遗迹自然保护区	自然历史遗迹保护区
			人类活动历史遗迹保护区
		典型海洋景观自然保护区	
	海洋特别保护区		
特殊功能区	科学研究区		
	军事区		
	倾废区		
	排污区		
	泄洪区		
保留区	预留区		
	功能待定区		

其中：

1 开发利用区：指根据自然属性，可供人类开发利用的海域及其必要的依托陆地。

1.1 空间资源开发利用区：指开发利用海域和相邻依托陆域空间资源的区域。

1.2 矿产资源开发利用区：指具有工业开采价值的矿产资源区。

1.3 生物资源开发利用区：指正在合理开发利用或具有一定优势的生物资源可供开发利用的区域。

1.4 化学资源开发利用区：指具有工业开采价值的化学资源区。

1.5 海洋能和风能开发利用区：指具有可供开发利用的海洋能和风能区域。

1.6 海上工程利用区：指现已建设或规划近期内建设海上工程的区域。

2 整治利用区：指由于自然和人为因素影响导致自然环境和资源遭到破坏，需经过保护、治理，环境和资源才能得到改善、恢复和利用的区域。

2.1 资源恢复保护区：指以恢复并保护已经遭受自然灾害破坏或人为因素（例如环境污染、过度捕捞）破坏的自然资源为主要目的而划定的区域。

2.2 环境治理保护区：指以治理并保护已经或可能遭受到破坏的自然环境为主要目的而划定的区域。

2.3 防灾区：指易受自然灾害侵袭，需要采取防护措施的区域。

3 海洋保护区：指以保护海洋自然环境以及资源为目的，在海域、海岛、海岸带、海湾和河口划出界线加以专门保护的区域。

3.1 海洋自然保护区：指以保护海洋自然环境和自然资源，使之免遭破坏为目的，在海域、海岛、海岸带、海湾和河口对保护对象划出界线加以特殊保护和管理的区域。

3.2 海洋特别保护区：指海洋环境中那些在自然资源、海洋开发和海洋生态方面对国家和地方有特殊重要意义，需要特别管理和保护，实现资源持续利用的区域。

4 特殊功能区：指由于军事、科学研究、排污倾废、泄洪或其他特殊需要而划定的区域。

4.1 军事区：指由于军事需要，现已使用或者在区划的有效时段内随着军事发展预期需要占用的陆域、岸段、水域。

4.2 科学研究试验区：指具有特定的自然条件和生态环境，用于试验、观察和示范等科学研究的区域。

4.3 倾废区：指用来倾倒疏浚物或固体废弃物的海区。

4.4 排污区：指经当地人民政府批准在河口或直排口附近海域划出一定范围以受纳指定污水的区域。

4.5 泄洪区：指为了避免或减少城镇、工业企业遭受洪水、积涝威胁和危害，用于排泄洪水的区域。

5 保留区：指功能未定或者功能虽定但近期不能开发利用，为今后开发而预留的区域。

5.1 预留区：指主要功能已确定，为以后的开发保留的区域。

5.2 主要功能待定区：指目前主导功能不能确定的区域。

第二次海洋功能区划对海洋基本功能区类别做了调整，由原来的五类四级调整为10类2级，33个功能级别。具体见表2-2。

表2-2 第二次海洋功能区划分类体系

一级类			二级类	
代码	名称	含义	代码	名称
1	港口航运区	为满足船舶安全航行、停靠、进行装卸作业或避风所划定的海域	1.1	港口区
			1.2	航道区
			1.3	锚地区
2	渔业资源利用和养护区	为开发利用和养护渔业资源、发展渔业生产需要划定的海域	2.1	渔港和渔业设施基地建设区
			2.2	养殖区
			2.3	增殖区
			2.4	捕捞区
			2.5	重要渔业品种保护区
3	矿产资源利用区	为勘探、开发矿产资源需要划定的海域	3.1	油气区
			3.2	固体矿产区
			3.3	其他矿产区
4	旅游区	为开发利用滨海、海上旅游资源，发展旅游业需要划定的海域	4.1	风景旅游区
			4.2	度假旅游区
5	海水资源利用区	为开发利用海水资源或直接利用地下卤水需要划定的海域	5.1	盐田区
			5.2	特殊工业用水区
			5.3	一般工业用水区
6	海洋能利用区	为开发利用海洋再生能源需要划定的海域	6.1	潮汐能区
			6.2	潮流能区
			6.3	波浪能区
			6.4	温差能区
7	工程用海区	为建设海岸、海洋工程需要划定的海域	7.1	海底管线区
			7.2	石油平台区
			7.3	填海造地区
			7.4	海岸防护工程区
			7.5	跨海桥梁区
			7.6	其他工程用海
8	海洋保护区	为保护珍稀、濒危海洋生物物种、经济生物物种及其栖息地以及有重大科学、文化和景观价值的海洋自然景观、自然生态系统和历史遗迹需要划定的海域	8.1	海洋和海岸自然保护区
			8.2	生物物种自然保护区
			8.3	自然遗迹和非生物资源保护区
			8.4	海洋特别保护区

续表

	一级类			二级类
9	特殊利用区	满足科研、军事、陆源排污、倾倒疏浚物和废弃物等特定用途需要划定的海域	9.1	科学研究试验区
			9.2	军事区
			9.3	排污区
			9.4	倾倒区
10	保留区	目前尚未开发利用，且在区划期内也不能开发利用的海域	10.1	保留区

其中：

1.1 港口区：指可供船舶停靠、进行装卸作业和避风的区域，包括港池、码头和仓储地。

1.2 航道区：指供船舶航行使用的区域。

1.3 锚地区：指供船舶候潮、待泊、联检、避风使用或者进行水上装卸作业的区域。

2.1 渔港和渔业设施基地建设区：指可供渔船停靠、进行装卸作业和避风的区域以及用来繁殖重要苗种的场所，包括渔港、码头、附属的仓储地以及重要苗种繁殖场所等。

2.2 养殖区：指以人工培养和饲养具有经济价值生物物种为主要目的的渔业资源利用区，包括港湾养殖区、滩涂养殖区和浅海养殖区等。

2.3 增殖区：指由于过度捕捞和不合理采捕或环境破坏而使海洋生物资源衰退或生物资源遭到破坏，需要经过繁殖保护措施来增加和补充生物群体数量的区域。

2.4 捕捞区：指在海洋游泳生物产卵场、索饵场、越冬场以及它们的洄游通道使用国家规定的渔具或人工垂钓的方法获取海产经济动物的区域。

2.5 重要渔业品种保护区：指用来保护具有重要经济价值和遗传育种价值的渔业品种及其产卵场、越冬场、索饵场和洄游路线等栖息繁衍生境的区域。

3.1 油气区：指正在开发的油气田和已探明的油气田及含气构造。

3.2 固体矿产区：指正在开采的矿区或尚未开采但已探明具有工业开发价值的矿区。

3.3 其他矿产区：指正在开采的矿区或尚未开采但已探明具有工业开发价值的除油气、固体矿产之外的其他种类矿区。

4.1 风景旅游区：指具有一定质和量的自然景观或人文景观的区域。

4.2 度假旅游区：指具有度假、运动以及娱乐价值的区域。

5.1 盐田区：指已开发的盐田区和具有建盐田条件的区域。

5.2 特殊工业用水区：指从事取卤、食品加工、海水淡化或从海水中提取供人食用的其他化学元素的区域。

5.3 一般工业用水区：指利用海水做冷却水、冲刷库场等的区域。

6.1 潮汐能区：指已经开发利用或具有开发潮汐能条件的区域。

6.2 潮流能区：指已经开发利用或具有开发潮流能条件的区域。

6.3 波浪能区：指已经开发利用或具有开发波浪能条件的区域。

6.4 温差能区：指已经开发利用或具有开发温差能条件的区域。

7.1 海底管线区：指已埋设或规划近期内埋设海底管线的区域，包括埋设海底油气管道、通讯光缆、输水管道及架设深海排污管道的区域。

7.2 石油平台区：指已建或规划近期建设海上石油平台的区域。

7.3 填海造地区：指规划近期内通过围海、填海新造陆地的区域。

7.4 海岸防护工程区：指已建或规划近期建设为防范海浪、沿岸流的侵蚀及台风、气旋和寒潮大风等自然灾害的侵袭等海岸防护工程的区域。

7.5 跨海桥梁区：指已建或规划近期建设跨海桥梁的区域。

7.6 其他工程用海区：指已建或规划近期建设其他工程的海域。

8.1 海洋和海岸自然保护区：指以海洋和海岸自然环境、自然资源和具有一定代表性、典型性以及完整性的生物群落和非生物环境共同组成的生态系统作为主要保护对象的区域。

8.2 生物物种自然保护区：指以珍稀和濒危物种种群及自然环境作为主要保护对象的区域。

8.3 自然遗迹和非生物资源保护区：指在对历史研究方面具有重要科学价值（如地质剖面、海蚀-海积古海岸地貌等），经县以上人民政府批准的自然历史遗迹保护区。

8.4 海洋特别保护区：指海洋环境中那些在自然资源、海洋开发和海洋生态方面对国家和地方有特殊重要意义，需要特别管理和保护，实现资源持续利用的区域。

9.1 科学研究试验区：指具有特定的自然条件和生态环境，用于试验、观察和示范等科学研究的区域。

9.2 军事区：指由于军事需要，现已使用或者在区划的有效时段内随着军事发展预期需要占用的陆域、岸段、水域。

9.3 排倒区：指经当地人民政府批准在河口或直排口附近海域划出一定范围以受纳指定污水的区域。

9.4 倾废区：指用来倾倒疏浚物或固体废弃物的海区。

第三次海洋功能区划将海洋基本功能区分为 8 个一级类和 22 个二级类，其中一级类包括农渔业区、港口航运区、工业与城镇建设区、矿产与能源区、旅游休闲娱乐区、海洋保护区、特殊利用区、保留区。各功能区定义与管理要求概述如下。

(一)农渔业区

农渔业区是指适于拓展农业发展空间和开发海洋生物资源，可供农业围垦、渔港和育苗场等渔业基础设施建设，海水增养殖和捕捞生产以及重要渔业品种养护的海域，包括农业围垦区、渔业基础设施区、养殖区、增殖区、捕捞区和重要渔业品种养护区。

农业围垦需适度控制规模，科学安排进度；渔港及远洋基地建设应节约集约利用海域空间；确保传统养殖用海稳定，支持集约化海水养殖和现代化海洋牧场发展。加强海洋水产种质资源保护，强化渔业资源产卵场、索饵场、越冬场及洄游通道内各类用海活动管控，禁止建闸、筑坝以及妨碍鱼类洄游的其他活动。防治海水养殖污染，防范外来物种侵害，保持海洋生态系统结构与功能的稳定。农业围垦区、渔业基础设施区、养殖区、增殖区执行不劣于二类海水水质标准，渔港区执行不低于现状的海水水质标准，捕捞区、重要渔业品种养护区执行不劣于一类海水水质标准。

(二)港口航运区

港口航运区是指适于开发利用港口航运资源，可供港口、航道和锚地建设的海域，包括港口区、航道区和锚地区。

深化港口岸线资源整合，优化港口布局，合理控制港口建设规模，重点保障全国沿海主要港口的用海需求。堆场、码头等港口基础设施及临港配套设施建设用围填海应集约高效利用岸线和海域空间。维护沿海主要港口、航运水道和锚地水域功能，保障航运安全。港口的岸线利用、集疏运体系等要与临港城市的城市总体规划做好衔接。港口建设应减少对海洋水动力环境、岸滩及海底地形地貌的影响，防止海岸侵蚀。港口区执行不劣于四类海水水质标准，航道、锚地、新建港口和邻近海洋生态敏感区的港口区执行不低于现状海水水质标准。

(三)工业与城镇建设区

工业与城镇建设区是指适于发展临海工业与建设滨海城镇的海域，包括工业建设区和城镇建设区。工业与城镇建设区主要分布在沿海大、中城市和重要港口毗邻海域。

优先满足国家区域发展战略的建设用海需求，重点支持国家级综合配套改革试验区、经济技术开发区、高新技术产业开发区、循环经济示范区、保税港区等的用海需求。重点保障国家产业政策鼓励类产业用海，鼓励海水综合利用，严格限制高耗能、高污染和资源消耗型工业项目用海。工业和城镇建设围填海应突出节约、集约用海原则，做好与土地利用总体规划、城乡规划、河口防洪与综合整治规划等的衔接，合理控制规模，优化空间布局，提高海域空间资源的整体使用效能，倡导离岸、人工岛式围填，减少对海洋水动力环境、岸滩及海底地形地貌的影响，防止海岸侵蚀。工业区应落实环境保护措施，严格实行污水达标排放，避免工业生产造成海洋环境污染，新建核电、石化等危险化学品项目应远离人口密集的城镇。城镇建设区应注重对自然岸线和海岸景观的保护，保障民生工程用海，维护公共海域，营造宜居的海岸生态环境。工业和城镇建设区执行不劣于三类海水水质标准。

（四）矿产与能源区

矿产与能源区指适于开发利用矿产资源与海上能源，可供油气和固体矿产等勘探、开采作业，以及盐田和可再生能源等开发利用的海域，包括油气区、固体矿产区、盐田区和可再生能源区。

矿产与能源区重点保障油气资源勘探开发的用海需求，支持海洋可再生能源开发利用，稳定盐田规模，控制盐田转为建设用海。遵循深水远岸布局原则，科学论证与规划海上风电，促进海上风电与其他产业协调发展。禁止在海洋保护区、侵蚀岸段、防护林带毗邻海域及重要经济鱼类的产卵场、越冬场和索饵场开采海砂等固体矿产资源。严格执行海洋油气勘探开采中的环境管理要求，油气区执行不低于现状海水水质标准，固体矿产区执行不劣于四类海水水质标准，盐田区和可再生能源区执行不劣于二类海水水质标准。

（五）旅游休闲娱乐区

旅游休闲娱乐区指适于开发利用滨海和海上旅游资源，可供旅游景区开发和海上文体娱乐活动场所建设的海域。包括风景旅游区和文体休闲娱乐区。

旅游休闲娱乐区主要为沿海国家级风景名胜区、国家级旅游度假区、国家级地质公园、国家级森林公园等的毗邻海域及其他旅游资源丰富的海域。

鼓励发展海洋生态和海洋文化旅游，支持邮轮游艇产业发展。旅游休闲娱乐区开发建设要合理控制规模，优化空间布局，有序利用海岸线、海湾、海岛等重要旅游资源；严格落实生态环境保护措施，保护海岸自然景观和沙滩资源，避免旅游活动对海洋环境造成污染。保障现有城市生活用海和旅游休闲娱乐区用海，禁止非公益性设施占用公共旅游资源。开展城镇周边海域海岸带整治修复，形成新的适宜人们游览、休憩的旅游休闲娱乐区。旅游休闲娱乐区执行不劣于二类海水水质标准。

(六) 海洋保护区

海洋保护区指专供海洋资源、环境和生态保护的海域，包括海洋自然保护区、海洋特别保护区、海洋公园等。

依据国家有关法律法规进一步加强现有海洋保护区管理，严格限制保护区内影响干扰保护对象的用海活动，维持、恢复、改善海洋生态环境和生物多样性，保护自然景观。加强海洋特别保护区管理，推进海洋公园建设。在海洋生态系统典型、海洋地理条件特殊、海洋资源丰富的近海、远海和群岛海域，新建一批海洋自然保护区和海洋特别保护区，进一步增加海洋保护区面积。近期拟选划为海洋保护区的海域应禁止开发建设。逐步建立类型多样、布局合理、功能完善的海洋保护区网络体系，促进海洋生态保护与周边海域开发利用的协调发展。海洋自然保护区执行不劣于一类海水水质标准，海洋特别保护区执行各使用功能相应的海水水质标准。

(七) 特殊利用区

特殊利用区指供军事及其他特殊用途排他使用的海域。包括军事区，以及用于海底管线铺设、路桥建设、污水达标排放、倾倒等的其他特殊利用区。

限制进入军事区及在军事区内从事海洋开发利用活动，并协调好临时性军事用海与生产用海之间的关系。在海底管线、跨海路桥和隧道用海范围内严禁建设其他永久性建筑物，从事各类海上活动必须保护好海底管线、道路桥梁和海底隧道。倾倒区重点保证国家大中型港口、河口航道建设和维护的疏浚物倾倒需要。对于污水达标排放和倾倒用海，要加强监测、监视和检查，防止对周边功能区环境质量产生影响。

(八) 保留区

保留区指目前功能尚未明确，有待通过科学论证确定具体用途的海域。

保留区应加强管理，严格限制改变海域使用现状。确需开发利用的，须在严格规划和论证的前提下，依法组织听证，向社会公示，经批准后方可开发利用。在区划期限内严格限制保留区内开展显著改变海域自然属性的用海活动，并确保不对毗邻海域功能和开发利用活动产生明显不利影响。保留区执行不低于现状海水水质标准。

第四节 我国海洋功能分区

第三次全国海洋功能区划将我国管辖海域划分为渤海、黄海、东海、南海和台湾以东海域共5大海区，29个重点海域。

一、渤海

渤海是我国的内水，大陆海岸线从老铁山角至蓬莱角，长约2 700千米，海域面积约7.7万平方千米，拥有面积在500平方米以上的岛屿400多个。渤海毗邻辽宁、河北、山东、天津三省一市，是北方地区对外开放的海上门户和环渤海地区社会经济发展的重要支撑。海区开发利用强度大，环境污染和资源衰竭问题突出。

渤海海域实施最严格的围填海管理控制政策，限制大规模围填海，降低环渤海区域经济增长对海域资源的过度消耗，节约集约利用海岸线；实施最严格的环境保护政策，优化沿海地区产业布局，严格控制高污染、高能耗、高生态风险和资源消耗型项目的用海规模。加强海上油气勘探、开采的环境管理，防止海洋溢油。加强渤海海峡跨海通道建设研究。

(一)辽东半岛西部海域

辽东半岛西部海域包括大连老铁山角至营口大清河口毗邻海域，主要功能为港口航运、工业与城镇建设和旅游休闲娱乐。旅顺西部至金州湾沿岸重点发展滨海旅游，适度发展城镇建设，加强海岸景观生态保护与建设，保障海岸生态和城镇宜居；普兰店湾重点发展滨海城镇建设，开展海湾综合整治，维护海湾生态环境；长兴岛重点发展港口航运和装备制造，集约节约利用海域和岸线资源；瓦房店北部至营口南部海域发展滨海旅游、渔业和海洋能等产业，开展营口白沙湾沙滩等海域综合整治工程；仙人岛至大清河口海域保障港口航运用海，推动现代海洋产业升级。区域近海和岛屿周边海域要加强斑海豹自然保护区等海洋保护区的建设与管理。

(二)辽河三角洲海域

辽河三角洲海域包括辽宁省营口大清河口至小凌河口毗邻海域，主要功能为海洋保护、矿产与能源开发、农渔业。双台子河、大凌河河口区域重点加强海洋保护区建设与管理，维护重点河口海域滩涂湿地的自然生态系统，改善近岸海域水质、底质和生物环境质量，养护修复红海滩湿地景观资源；辽东湾顶部要按照生态环境优先原则，稳步推进油气资源勘探开发和配套海工装备制造，协调好油气勘探开发与保护区、渔业用海的关系；大辽河河口附近及其以东海域适度发展城镇及工业建设，凌海盘山浅海区域加强渔业资源养护与利用。区域实施污染物排海总量控制制度，改善海洋环境质量。

(三)辽西冀东海域

辽西冀东海域包括小凌河口至唐山滦河口毗邻海域，主要功能为旅游休闲娱乐、海洋保护、工业与城镇建设。锦州白沙湾、葫芦岛龙湾至兴城、菊花岛、绥中西部、北戴河至昌黎重点发展滨海旅游，维护六股河、滦河等重点河口海域和典型砂质海岸区自然生态，严格限制建设用围填海，禁止近岸水下沙脊采砂，积极开展锦州大笔架山、绥中砂质海岸、北戴河重要沙滩、昌黎黄金海岸等的养护与修复。锦州湾、秦皇岛南部发展港口航运。锦州白沙湾、兴城、山海关至昌黎新开口建设滨海城镇，防止城镇海岸工程建设破坏海岸自然地貌，维护滨海浴场风景区海洋环境质量安全。

（四）渤海湾海域

渤海湾海域包括唐山滦河口至冀鲁海域分界毗邻海域，主要功能为港口航运、工业与城镇建设、矿产与能源开发。天津港、唐山港、黄骅港及周边海域重点发展港口航运。唐山曹妃甸新区、天津滨海新区、沧州渤海新区等区域集约发展临海工业与生态城镇，沿海地区积极发展海滩油气资源勘探开发。实施区域污染物排海总量控制制度，加强临海工业与港口区海洋环境治理，维护天津古海岸湿地、汉沽滨海湿地及浅海生态系统、黄骅古贝壳堤、唐山乐亭石臼坨诸岛等海洋保护区生态环境，积极推进各类海洋保护区规划与建设，恢复和增强海湾湿地生态系统服务功能，注重沿海工业、港口航运相对集聚发展，提高滨海城镇区生态宜居水平，稳定提高盐业、渔业等传统海洋资源利用效率。

（五）黄河口与莱州湾海域

黄河口与莱州湾海域包括冀鲁海域分界至山东龙口屺姆岛毗邻海域，主要功能为海洋保护、旅游休闲娱乐、工业与城镇建设。黄河三角洲区域主要发展海洋保护和海洋渔业，加强以国家重要湿地、国家地质公园、黄河入海口、水产种质资源保护区等为核心的海洋生态建设与保护，维护滨海湿地生态系统服务功能，保护古贝壳堤典型地质遗迹以及重要生物种质资源，维护生物多样性，促进渤海生态环境改善，严格限制重化工业和高耗能、高污染的工业建设。黄河口至莱州湾海域集约开发东营、潍坊北部、莱州、龙口特色临港产业区，发展滨海旅游业，合理发展渔业、海水资源、海洋生物、风能等生态型海洋产业，加强水产种质资源保护。区域海洋开发应与黄河口地区防潮和防洪相协调，实施污染物排海总量控制制度，改善海洋环境质量。开展黄河三角洲河口滨海湿地、莱州湾海域综合整治与修复。

（六）渤海中部海域

渤海中部海域为辽东湾、渤海湾、黄河三角洲、莱州湾、山东半岛环抱的海域，是我国重要的海洋矿产资源利用区，主要功能为矿产与能源、农渔业、港口航运。西南部、东北部海域重点发展油气资源开发利用，加强油气勘探、开采和航运用海管理。积极探索风能、潮流能等海洋能源和海砂等矿产资源的调查、勘探与开发。加强海域生态环境质量监测，防治溢油、赤潮等海洋环境灾害。合理利用渔业资源，开展重要渔业品种的增殖和恢复。维护渤海海峡区域航运水道交通安全。

二、黄海

黄海海岸线北起辽宁省丹东市鸭绿江口，南至江苏省南通市启东角，大陆海岸线长约4 000千米。沿海地区包括辽宁省(部分)、山东省(部分)和江苏省。黄海为半封闭的大陆架浅海，自然海域面积约38万平方千米，面积在500平方米以上的岛屿400多个。沿海优良基岩港湾众多，海岸地貌景观多样，沙滩绵长，是我国北方滨海旅游休闲与城镇宜居主要区域。淤涨型滩涂辽阔，后备空间资源丰富。海洋生态系统多样，生物区系独特，是国际优先保护的海洋生态区之一。

黄海海域要优化利用深水港湾资源，建设国际、国内航运交通枢纽，发挥长山水道、成山头等重要水道功能，保障海洋交通安全。加强重要渔业资源养护，保障近岸海域、长山群岛海域、长岛海域等传统养殖用海面积，积极开展增殖放流，加强生态保护，建设现代化海洋牧场。合理规划江苏沿岸农业围垦用海，高效利用淤涨型滩涂资源。科学论证与规划海上风电布局。

(一)辽东半岛东部海域

辽东半岛东部海域包括辽宁省丹东市鸭绿江口至大连市老铁山角毗邻海域，主要功能为旅游休闲娱乐、港口航运、工业与城镇建设和海洋保护。鸭绿江口—大洋河口、城山头、老铁山附近海域主要发展生态保护和滨海旅游，维护鸭绿江口与大洋河口滨海湿地生态系统；长山群岛海域主要发展海岛生态旅游和海洋牧场建设，维护海岛生态系统，协调旅游、渔业、海岛保护与基础设施建设用海关系；大连市南部海域主要发展滨海城镇建设和滨海旅游休闲娱乐产业，维护城山头、金石滩、小窑湾、大连南部基岩海岸景观生态，推动现代海洋服务产业改造升级；大连湾至大窑湾海域、大东港海域发展港口航运,保障海上交通和国防安全;大东港西部海域、庄河毗邻海域、花园口、大小窑湾、大连湾顶部重点发展滨海城镇和现代临港临海产业。加强近岸海域环境保护与治理,修复青堆子湾、老虎滩湾、大连湾等海湾生态系统。

(二)山东半岛北部海域

山东半岛北部海域包括山东龙口屺姆岛至威海成山头及庙岛群岛毗邻海域,主要功能为港口航运、旅游休闲娱乐和海洋保护。屺姆岛北部至平畅河及庙岛群岛海域重点发展滨海旅游、海洋渔业;套子湾西北部、芝罘湾海域重点发展港口航运;烟台市区至成山头近岸海域主要发展滨海旅游与现代服务业。应协调区域海洋开发秩序,维护长山水道、成山头水道、烟威近岸等港口航运功能。严格禁止近岸海砂开采和砂质海岸地区围填海活动。重点保护庙岛群岛、崆峒列岛、成山头、牟平砂质海岸、刘公岛等海洋生态系统。开展芝罘湾、威海湾、养马岛、金山港、双岛港等海域综合整治。

(三)山东半岛南部海域

山东半岛南部海域包括山东威海成山头至苏鲁海域分界毗邻海域,主要功能为海洋保护、旅游休闲娱乐、港口航运和工业与城镇建设。成山头至五垒岛湾海域主要保障海洋渔业,荣成近岸海域兼顾区域性港口建设和滨海旅游开发,适度发展临海工业;五垒岛湾至日照海域主要发展滨海旅游业,建设生态宜居型滨海城镇,禁止破坏旅游区内自然基岩岸线、沙滩等海岸自然景观,加强潟湖、海湾等生态系统保护;青岛西南部、日照南部等合理发展港口航运和临港工业。开展石岛湾、丁字港、胶州湾等海湾综合整治。

(四)江苏沿岸海域

江苏沿岸海域包括江苏省连云港、盐城和南通三市的毗邻海域,主要功能为海洋保护、港口航运、工业与城镇建设、农渔业、矿产与能源开发。海州湾和灌河口以北海域优先发展港口航运业,稳定渔业用海面积,其中连云港重点发展港口航运,集聚布局滨海工业区、城镇区和旅游休闲娱乐区;灌河口至射阳河口海域主要发展海水养殖、港口和临港工业;射阳河口以南至启东角和辐射沙洲海域协调发展农渔业、港口航运、工业与城镇建设和可再生能源开发等。加强海域滩涂开发与管理。推进海州湾生态系统、盐城丹顶鹤、大丰麋鹿、蛎蚜山牡蛎礁等海洋保护区建设与管理，实施射阳河口至东灶港口淤涨岸段、废黄河三角洲和东灶港口至蒿枝港口侵蚀岸段的海岸综合整治。

(五)黄海陆架海域

黄海陆架海域位于长山群岛以南、山东半岛和苏北海域外侧的陆架平原，为我国重要的海洋矿产与能源利用区和海洋生态环境保护区。本区应有序开展油气、海砂资源勘探和评估，海洋生态系统保护和渔业资源开发利用。重点支持陆架盆地区的油气资源调查勘探开发，调查评估浅海陆架砂矿资源；积极推进对黄海海洋生态系统的保护，加强对海洋鱼类产卵场、索饵场、越冬场和洄游区域的保护；扩大对虾和洄游性鱼类的增殖放流规模。

三、东海

东海海岸线北起江苏启东角，南至福建诏安铁炉港，大陆海岸线长约5 700千米。沿海地区包括江苏省部分地区、上海市、浙江省和福建省。海域面积约77万平方千米，面积在500平方米以上的岛屿近4 000个。东海面向太平洋，战略地位重要，海岸曲折，港湾、岛屿众多，沿岸径流发达，滨海湿地资源丰富，生态系统多样性显著，是我国海洋生产力最高的海域。东海大陆架区域也是重要的油气和矿产资源富集区。

东海海域要充分发挥长江口和海峡西岸区域港湾、深水岸线、航道资源优势，集中集约发展国际化大型港口和临港产业，强化国际航运中心区位优势，保障海上交通安全。加强海湾、海岛及周边海域的保护，限制湾内填海和填海连岛。加强重要渔场和水产种质资源保护，发展远洋捕捞，促进渔业与海洋生态保护的协调发展。加强东海大陆架油气矿产资源的勘探与开发，维护海洋权益。协调海底管线用海与航运、渔业等用海的关系，确保海底管线安全。

(一)长江三角洲及舟山群岛海域

长江三角洲及舟山群岛海域包括长江口、杭州湾和宁波—舟山群岛邻近海域，主要功能为港口航运、农渔业、海洋保护和旅游休闲娱乐。长江口重点发展以上海港为核心的港口航运服务业及海洋先进制造业，加快培育海洋生物医药、新能源等战略性新兴产业，注重长江口航道维护，保障航运和防洪防潮安全，适度开展农业围垦，加强河口区与近岸海岛区围填海和采砂活动管理，协调港口航运、河道整治与其他海洋开发活动的关系。加强长江口区域崇明东滩鸟类、九段沙湿地、长江口北支河口湿地、长江口中华鲟、杭州湾金山三岛、五峙山、韭山列岛等保护区建设，保护河口、湿地、海湾、海岛和舟山渔场生态环境。杭州湾、宁波—舟山海域重点发展港口航运业、临港工业、海洋旅游和海洋渔业，支持浙江舟山群岛新区建设，推进海岛开发开放，加快海洋综合开发，加强油气矿产资源的勘探与开采。加强海洋和重要海岛生态系统的保护，开展重点受损近岸海域的整治与修复。

(二)浙中南海域

浙中南海域包括台州、温州近岸海域，主要功能为农渔业、港口航运、工业与城镇建设。台州湾至乐清湾海域主要发展港口航运、临海临港产业，适度进行滩涂围垦，建设滨海城镇、加强滨海湿地保护和南麂列岛、渔山列岛等保护区建设；瓯江口至浙闽交界海域主要发展港口航运业和海洋旅游业，适度进行滩涂围垦，建设工业和滨海城镇；洞头列岛海域重点做好海岛资源的保护与开发，积极发展具有海岛特色的滨海生态旅游和海洋渔业。区域海洋开发应注重维护近岸岛礁系统自然景观，严格限制沿海重要岛礁、海湾地区的围填海活动，保护渔山渔场、温台渔场生态环境，恢复重要渔场生物资源和受损近岸岛礁生态系统。

(三)闽东海域

闽东海域包括闽浙交界至福州市黄岐半岛的海域，主要功能为海洋保护、工业与城镇建设和农渔业。沙埕港海域主要功能是渔业基础设施、工业与城镇建设、红树林生态系统保护等；福宁湾海域主要发展渔业资源保护、海岛生态系统保护和滨海旅游等；三沙湾海域主要发展港口航运、临港工业和城镇建设、海水养殖、海洋保护等；罗源湾海域主要发展港口航运和临港工业。区内应严格控制海湾内围填海，集约节约用海，注重对海岛、红树林生态系统和重要水产种质资源保护区的保护。

(四)闽中海域

闽中海域包括黄岐半岛至湄洲湾湾口南岸毗邻海域,主要功能为工业与城镇建设、农渔业和海洋保护。黄岐半岛到海坛岛海域主要发展港口航运、工业和城镇建设、海水养殖、海洋保护区建设等,保护和修复闽江口滨海湿地生态系统、长乐海蚌资源保护区、平潭中国鲎自然生态系统和山洲岛厚壳贻贝繁育区生态系统;湄洲湾、兴化湾海域主要发展港口航运和临港工业,合理开发港口岸线资源,保护重要渔业资源,加强湄洲岛海岛生态系统和滨海旅游资源的保护。

(五)闽南海域

闽南海域包括大港湾至闽粤海域分界的海域,主要功能为港口航运、旅游休闲娱乐、工业与城镇建设。泉州湾海域主要以港口航运、海洋保护、旅游和渔业基础设施建设为主;厦门湾及毗邻海域主要发展港口航运、滨海旅游、工业与城镇建设和保护区建设等,以沿海重要港湾为依托,重点发展临港工业集中区,支持海峡西岸城市群发展,以厦门市为核心,积极发展滨海旅游和文化旅游;重点保护厦门海洋珍稀物种,九龙江口红树林等重要海洋生态系统;厦门湾以南至闽粤交界海域主要发展海洋渔业、临港工业、海洋旅游业、保护区建设等,以菜屿列岛、东山岛为核心大力发展海岛特色旅游业,重点保护漳江口红树林、东山珊瑚礁等重要海洋生态系统。

(六)东海陆架海域

东海陆架海域包括上海、浙江、福建以东专属经济区和大陆架海域,为我国重要的海洋矿产与能源利用区和海洋渔业资源利用区。区域重点加强油气资源和浅海砂矿资源勘探与开发,建设东海油气资源开采基地,加强钓鱼岛等传统渔业资源区的恢复与合理利用,重点加强上升流区、鱼类产卵场、索饵场等重要海洋生态系统保护与管理。加强海洋环境监测,防治溢油等海洋环境灾害发生。维护重要国际航运水道和海底管线设施安全。

(七)台湾海峡海域

台湾海峡海域包括福建沿海以东、台湾以西的海峡区域,为我国重要的航运水道、海洋矿产与能源利用区、海洋渔业资源利用区。区域重点加强海峡北部、南日岛盆地、厦澎盆地等海区油气资源的勘探与开发，保障台湾海峡干线航运用海，加强上升流区、岛礁区等重要海洋生态系统保护，开展台湾海峡跨海通道建设研究。

四、南海

南海大陆海岸线北起福建省诏安县铁炉港，南至广西壮族自治区的北仑河口，大陆海岸线长5 800多千米。沿海地区包括广东省、广西壮族自治区和海南省。海域面积约350万平方千米，500平方米以上的岛屿1 800多个。南海及南海诸岛具有至关重要的战略地位，是我国海洋资源最富集的地区，具有丰富的海洋油气矿产资源、滨海和海岛旅游资源、海洋能资源、港口航运资源、独特的热带亚热带生物资源，同时也是我国最重要的海岛和珊瑚礁、红树林、海草床等热带生态系统分布区。

南海海域要加强海洋权益维护和资源保护，推进大陆和岛屿维权基地建设，加快以海岛和珊瑚礁为保护对象的保护区建设。加强重要海岛基础设施建设，推进南沙群岛、中沙群岛、西沙群岛海域海洋渔业发展，开发海南岛、中沙群岛、西沙海岛旅游资源。开展海洋生物、油气矿产资源调查和深海科学技术研究，推进南海海洋资源的开发和利用。

（一）粤东海域

粤东海域包括汕头、潮州、揭阳、汕尾等市毗邻海域，主要功能为海洋保护、农渔业、工业与城镇建设、港口航运。大埕湾至柘林湾重点发展农渔业、港口航运，保护大埕湾中华白海豚和西施舌种质资源；南澳海域重点发展生态旅游和养殖、清洁能源等产业，保护性开发海山岛、南澳岛旅游，维护海岛自然属性，维持南澎列岛、勒门列岛及周边海域的生物多样性，保护南澎列岛领海基点；南澳至广澳湾重点发展工业与城镇建设、港口航运、农渔业和旅游娱乐，重点保护海岸红树林、中国龙虾和中华白海豚，维持牛田洋、濠江等海域的水动力条件和防洪纳潮能力；海门湾至神泉港重点发展农渔业、港口航运、工业与城镇建设，重点保护石碑山角领海基点和沿海礁盘生态系统；碣石湾至红海湾重点发展农渔业、海洋保护、港口航运，保护碣石湾海马资源，严格保护沿海礁盘生态系统和遮浪南汇聚流海洋生态系统，维持海洋生态环境和生物多样性。

(二)珠江三角洲海域

珠江三角洲海域包括广州、深圳、珠海、惠州、东莞、中山、江门等市毗邻海域，主要功能为港口航运、工业与城镇建设、海洋保护、旅游休闲娱乐。大亚湾至大鹏湾重点发展海洋保护、港口航运、旅游娱乐，重点保护红树林、珊瑚礁及海龟等生物资源，保护针头岩领海基点；狮子洋至伶仃洋重点发展港口航运、工业与城镇建设、旅游娱乐，重点保护中华白海豚、黄唇鱼和红树林等资源，狮子洋两岸严格控制填海造地，保障防洪泄洪和航道安全；万山群岛重点发展海洋保护、旅游休闲娱乐、港口航运、农渔业，重点保护佳蓬列岛领海基点，以及珊瑚礁和上升流生态系统；磨刀门至镇海湾重点发展港口航运、工业与城镇建设、农渔业、旅游休闲娱乐，重点保障横琴总体发展规划用海；珠江口外重点开展油气和矿产资源的勘探开发，保护围夹岛和大帆石领海基点，保护中华白海豚等生物资源及红树林和海草床等生态系统，开展海岸、海湾及周边海域整治修复。

(三)粤西海域

粤西海域包括阳江、茂名、湛江毗邻海域，主要功能为海洋保护、农渔业、港口航运。海陵湾重点发展农渔业、港口航运，保障临海工业用海需求，重点保护海陵岛、南鹏列岛海草床等海洋生态系统，保护大树岛龙虾种质资源；博贺湾至水东湾重点发展农渔业、港口航运，围绕博贺中心渔港发展现代化渔业产业基地，重点保护沿海礁盘生态系统和红树林，保护大放鸡岛海域文昌鱼种质资源；水东湾至湛江湾重点发展港口航运、农渔业和海洋保护，重点支持湛江主枢纽港及临海产业的综合发展，保护东海岛附近海域海草床生态系统，保护吴阳文昌鱼种质资源，开展通明海周边海域红树林湿地生态系统的修复；雷州湾至英罗港重点发展海洋保护、农渔业和港口航运，保障渔业用海发展，重点保护和修复红树林、珊瑚礁、海草床等生态系统，保护中华白海豚、白蝶贝、儒艮等生物资源。加强琼州海峡跨海通道建设研究。

(四)桂东海域

桂东海域包括大风江以东至桂粤交界毗邻海域以及涠洲岛—斜阳岛周边海域,主要功能为港口航运、滨海旅游、海洋保护区。铁山港湾海域重点发展港口航运、临海工业,保护山口红树林和合浦儒艮生态系统及其马氏珠母贝、方格星虫等重要水产种质资源;北海近岸海域重点发展旅游休闲娱乐,保障现有渔港和渔业基地发展用海需求,开展银滩及其毗邻海域综合整治;廉州湾近岸海域重点发展城镇工业建设、滨海旅游和港口航运,近海加强渔业资源高效利用;涠洲岛-斜阳岛海域重点保护珊瑚礁生态系统,发展海岛旅游、港口航运用海以及油气资源勘探开发和渔业资源开发,开展海域、海岸带整治修复。

(五)桂西海域

桂西海域包括大风江至中越边界毗邻海域,主要功能为海洋保护、农渔业、工业与城镇建设。大风江海域重点保护红树林生态系统,推进渔业资源的综合利用;三娘湾海域重点发展旅游休闲娱乐,保护中华白海豚;茅尾海海域重点保护海洋生态和近江牡蛎水产种质资源,保障滨海新区建设,开展茅尾海海域综合整治;钦州湾外湾与防城港海域重点发展港口航运和工业与城镇建设,开展防城港湾海域综合整治;江山半岛南部海域重点发展旅游休闲娱乐;珍珠湾—北仑河口海域重点发展海洋渔业与滨海旅游,保护红树林生态系统以及泥蚶、文蛤等重要水产种质资源,开展京族三岛和北仑河口东北岸的综合整治。

(六)海南岛东北部海域

海南岛东北部海域包括海南省的海口市、临高县、澄迈市、文昌市、琼海市和万宁市毗邻海域,主要功能为港口航运、滨海旅游、农渔业。海口、文昌、澄迈、临高海域主要发展港口航运和滨海旅游,依托环北部湾区域,发展海洋综合产业经济;琼海、万宁海域主要发展旅游业和农渔业,重点做好以博鳌为中心的滨海旅游业和相关产业综合开发,发展生态渔业。

(七)海南岛西南部海域

海南岛西南部海域包括海南省的三亚市、陵水县、乐东县、东方市、昌江县、儋州市的毗邻海域，主要功能为滨海旅游、农渔业、矿产与能源开发。三亚、陵水和乐东海域主要发展滨海旅游和生态保护，保障海南国际旅游岛发展用海，打造世界级热带滨海旅游城市，带动周边旅游产业发展；儋州市、昌江、东方海域主要发展矿产能源勘探与开发、港口航运与渔业，积极开展莺歌海和北部湾海域油气资源勘探和开发，适度发展临港工业与现代渔业。区域应协调旅游用海与渔业生产布局，加速传统海洋产业升级与改造，建设一批高标准海岛旅游、渔业、交通基础设施，提升海洋服务功能。加强红树林、珊瑚礁、海草床等海洋保护区建设与管理，维护重点岛屿岸段自然形态。

(八)南海北部海域

南海北部海域包括广东、海南近海海域，水深100~1 000米，发育了珠江口盆地、琼东南盆地等拗陷型盆地，是我国主要的油气资源分布区。区域重点加强深海区域油气资源勘探和开发，加强渔业资源利用和养护，保护重要海洋生态系统和海域生态环境。

(九)南海中部海域

南海中部海域位于北纬12度以北和南海北部海域之间，包括西沙群岛、中沙群岛周边海域和南海中部海盆区域。其中，西沙群岛和中沙群岛及周边海域水深小于2000米，是我国重要的传统渔业资源利用区，珊瑚礁、海草床生态系统发育。区域重点加强渔业资源利用和养护、油气资源的勘探和开发，开展海岛旅游、交通、渔业等基础设施建设，开发建设永兴岛－七连屿珊瑚礁旅游区，合理开发海岛旅游资源，加强海岛、珊瑚礁、海草床等生态系统保护，建设西沙群岛珊瑚礁自然保护区。南海中部海盆区域平均水深达4000米，油气、天然气水合物、热液矿床、铁锰结核等海洋矿产资源条件良好。区域应进一步加强海盆深水区域海洋矿产资源勘探，加强黄岩岛等海岛生态系统保护。

(十)南海南部海域

南海南部海域位于北纬12度以南至我国南海断续国界线范围内海域,包括南沙群岛及其周边海域,其中曾母暗沙是我国领土的最南端。区域内形成了礼乐盆地、礼北盆地、曾母盆地等12个新生代盆地,油气资源丰富,另外,钛铁矿、金红石、锆石等矿产资源潜力巨大。区域生物资源丰富,同时是我国珊瑚礁、海草床等热带海岛生态系统分布最广的海域。区域应重点加快海洋矿产资源及深海油气资源的勘探和开发,开展海洋渔业资源利用和养护,保护珊瑚礁等海岛生态系统。

五、台湾以东海域

台湾以东海域(略)。

第三章

海域使用权属管理制度

第一节 海域使用权属相关概念

《中华人民共和国宪法》第九条、《中华人民共和国海域使用管理法》第三条以及《中华人民共和国物权法》第四十六条均明确规定"海域属国家所有",国家是海域所有权的唯一主体。海域的国家所有是海域使用权产生的法律基础,海域使用权实为国家海域所有权权能分离的产物。而海洋资源价值的日益凸显、人类用海技术的成熟以及人们排他性用海的需要,则是海域使用权产生的现实基础。《中华人民共和国海域使用管理法》第二条第三款规定:"在中华人民共和国内水、领海持续使用特定海域三个月以上的排他性用海活动,适用本法。"其第三条又明确规定:"海域属于国家所有,国务院代表国家行使海域所有权。任何单位或者个人不得侵占、买卖或者以其他形式非法转让海域。单位和个人使用海域,必须依法取得海域使用权。"《中华人民共和国海域使用管理法》第二十三条与《中华人民共和国物权法》第一百二十二条均规定:依法取得的海域使用权受法律保护,任何单位或个人不得侵犯。

一、海域使用权概念与特点

海域使用权是指海域使用主体对依法获取的国家某一特定海域在一定期限内所享有的占有、使用和收益的权利。海域使用权的产生以国家海域所有权为前提。同时,使用人的权利应根据法律或合同规定产生,必须在法律或合同规定的范围内行使该权利。海域使用权的标的可以扩至界定的某一特定海域，包括水面、水体、海床和底土，但其仅限于海域空间资源，而不延伸至这一空间中所含的生物资源、矿产资源等。

海域使用权的概念界定反映出，海域使用权作为一种独立的财产权具有以下特征：

首先，海域使用权派生于海域所有权，它是海域所有权中的部分权能与所有权人相分离而形成的权利。海域所有权人即国家，因不能直接对每一块海域进行开发利用，必须将海域的使用收益权能从所有权权能中分离出来，将特定海域交由有使用能力者经营使用，以实现对海域科学、高效的利用，推动海洋经济的发展。

其次，海域使用权的发生需要有所有权人的设定行为，就是依法获取使用的某一宗海域。没有对海域的使用，就无所谓海域使用权，它的存续受所有权的制约。海域使用权以占有、使用、收益和一定程度的处分为内容。海域使用权人可依自己的意志对特定海域占有、使用和收益，也可以按照法定的方式和程序将其流转。

第三，海域使用权是存续期间特定的权利，具有期限性。除所有权人以外，使用他人之物的权利都是有期限的，海域使用权也不例外。为避免海域使用权内容的僵化，实现对海域科学合理的开发利用，法律规定了海域使用权的有效存续期限。

第四，海域使用权是独立的，具有排他性的权利。由于海域使用权是对海域直接支配的权利，它具有不容他人侵犯的性质，同一海域之上不能同时存在两个或两个以上内容相冲突的海域使用权。

二、海域使用权市场

我国现阶段的海域使用权市场分为一级海域使用权市场和二级海域使用权市场。一级海域使用权市场，也称批租市场，是指国家采用公开拍卖、招标、协议等形式，将一定范围的海域使用权有偿的提供给开发使用海域的单位或个人，并向使用者按年度收取使用金，或一次性收取较长使用期的使用总金额，对开发后改变海域属性的围填海工程则收取一次性海域使用金。国家将海域使用权出让给开发者和使用者的交易活动为海域使用权一级市场。二级海域市场，也可称为海域使用权流转市场，是指取得海域使用权的主体将其拥有的海域使用权转让给他人的市场交易活动。在二级海域使用权市场上，本着优化配置资源的原则，海域使用权人在符合法定的条件下，可以有偿转让、出租、抵押海域使用权。对于海域使用权转让面积、租金数额、转让形式等，都可以由当事人自由协商。国家只对海域使用方向，予以监督控制并收取增值费和办理有关使用权转移登记手续。由于我国海域使用权市场形成较晚，因此海域使用权的二级市场还不是很健全。这与城市土地使用权市场中，二、三级市场十分成熟形成鲜明对比。

海洋行政主管部门对一级海域使用权市场的管理主要是对海域使用权申请审批、海域使用权招标、拍卖的管理。对二级海域使用权市场的管理主要是对海域使用权的出租、抵押、转让、继承、投资入股等流转形式的管理。同时，国务院海洋行政主管部门还要对海域使用权属变动进行登记、颁发权利证，征收海域使用金，对海域使用权争议进行调解等。

三、海域使用权属管理制度

海域使用权属管理制度是指国家以及代表国家行使管理权的国务院海洋行政主管部门对海域使用权属进行管理的制度。海域使用权权属管理制度涵盖海洋行政主管部门对海域使用权进行管理的全过程，具体包含海域使用权的取得、变更、终止、流转、保护以及相应的登记、证书颁发等内容。

海域使用权属管理制度从法律上确认保护国家海域所有权，同时通过使用权和所有权分离的形式找到公有海域资产的有效实现形式。它通过依法界定海域使用权的归属达到"定纷止争"的作用，以充分维护海域使用权人的合法权益，这是在市场经济条件下财产能够得到合理的交易和流动的前提。通过海域权属统一管理，能够有效调整不同行业的用海关系，提高海域资源利用的整体效益，促进海域合理开发和可持续利用。

第二节　我国海域使用权属管理制度建立与发展

我国海域使用权属管理制度是随着社会经济发展应运而生的。长期以来，由于人们对海洋不能进行排他性的使用，致使一般观念认为，领海以内的海域由国家来支配管理，而不能成为特定人所有的对象。在20世纪90年代以前，我国未对海域的使用权属问题做出任何明文规定。随着海洋价值日益凸显，我国海洋事业有了突飞猛进的发展，为了解决社会经济实践活动中出现的因海域权属关系所发生的各种复杂问题，我国海洋行政主管部门开始关注海域的使用权属管理问题，并向国务院反映请示，提出对此问题应通过立法予以解决。1993年，经国务院同意，财政部、国家海洋局联合颁发《国家海域使用管理暂行规定》。该暂行规定中，明确了海域属于国家所有，并确立了海域使用论证制度和海域有偿使用制度两项基本制度。但由于该暂行规定仅仅是部门规章，在法律体系中的位阶较低，加之行业利益和地方利益因素的影响，该规定在实施过程中遇到了一些障碍，出现了不少问题。鉴于这种情况，以及社会各界对建立、健全海域使用管理法律制度重要性的认识，有必要将该暂行规定中确立的重要制度和有关规定升格为法律。因此，2001年，全国人大常委会通过并颁布了《中华人民共和国海域使用管理法》。《中华人民共和国海域使用管理法》作为海域使用管理的基本法，明确规定了海域属于国家所有，并设专章规定了海域使用权，该法所建立的海域权属法律制度，强调维护国家海域所有权和海域使用权人的合法权益，为海域物权关系的规范提供了基本的准则。

为贯彻落实《中华人民共和国海域使用管理法》，国家制定和实施了一系列海域使用管理的配套规定，如：《国务院办公厅关于沿海省、自治区、直辖市审批项目用海有关问题的通知》《海域使用申请审批暂行办法》《关于加强国家海洋局直接受理海域使用项目管理的若干意见》《海域使用权登记办法》《海域使用权证书管理办法》《海域使用权争议调解处理办法》《海籍调查规范》《海域使用论证资质管理规定》《海域使用测量管理办法》《海域使用测量资质等级标准》《国务院关于全国海洋功能区划的批复》等，初步建立了海域使用权属管理的配套法律制度体系。沿海各省市也根据《中华人民共和国海域使用管理法》规定的精神，逐步清理了与该法相抵触的地方性法规和规范性文件，并结合本地情况相继制定或修改完善了地方性海域使用法规或政府规章。

2006年10月13日，为了进一步规范海域使用权管理，维护海域使用秩序，保障海域使用权人的合法权益，国家海洋局出台了《海域使用权管理规定》（国海发〔2006〕27号）（以下简称《规定》）。《规定》共8章55条，于2007年1月1日正式实施。与之前出台的《海域使用申请审批暂行办法》相比，该《规定》内容更加全面、细化，具体规定了申请审批、招标、拍卖等海域使用权的多种出让方式，可操作性更强。对海域使用权招标、拍卖、转让、出租、抵押程序的首次细化，是该《规定》的最大亮点。同日，为了加强海域使用权管理，完善海域使用权登记制度，国家海洋局制定了《海域使用权登记办法》（国海发〔2006〕28号）。该办法对海域使用权及他项权利的取得、变更、终止的登记管理作出了详细规定。

海域使用权登记是海域使用权属管理工作的基础，由于管理机制、技术手段、人员流动等多方面原因，一些地区海域使用权属数据不准确、不完整的问题较为突出。为解决这一问题，2011年8月起，国家海洋局通过国家海域动态监视监测管理系统，在江苏、广西、海南3省区进行试点省份正式实施《海域使用权证书》统一配号。到12月27日为止，3省区共完成了529个《海域使用权证书》的配号，在总结试点经验的基础上，2011年12月23日，国家海洋局下发了《关于开展〈海域使用权证书〉统一配号工作的通知》（国海管字〔2011〕907号）。通知中明确了证书编号规则、配号工作流程和配号条件。《海域使用权证书》统一配号将加强海域使用宏观管理，规范海域使用审批行为，提高海域管理规范化水平，推进海域管理政务公开。各级海洋行政主管部门可以及时掌握本地区海域确权发证情况，通过系统及时、准确提取本地区海域使用统计数据。各级海洋行政管理部门可通过系统实时查询在本行政区域内设置的海域使用权属信息。同时，国家海域动态监管网将向公众提供查询与验证服务，供社会公众的监督。

海域使用管理法及其配套制度的实施，维护了国家和用海者的合法权益，规范了海域使用秩序，促进了海域资源的合理开发与可持续利用，标志着我国已初步形成了比较成熟和完善的海域使用权属管理制度。该制度的确立从法律上讲具有如下重要意义：第一，确立了海域使用权属管理的基本准则，为海洋行政主管部门依法行政提供了基本的法律依据。第二，明确了海域的国家所有，以法律的形式确立了海域使用权，并确认了海域使用权的用益物权性，为用海人的权益保护提供了基本的法律依据。

第三节 海域使用权获取与流转变更

海域使用权获取是海域使用人依法向海域所有权人获取海域使用权力的过程。《中华人民共和国海域使用管理法》中规定的海域使用权获取方式有两种：一是向国家依法确定的海洋行政主管部门申请取得，二是通过招标、拍卖的方式，公开竞争、公开竞价取得。此外，《中华人民共和国海域使用管理法》第二十二条规定，在本法施行前，已经由农村集体经济组织或者村民委员会经营、管理的养殖用海，符合海洋功能区划的，经当地县级人民政府核准，可以将海域使用权确定给该农村集体经济组织或者村民委员会，由本集体经济组织的成员承包，用于养殖生产。海域使用权的流转指海域使用权在初始登记后在民事权利主体之间转让，即海域使用权人依法将其使用权再转移给他人的行为。海域使用权流转过程中海域使用权依然继续存在，但海域使用权利主体发生了变动。海域使用变更主要指海域使用权内容的变化和更改。

一、海域使用权的获取

（一）海域使用权的获取方式

1. 申请审批

《中华人民共和国海域使用管理法》第三章"海域使用的申请与审批"规定了海域使用权以行政许可方式取得的条件、程序。2006年，国家海洋局发布的《海域使用权管理规定》又对其作了具体规定。根据这些规定和当前的实践，单位和个人可以向县级以上人民政府海洋行政主管部门申请使用海域。

申请使用海域的单位和个人必须提交海域使用申请书、申请使用海域的坐标图及其详细地理坐标、资信等相关证明材料。对于油气开采用海项目要提交油田开发总体方案。对于国家级保护区内开发用海项目，要提交保护区管理部门的许可文件。对于存在利益相关者的，应提交利益协调或解决方案。

县级以上人民政府海洋行政主管部门受理海域使用申请后，组织现场调查、权属核查，并对项目用海是否符合海洋功能区划、申请使用海域是否设置海域使用权、申请海域的界址与面积是否清楚等进行审查，必要时可对项目用海内容进行公示。受理海域使用申请的县级以上人民政府海洋行政主管部门对符合条件需要报送审查的用海申请，提出初审意见并和用海申请材料一同报送相关审查机关审查，对不符合条件的海域使用申请，依法告知申请人。

审查机关主要对申请用海是否符合海洋功能区划、申请使用海域是否已经计划设置其他海域使用权、申请海域是否存在管辖异议等进行审查，并提出审查意见并报送上级审查机关或审核机关。有审批权人民政府的海洋行政主管部门对于符合条件不需要报送审查的用海申请，可直接依法进行审核。

有审批权人民政府的海洋行政主管部门为海域使用申请审批的审核机关。审核机关对报送的审核材料初步审查后，通知海域使用权申请人开展海域使用论证，提交相关材料。审核机关收到海域使用论证报告后，组织专家评审，必要时征求同级有关部门的意见。在此基础上，并对以下8个方面进行审查。①申请、受理和审查是否符合规定的程序和要求；②申请用海是否符合海洋功能区划和相关规划；③申请用海是否符合国家有关产业政策；④申请用海是否影响国防安全和海上交通安全；⑤申请海域是否计划设置其他海域使用权；⑥申请海域是否存在管辖异议；⑦海域使用论证结论是否切实可行；⑧申请海域界址、面积是否清楚，有无权属争议。对审查符合条件的，提请同级人民政府批准，不符合条件的，依法告知申请人。

国务院海洋行政主管部门受理的项目用海，由其征求项目所在地省级人民政府的意见，县级以上海洋行政主管部门受理并报国务院审批的项目用海，经审核报省级人民政府同意后，报至国务院海洋行政主管部门。

海域使用申请经批准后，由审核机关提出项目用海批复，主要内容包括：①批准使用海域的面积、位置、用途和期限；②海域使用金征收金额、缴纳方式、地点和期限；③办理海域使用权登记和领取海域使用权证书的地点和期限；④逾期的法律后果；⑤海域使用要求；⑥其他有关内容。海域使用权申请人按照项目用海批复要求，缴纳海域使用金，办理海域使用权登记，领取海域使用权证书。海域使用权证书是海域使用权的法律凭证。海域使用权人自领取海域使用权证书之日起，取得海域使用权。

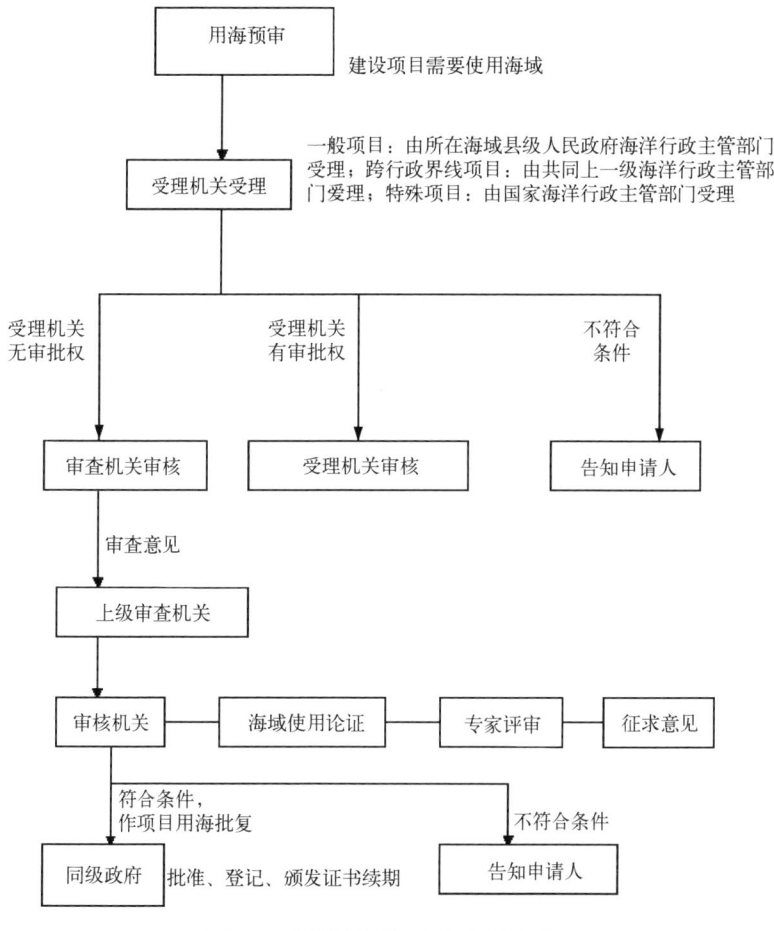

图 3-1 海域使用权申请审批流程

2. 招标或拍卖

《中华人民共和国海域使用管理法》第二十条规定"海域使用权除依法经申请、审批的方式取得外，也可以通过招标、拍卖、挂牌出让的方式取得"。海域使用权招标、拍卖程序如下：

(1) 海洋行政主管部门根据海洋功能区划、海域使用现状、海域使用论证结论、海域价值评估结果等，制定海域使用权招标、拍卖方案，报有审批权的人民政府批准，涉及相关部门和单位的，应当征求意见。

(2) 有审批权的人民政府海洋行政主管部门或者其委托单位，根据批准的招标、拍卖方案编制招标、拍卖文件，发布招标、拍卖公告。标底、底价根据海域价值评估结果等确定，不能低于按海域使用金征收标准确定的海域使用金、海域使用论证费、海域测量费和海域价值评估费等费用总和。标底、底价在招标、拍卖活动过程中要保密，且不能变更。

(3) 对于同一海域有两个或者两个以上用海意向人的，应采取公开、公平、公正和诚实信用的原则对海域使用权开展招标、拍卖。

(4) 以招标、拍卖方式确定中标人、买受人后，海洋行政主管部门和中标人、买受人签署成交确认书，并按规定签订海域使用权出让合同，缴纳海域使用权出让价款。中标人、买受人支付的履约保证金，抵作成交价款。未按成交确认书的要求缴纳成交价款的，履约保证金不予退还，成交确认书无效。其他投标人、竞买人支付的履约保证金，海洋行政主管部门在招标、拍卖活动结束后退还。

(5) 招标或者拍卖工作完成后，中标人、买受人持价款缴纳凭证和海域使用权出让合同，办理海域使用权登记，领取海域使用权证书。中标人或者买受人自领取海域使用权证书之日起，取得海域使用权。

(6) 海洋行政主管部门在海域使用权招标、拍卖活动结束后，向社会公布招标、拍卖结果。

在市场经济条件下，海域使用权的招标或拍卖取得比申请、审批更加适宜。因为通过招标或拍卖取得海域使用权将会更加公开、公平、公正，符合市场经济规律，同时更能实现海域的经济价值。以招标或者拍卖方式出让海域使用权，是社会主义市场经济发展的必然要求，这种方式较之行政许可制更具优势。因此,可以说以招标、拍卖的方式确定海域使用权人,应是今后海域使用权出让制度的发展方向。目前,我国海域招标或拍卖尚处于初级阶段,海域使用权转让、出租、抵押的相关管理制度还不完善。

3. 依传统使用取得海域使用权

在我国沿海的许多地区,有很多世代"靠海而居",以海为生的渔民,没有耕地,海域是沿海渔民最主要的生产资料,也是其基本的生活保障,就像耕地对于农民一样。《中华人民共和国海域使用管理法》充分考虑了这一实际情况,为保障这些渔民的基本权利。该法第二十二条规定,"本法施行前,已经由农村集体经济组织或者村民委员会经营、管理的养殖用海,符合海洋功能区划的,经当地县级人民政府核准,可以确权给该农村集体经济组织或者村民委员会,由本集体经济组织的成员承包,用于养殖生产。"这是为沿海地区存在的依靠传统渔业谋生的渔民村而设计的集体养殖用海使用权,它有利于维持渔民生计,保持社会稳定。

(二)海域使用权的审批权限

《中华人民共和国海域使用管理法》通过规定国务院可以授权地方政府负责本行政区毗邻海域使用的监督管理的方式,确定了海域使用的中央统一管理和授权地方政府分级管理相结合的管理体制。具体到各级政府对海域使用权设立的审批权限,该法第十八条规定:"下列项目用海,应当报国务院审批:(一)填海五十公顷以上的项目用海;(二)围海一百公顷以上的项目用海;(三)不改变海域自然属性的用海七百公顷以上的项目用海;(四)国家重大建设项目用海;(五)国务院规定的其他项目用海。前款规定以外的项目用海的审批权限,由国务院授权省、自治区、直辖市人民政府审批。"《海域使用权管理规定》规定下列项目的海域使用申请,由国务院海洋行政主管部门受理:"(一)国务院或国务院投资主管部门审批、核准的建设项目;(二)省、自治区、直辖市管理海域以外或跨省、自治区、直辖市管理海域的项目;(三)国防建设项目;(四)油气及其他海洋矿产资源勘查开采项目;(五)国家直接管理的海底电缆管道项目;(六)国家级保护区内的开发项目及核心区用海。上述规定以外的,由县级以上地方人民政府海洋行政主管部门受理。跨行政管辖界线的用海项目，由共同的上一级海洋行政主管部门受理。"

在此，县级以上地方人民政府享有用海项目的审批权，其实质上是国务院授权地方政府行使海域国家所有权。《中华人民共和国海域使用管理法》规定，海域使用申请经依法批准后，国务院批准用海的，由国务院海洋行政主管部门登记造册，向海域使用申请人颁发海域使用权证书；地方人民政府批准用海的，由地方人民政府登记造册，向海域使用申请人颁发海域使用权证书。海域使用申请人自领取海域使用权证书之日起，取得海域使用权。由此可见，在我国，海域国家所有权由国务院代表国家行使，同时国务院根据法律规定授权省级人民政府、市级人民政府和县级人民政府行使海域国家所有权。

(三)海域使用权的期限

所有权以外使用他人物品的权利都是有期限的，海域使用权也不例外。为避免海域使用权使用僵化，实现对海域科学合理的开发利用，《中华人民共和国海域使用管理法》根据不同的用海类型，为海域使用权确立了不同的存续期限。海域使用权最高期限，按照下列用途确定：

(1)养殖用海十五年；

(2)拆船用海二十年；

(3)旅游、娱乐用海二十五年；

(4)盐业、矿业用海三十年；

(5)公益事业用海四十年；

(6)港口、修造船厂等建设工程用海五十年。

海域使用权期限届满，海域使用权人需要继续使用海域的，应当最迟于期限届满前二个月向原批准用海的人民政府申请续期。除根据公共利益或者国家安全需要收回海域使用权的外，原批准用海的人民政府应当批准续期。准予续期的，海域使用权人应当依法缴纳续期的海域使用金。

二、海域使用权的流转与变更

(一)海域使用权的流转

《中华人民共和国海域使用管理法》第二十七条规定，海域使用权的流转主要有以下几种类型：一是因企业合并、分立或者与他人合资、合作经营，变更海域使用权人的，需经原批准用海的人民政府批准；二是依法转让海域使用权，具体办法由国务院规定。所谓海域使用权的转让，也就是通过海域使用权的买卖、作价入股、交换或赠予等而发生的海域使用权人的变更。海域使用权的转让既可以是有偿的，也可以是无偿的，前者如买卖、交换，后者如赠予；三是依法继承。海域使用权可以继承，主要是考虑了海域使用权是一种财产权利，特别是对传统渔民来说，是生活的基本保障。

《海域使用权管理规定》第三十八条对海域使用权转让应具备的条件进行了详细规定：

(1) 开发利用海域满一年；

(2) 不改变海域用途；

(3) 已缴清海域使用金；

(4) 除海域使用金以外，实际投资已达计划投资总额百分之二十以上；

(5) 原海域使用权人无违法用海行为。

(二) 海域使用权的变更

海域使用权的变更必须符合以下条件：符合海洋功能区划和相关规划；符合海洋环境要求；按期缴纳海域使用金；申请海域的界址、面积清楚、无权属争议；不存在收回海域使用权的法定情形。具体包括以下三种情况：

第一，海域用途的变更。海域用途的变更，即法律上属性的变更，是指在权利主体不变的情况下，海域用途的变化。《中华人民共和国海域使用管理法》第二十八条规定，海域使用权人不得擅自改变经批准的海域用途，应严格按照海域使用证登记的用途使用海域，确需改变的，应当在符合海洋功能区划的前提下，报原批准用海的人民政府批准。

第二，海域使用权标的物的变更。海域使用权标的物的变更，一般是指海域使用权人所使用的海域位置或者面积发生变动的情形。相邻用海人为经营管理方便起见而互易毗邻的海域，也会导致其各自的海域使用权客体的变化。海域使用标的物的增减应经法定程序并应办理登记的变更手续。

第三，海域使用期限的变更。《中华人民共和国海域使用管理法》第二十六条对海域使用权人的续期权有明文规定。海域使用权期限届满，海域使用权人需要继续使用海域的，应当至迟于期限届满前二个月向原批准用海的人民政府申请续期。除根据公共利益或者国家安全需要收回海域使用权的外，原批准用海的人民政府应当批准续期。准予续期的，海域使用权人应当依法缴纳续期的海域使用金。

三、海域使用权的登记

海域使用权登记是指依法对海域的权属、面积、用途、位置、使用期限等情况以及海域使用权派生的他项权利所作的登记，包括海域使用权初始登记、变更登记和注销登记。海域使用权登记以宗海为基本单位。单位和个人取得两宗以上海域的，应当按宗分别申请登记。两个以上海域使用人使用同一宗海域的，应当共同申请登记。

海域使用权登记是海域权属管理的主要内容，是海域使用权产生的前提，是海域使用权及他项权利的法律依据。海域使用权及他项权利的取得、变更、终止必须进行登记，这种登记具有强制性。这里的他项权利是指出租、抵押海域使用权形成的承租权和抵押权。将登记作为海域使用权变动的公示方法，可以为海域使用权的交易提供安全保障。依法登记的海域使用权及他项权利受法律保护，任何单位和个人不得侵犯。

我国海域使用权按照审批权限实行分级登记。国务院批准的项目用海，由国务院海洋行政主管部门登记造册；县级以上地方人民政府批准的项目用海，由批准用海的地方人民政府登记造册，同级海洋行政主管部门负责具体登记工作(以下简称登记机关)。变更登记、注销登记和他项权利登记由原海域使用权登记机关办理。为进一步提高海域使用权管理的科学化水平，及时掌握海域确权发证情况，确保海域使用权属数据的完整性、准确性、现势性，实现确权信息公开查询，国家海洋局决定通过国家海域动态监视监测管理系统(以下简称"系统")，对海域使用权证书实行全国统一配号。自2012年1月1日起，所有海域使用权初始、变更登记时，必须通过系统提交登记数据，获取统一配发的海域使用权证书号码，并可通过系统直接进行证书套打。海域使用权注销登记时,也应通过系统提交注销登记数据。海域使用权证书号码为永久证号,海域使用权注销后,证号随之废止不再启用。海域使用权证书统一配号,可加强海域使用宏观管理。各级海洋行政管理部门可以通过系统及时、准确提取本地区海域使用统计数据,通过统一配号,系统预设配号条件,可及时发现和制止违规审批、越权发证等行为,提高海域管理规范化水平。不符合审批权限的项目用海,将不能通过系统取得证号。

四、海域使用权的争议调解

海域使用权争议是指海域使用权当事人之间因海域使用权的归属而发生的争议。海域使用权当事人协调解决不成的海域使用权争议,可向县级以上人民政府海洋行政主管部门提交调解申请书,申请协调处理。调解申请书包括:①申请人和对方当事人的姓名或名称、法人代表人姓名和通信地址;②请求事项、事实和理由;③有关证据;④证人有关情况。海域使用权当事人也可以委托代理人代为申请调解处理海域使用权争议。为了提供详细准确的证据,海域使用权当事人可委托代理人进行调查举证,也可委托有资质的单位对有争议的海域进行测绘,以向海洋行政主管部门证明各自的要求。

如果发生争议的海域使用权发证机关为同一海洋行政主管部门的,由该海洋行政主管部门负责处理。如果发生争议的海域使用权中发证机关有隶属关系海洋行政主管部门的,由其中级别高的海洋行政主管部门负责处理。如果发生争议的海域使用权中发证机关为无隶属关系的海洋行政主管部门的,由其共同的上一级海洋行政主管部门负责处理。

海洋行政主管部门认为有必要对争议的海域进行实地调查的,应通知当事人及有关人员到场,并可邀请有关部门协助调查。在查清事实的基础上进行调解,促成海域使用权当事人协商解决,达成协议。协调达成协议后签订协调书,以作为海域使用权登记的依据。协调处理海域使用权争议需要重新确认海域使用权的,由海洋行政主管部门按程序办理相关手续。如果不服处理结果,海域使用权当事人可申请行政复议或向人民法院起诉。

第四节　海域使用权属单元

海域使用权属以宗海为基本单元，宗海为海域使用权属界址线所封闭的具有特定空间位置、使用用途、使用权归属的用海单元。同一权属不同用海类型的用海单元独立分宗。宗海也是海域使用权属登记的基本单元。宗海可采用宗海图来表达其空间位置、界址点(界址点坐标)、界址线、空间面积、用途、权属及相邻宗海之间关系等相关信息。

一、宗海界定

宗海界址的界定是一项政策性、技术性和群众性很强的工作，要充分体现界定技术和测量技术的科学性和可操作性。宗海界址的界定有利于维护国家海域所有权，保障海域使用权人的生产活动，促进海域使用管理和海洋经济可持续发展。同时宗海界址界定也是确保国家海域空间资源的合理利用，避免毗邻宗海的相互穿插和干扰，集约/节约海域空间资源，防止海域使用权争议和海域空间资源浪费的重要途径。界定的宗海范围一般包括项目实际占用的海域以及该项目周边不准他人占用或干扰的安全区。各类海域使用类型宗海界定方法如下。

(一)渔业用海

(1)无防波堤圈围的渔港用海内界址线为码头两则天然海岸线或人工海岸线岸壁的连线，外、侧界址线为与港内锚地或引桥、引堤、码头向周围外扩50米形成的区域叠置后的最外缘相切的顺岸直线和垂岸直线。

(2)有防波堤围成的渔港用海内界址线为码头两则天然海岸线或人工海岸线岸壁的连线，外、侧界址线为防波堤基床或防波板三角锥、堆石外缘定点的连线。

(3)单独的浮筏养殖用海以最外缘的筏脚(架)连线向四周扩展20~30米连线为界；互为连片的浮筏养殖区，每个业主用海以与其相邻业主台筏的水域中线为界。

(4)单独网箱养殖用海,以箱体外缘桩脚(架)连线向四周扩展20~30米连线为界;互为连片的网箱养殖区,每个业主用海以与其相邻业主网箱的水域中线为界。

(5)围塘养殖用海内界址线为围海前的海岸线或人工岸线,外、侧界址线为人工堤坝基床外缘线。

(6)养殖取水口用海以抽水口为圆心,半径为30米的圆弧为界。

(7)以废船、堆石、人工块体及其他投弃物形成的人工鱼礁用海,以被投弃的海底人工礁体外缘定点的连线为界。

(8)依靠人工投苗或自然增殖在滩涂、河口浅滩利用水泥板、石板、堆石、竹木等固着基的增殖用海,以固着基分布外缘定点的连线为界。

(9)人工投苗或自然增殖的人工管养用海,原则上依申请范围界定,但须经抽样核准。

(10)定置网中的插网、樯张网等占用海域,按其实际占用范围界定。

(二)交通运输用海

(1)有防波堤或放浪板等设施围成的港口用海界址确定参见有防波堤围成的渔港用海界址确定。

(2)无防波堤或放浪设施圈围,而有顺岸码头、凸堤、礅式码头、浮动码头等港口用海,内界址线为码头两侧天然海岸线或人工海岸线岸壁的连线。外、侧界址线为与下列区域叠置后的最外缘相切的顺岸直线和垂岸直线,(a)调头区;(b)引桥、引堤、码头向周围外扩50米形成的区域;(c)设有泊位或邻近泊位的码头边沿外扩最大靠泊船只长度五倍距离形成的区域。

(3)输油栈桥及危险品栈桥用海,内界址线为栈桥起点的海岸线;侧界址线为桥墩基床外缘外扩100米的连线;外界址线为栈桥终端向深水区外扩最大靠泊船只长度三至四倍距离的连线。

(4)多个顺岸码头或凸堤之间水域狭窄时,其安全区范围在保证安全情况下可视具体条件界定。

(5)锚地和航道用海,原则上以设计范围向四周或两侧外扩100米或50米为界。

(6)跨海桥梁、栈桥、道路用海,依据桥面垂直投影或陆基外延线外扩不少于20米进行界定。

(三)工矿用海

(1)通过围海进行晒盐作业的盐田用海界址界定参考围塘养殖用海,盐田取水口用海界址界定参考养殖取水口用海。

(2)修造船厂的船坞用海,以其平面范围为界;船台用海以海岸线或人工海岸岸壁至滑道水下终端的平面尺寸向其两侧和前方各外扩50米为界。

(3)海上拆船用海,应根据海洋功能区划和保护目标,以泄露有害物质随离岸距离浓度的衰减而达到海水水质标准时水体所波及的外缘线进行界定。

(4)位于海洋渔业水域、海上自然保护区和珍稀濒危海洋生物保护区、盐田区、水产养殖区和海水浴场附近的温排水口用海,依据人为造成的升温夏季不得超过当地当时1度,其他季节不得超过2度的水体所能波及的外缘线进行界定。

(5)位于滨海风景区、旅游区附近的温排水口用海,依据人为升温不超过当地、当时4度的水体所波及的外缘线进行界定。

(6)位于滨海风景区、旅游区附近的电厂进水口用海,按以进水口为中心,半径50米的扇形面进行界定。

(7)位于一般工业、滨海风景旅游区、港口水域、海洋开发作业区附近的电厂进水口用海,按以进水口为中心,半径80米的圆弧进行界定。

(8)以砂矿等资源为采掘对象的矿产开采用海,原则上以申请的矿产开采区域外延线为界,最低不得小于矿产开采区域中心点为圆心,最大开采船只长度五倍为半径的圆。

(9)石油开采用海以下列情形界定:

a)综合石油生产平台以其平面投影向四周外延不少于100米为界;

b)井口平台以其平面投影向四周外延50米为界;

c)立管以其中心点为圆心不少于50米为半径的圆周为界;

d)单点系泊以其中心点为圆心不少于300米为半径的圆周或圆弧为界;

e)人工岛以岛体(护坡)及岛陆联系通道的外缘顶点的连线向外扩展50米

为界。

(四) 旅游娱乐用海

(1) 独立或多座海上酒店、宾馆、游乐场、眺塔及其他海上工作平台等旅游娱乐设施用海，以其平面投影向四周扩展 50 米为界。

(2) 利用跨海索桥与陆地连接的人工旅游岛或海上旅游平台用海，依其实际占用海域范围及跨海索桥垂直投影外延线外扩 20 米二部分累加进行界定。

(3) 以珊瑚礁等为观光对象的海底世界用海，原则上按申请核定的具体位置外扩 100 米安全区后的外缘线为界。

(4) 两则为岬角环抱的海湾型或凹入型海水浴场，向陆以海岸线为界，海域以岬角连线为界，两者圈闭的范围为海湾型海水浴场用海。如果岬角连线以外设置防鲨安全网的，以防鲨安全网外缘外扩 20~30 米为界。

(5) 由开阔平直海岸组成的海水浴场，范围界定为从浴场海岸线向海垂直延伸 1000~2000 米或至防鲨安全网位置。

(6) 游艇、帆船等商业经营性海上运动场，以其垂岸和顺岸活动范围的外缘线为界。

(五) 海底工程用海

(1) 海底管道(线)用海，以其轴线向两则外扩不少于 20 米为界。

(2) 海底隧道用海，以隧道及附属设施的外缘线向两则外扩不少于 20 米为界。

(3) 海底仓储用海，以仓储设施外缘线外扩不少于 20 米为界。

(六) 排污倾倒用海

(1) 排污口用海，应依据海洋功能区划和保护目标，以其排放有害物质随离岸距离浓度的衰减而达到海水水质标准时的水体所波及的外缘线进行界定。

(2) 海洋倾倒区用海，依据海洋行政主管部门审批的位置进行界定。

(七) 围填海造地用海

内界址线为围填海造地前的海岸线或人工海岸的连线，外、侧界址线为人工堤坝基床外缘线。

(八)特殊用海

(1)科研教学用海,由海洋行政主管部门和财政部门依据用海特点、规模、排他性、海洋功能区划等条件审核认定用海位置和范围。

(2)军事设施用海,按人民政府和军事机关共同审批的范围界定。

(3)保护区用海,依据主管部门批准的保护区规划范围进行界定。

(4)海岸防护工程用海,依据堤坝基床设计尺寸界定。

(5)其他用海,参照前述各类用海的界定方法及有关标准规范的技术要求进行界定。

二、宗海图

宗海图是海域使用权证书和宗海档案的附图,包括宗海位置图和宗海界址图。宗海位置图是直观表达项目用海地理位置、范围、形状及其与周边海洋功能区位置关系的海域使用图件。宗海位置图主要内容包括:

(1)基础地理底图,基础地理底图应带有水深信息,并能反映宗海位置与重要人居、交通、海洋功能区、海岸线等要素的空间相对位置。

(2)宗海位置,以宗海图斑形式绘制宗海的基本位置,对于宗海面积较小或距离海岸线等重要图面信息较远的宗海特例,可采取调整比例尺,以显示宗海的位置,并以局部放大方式展示宗海图斑形状。

(3)成图要素,成图要素包括图名、图例、比例尺等,宗海位置图比例尺以能清晰反映本宗海与附近重要居民点的地理位置关系为宜。

(4)制图数学信息,包括制图坐标系、地图投影等。

(5)制作信息,包括宗海位置图制作单位、制作人、审核人、制作日期。

宗海界址图是反映用海项目具体的平面布置、宗海形状、界址点分布、权属范围及与相邻宗海位置关系的海域使用图件。宗海界址图的主要内容包括:

(1)宗海界址信息,包含本宗海及内部单元的图斑、界址线和界址点等及其标注。不同用海方式的内部单元图要求见《宗海图编绘技术规范》(HY/T 251—2018)。

(2)周边相关宗海,包括周边相邻(相近)宗海图斑、界址线、界址点及项目名称(含业主姓名或单位名称)等信息及其标注。

(3)相关要素,以反映毗邻陆域与海域要素(海岸线、等深线、地名、明显标志物等),邻近海域相关用海方案或已有用海设施、构筑物。

(4)界址点列表,包括界址点编号及坐标列表,界址点坐标采用大地坐标,单位采用度、分、秒格式,秒后保留2位小数,界址点编号与图中编号对应,顺序列表。

(5)宗海内部单元、界址线与面积列表。宗海内部单元按具体用海方式填写,界址线采用连接界址线的界址点加"-"表示,界址点首、尾相同,面积单位为公顷,小数点后保留4位。内部单位与"宗海及内部单元记录表"中的内部单元名称一致。宗海面积采用解析法量算,如果能够通过测量获得以 m 为单位的每一个界址点的 x, y 坐标,根据界址点的平面直角坐标 x_i, y_i(i 为界址点序号),则计算宗海面积方法如下:

$$S = \frac{1}{2}[x_1(y_2 - y_n) + x_2(y_3 - y_1) + \cdots\cdots + x_{n-1}(y_n - y_{n-2}) + x_n(y_1 - y_{n-1})]$$

(3.1)

$$或 S = \frac{1}{2}[y_1(x_2 - x_n) + y_2(x_3 - x_1) + \cdots\cdots + y_{n-1}(x_n - x_{n-2}) + y_n(x_1 - x_{n-1})]$$

(3.2)

式中,S 为宗海面积(米^2),小 x_i, y_i 为第 i 个界址点坐标(m)。对于远离海岸线的宗海,不能获得以 m 为单位的每一个界址点 x, y 坐标,可利用 GPS 测量记录界址点的经纬度坐标,经换算后计算宗海面积。

(6)比例尺,宗海界址图比例尺可设定为1:5 000 或更大,以能清晰反映宗海的形状及界址点分布为宜。

对于比较复杂或所占用海域跨度较大的用海类型,为同时反映宗海的形状以及界址点分布情况,宗海界址图可采用分幅绘制,其中一幅用于反映宗海的整体分布情况,各组成部分可采用局部放大的方式分幅绘制。

第四章

海域有偿使用制度

第一节 海域有偿使用制度建立与发展

海域有偿使用制度是指在保证海域资源国家所有权的基础上,根据海域所有权与使用权分离原则,国家与海域使用单位和个人之间依法建立一种租赁关系,海域使用者在海域使用期限内,对一定范围的海域按年度逐年缴纳或按规定一次性缴纳使用金,国家通过宏观调控,保证海域使用权作为特殊商品进入市场流动的一种海域管理制度。国家依法实行海域有偿使用制度,不仅有助于国家海域所有权在经济上的实现,而且有利于杜绝海域使用中的资源浪费和国有资源性资产流失,切实保障海洋经济的可持续发展。

一、海域有偿使用制度形成与发展

在我国传统的价值观念中,海域、土地、水等自然资源没有价值,由此导致现实生活中出现"产品高价、原料低价、资源无价"的不合理现象。在海洋资源利用中也出现了随意占用和使用海洋资源的情况,造成了海洋资源的严重破坏和浪费,由此也导致20世纪80年代以来全国围填海造地和围海养殖高潮。

20世纪90年代初,海南、辽宁、山东等地先后出现了外商使用我国海域的问题,一些外商多次要求我方对其使用海域进行报价磋商。为规范海域使用,部分县市制定了《海域使用管理办法》,但收费标准、审批部门等各不相同,出现多头对外审批现象。为此,1991年,国家海洋局、财政部联合向国务院提交了《关于外商投资企业使用我国海域有关问题的报告》。次年,国务院批复通知(国办通〔1992〕20号)明确要求"为加强对使用我国海域(包括内海、领海的水体、底土部及其上空)的管理,应尽快制定对国内外企业使用我国海域从事生产经营活动的行政管理办法,颁发实行海域使用许可证的制度和有偿使用海域的制度"。

1991年11月16日"国有资产评估管理办法"的发布,给海岸带资源立法管理提供了一个新思路,国家国有资产管理局及时在北京召开了"自然资源产业化与资源资产管理"理论讨论会,提出海洋、海岸带资源是我国国有资源资产的重要组成部分,可否按照国有资源资产管理办法,实现所有权的第一级管理。会议的召开为海洋资源管理引入经济手段,即按地租理论进行有偿使用,使所有权得以在经济上实现起到了积极的促进作用。这一思路要求将所有权和经营权分开,海洋行政主管部门由国家资源资产管理部门授权,作为海洋资源所有者的代表,对经营者进行管理。

1993年,财政部和国家海洋局联合发布了《国家海域使用管理暂行规定》(财综〔1993〕73号),对海域有偿使用制度做了详细的规定,确定海域使用金包括海域出让金、海域转让金和海域租金3种类型,并规定了海域使用金的征收标准,由各地根据具体情况制定。海域出让金是各级政府海洋行政主管部门或者财政部门代表国家出让海域使用权时,按规定向受让人收取的海域使用权出让价款,征收标准为每亩不得低于100元;海域转让金是海域使用者转让其海域使用权时,就所转让海域的增值额按不低于40%的比例向海洋行政主管部门或者财政部门缴纳的部分海域转让价款;海域租金是海域使用者出租海域使用权时,就其所获得租金收入按20%的比例向海洋行政主管部门或者财政部门缴纳的租金。此后,沿海各省、市依据《海域使用管理暂行规定》,结合本地实际情况,以不同形式相继颁布了海域使用管理规章制度,出台了海域使用金征收标准(暂行)。

《国家海域使用管理暂行规定》在维护海域国家所有制,引导产业合理布局,维护海域使用秩序,保障海域使用者的权益等方面发挥了重要作用。但是,由于它只是个部门规章,法律地位、权威性和协调性都受到了限制,在很多地区推行起来难度大、困难多，司法机关在处理海域使用权纠纷案件时也因缺乏法律依据而无从下手。2001年10月27日，第九届全国人民代表大会常务委员会第二十四次会议审议通过了《中华人民共和国海域使用管理法》，该法将宪法确定的自然资源属于国家所有的原则具体化，海域有偿使用制度作为海域使用管理法的一项基本制度在专章予以了规定，明确要求"单位和个人使用海域，应当按照国务院的规定缴纳海域使用金。海域使用金应当按照国务院的规定上缴财政"。同时规定，军事用海；公务船舶专用码头用海；非经营性的航道、锚地等交通基础设施用海；教学、科研、防灾减灾、海难搜救打捞等非经营性公益事业用海，免缴海域使用金。根据不同的用海性质或者情形，海域使用金可以按照规定一次缴纳或者按年度逐年缴纳。

为切实保障海域使用权人的合法权益，2006年以来，财政部联合国家海洋局发布了多个通知，以促进海域使用金减免管理行为的规范性。2006年7月，财政部和国家海洋局发布了《关于印发〈海域使用金减免管理办法〉的通知》（财综〔2006〕24号），对行政主管部门的审查批准权限，海域使用金免缴范围，海域使用金减免申请和报批手续进行了详细规定。2007年6月，为规范海域使用金减免内部审查工作，国家海洋局发布了《海域使用金减免内部审查工作规则》（海办发〔2007〕13号），对负责海域使用金减免审核工作的海洋行政主管部门的工作程序和时限要求做出了具体规定。2008年9月，财政部与国家海洋局发布了《关于海域使用金减免管理等有关事项的通知》（财综〔2008〕71号），通知进一步明确了海域使用金免缴范围，统一海域使用金减免政策，规范海域使用金分期缴纳行为，调整部分项目用海海域使用金减免权限和程序。

自《中华人民共和国海域使用管理法》实施以来，海域有偿使用制度深入推进，海域使用金征收金额大幅度增长，对于增加各级财政收入、提高海洋主管部门的基础能力发挥了重要作用。但是海域使用金征收标准主要以地方（省、自治区、直辖市）为主，制定的依据不充分、随意性较大，存在许多的不合理性。为了推进海域有偿使用制度建设，规范海域使用金征收标准的制定，维护国家作为海域所有权人应当享有的海域收益权，2004—2006年，财政部和国家海洋局联合启动了海域分等定级与海域使用金标准制定工作。在国家海洋环境监测中心、国家海洋技术中心、南海海洋环境与规划研究院、天津师范大学和南京师范大学等技术单位的支持下,通过对全国海域使用情况的大量调查和计算,形成了全国海域等别和海域使用金征收标准的初步成果,2006年针对研究成果,进行了沿海11个省(市、自治区)、5个计划单列市二次意见征询。2007年1月24日,财政部和国家海洋局联合签发了《关于加强海域使用金征收管理的通知》(财综〔2007〕10号),要求沿海省、市于2007年3月1日起正式执行新的海域使用金征收标准。该文件确定了不同海域等别和不同用海类型的海域使用金征收标准,并对海域使用金征收和缴库方式、海域使用权招标拍卖提出了具体要求。

2007年4月,国家海洋局发布《关于贯彻实施〈中华人民共和国物权法〉全面落实海域物权制度的通知》(国海管字〔2007〕208号),通知中指出各级海洋行政主管部门要按照《财政部、国家海洋局关于加强海域使用金征收管理的通知》(财综〔2007〕10号)的规定和公布的海域使用金征收标准,确保海域使用金应收尽收,用海单位和个人不按规定足额缴纳海域使用金并提供有效缴款凭证的,海洋行政主管部门一律不予核发海域使用权证书。各级海洋行政主管部门以《中华人民共和国物权法》的贯彻实施为契机,大力推进海域管理法律法规体系建设,进一步完善海域有偿使用制度,增强了责任意识和服务意识,切实维护了各类用海者的合法权益,推进海洋经济又好又快的发展。

2009年9月,为了加强和规范海域使用金的使用管理,提高资金使用效益,促进海域使用的合理开发和可持续利用,财政部会同国家海洋局研究制定了《海域使用金使用管理暂行办法》(财建〔2009〕491号)。该办法主要适用于中央收取的海域使用金使用的管理。《暂行办法》中指出,海域使用金纳入财政预算,主要用于海域整治、保护和管理。海域使用金支出预算由国家海洋局和沿海省、自治区、直辖市、计划单列市(以下简称沿海地区)财政、海洋行政主管部门分别按规定程序申请。《暂行办法》的出台体现出海域使用金取之于海,用之于海的原则,海域使用金的收缴有助于建立海域资源更新的经济补偿机制,形成海域开发、整治、保护和管理的良性循环。

《中华人民共和国海域使用管理法》和一批相关规章制度的出台，逐步丰富和完善了我国海域有偿使用制度，海域使用金的征收和管理工作步入了规范化、科学化和制度化的轨道。

二、沿海地区海域有偿使用配套管理政策建设

1993年《国家海域使用管理暂行规定》颁布实施后，沿海各地相继出台了一系列的海域使用金征收管理办法和征收标准，保证了海域有偿制度的顺利推行。如辽宁省1993年由省财政厅和省海洋渔业局联合制定了《辽宁省实施〈国家海域使用管理暂行规定〉细则》，河北省1995年制定《河北省实施〈国家海域使用管理暂行规定〉细则》。这些标准，多数地区是在对其海域使用现状调查及不同用海产业效益评估的基础上制定的，经过多年的实践证明，在当时对当地都有一定的合理性，比较适应当时海域有偿使用管理需要。

根据财政部与国家海洋局于2007年联合发出的《关于加强海域使用金征收管理的通知》（财综〔2007〕10号），海域使用金统一按照用海类型、海域等别以及相应的海域使用金征收标准计算征收，考虑到各地农业填海造地用海、盐业用海、养殖用海具体情况不同，上述用海海域使用金征收标准暂由沿海各省、自治区、直辖市财政部门和海洋行政主管部门制定，并报财政部、国家海洋局备案后实施。各沿海省（自治区、直辖市）财政部门和海洋行政主管部门结合本地工作实际，积极开展配套管理政策和养殖用海海域使用金减免政策研究工作，相继出台了系列具体实施办法。如，2007年7月，江苏省财政厅、江苏省海洋与渔业局出台《海域使用金征收管理办法》。《办法》规定了海域使用金征收方式、缴库方式、管理和监督管理责任部门。为切实维护渔民权益，《办法》还特别规定，专业渔民养殖用海，可按每户不超过50亩的用海面积，免征海域使用金。2009年2月，浙江省人民政府颁布了新的《浙江省海域使用金征收管理办法》，此次修改后的新《办法》除了明确规定海域使用金包括海域出让金、海域转让金和海域租金外，还增加了海域使用转让、出租、招标、拍卖等环节的细化规定，对招标、拍卖出让海域使用权的，要求按招标、拍卖的成交价款征收海域使用金。新《办法》大幅提高了围海造地项目的

海域使用金征收标准,最高达一次性征收2万元/亩,分渔业、交通运输、工矿、旅游娱乐、海底工程、围海造田等12大类27个小项,按照其对海洋资源的利用方式不同,确定其征收标准。

近年来,沿海地区根据其海域开发利用状况,在海域使用权市场建设方面也进行了积极探索和实践。目前辽宁、山东、江苏、广东等地区依法开展了海域使用权招标拍卖工作,优化了资源配置,促进了海域的合理开发,为建立"公开、公平、公正"的海域使用权交易市场积累了经验。部分地区还积极探索海域使用权流转市场建设工作,江苏、浙江、福建、天津、广西等地区先后出台了《海域使用权抵押贷款实施意见》和《海域使用权抵押登记暂行办法》,成立了相应的海域使用权流转机构,海域使用招拍挂工作有序进行。但总体来说,我国海域使用权市场处于发育阶段,为海域价格评估工作提供的市场资料极其有限。

第二节 海域分等定级

"分等定级"在许多领域都有应用,尤其是在一些企业、教育部门的评定上,在土地评估方面的应用也很普遍。农业用地的分等定级很早就有,城市土地的分等定级也已经普遍实施,引入到海洋中则是一种新的尝试。

一、海域分等定级的目的

海域分等定级是进行海域价值评估、海域使用金征收的基础。海域使用受资源、社会、经济等因素综合影响,加之各地海域的区位、经济、海洋产业发展水平、自然状况不尽相同,影响着海域使用收益的差异,进而影响海域使用价值和海域使用金征收数额。海域分等定级是根据海域所属的行政区域经济社会和自然环境两方面的属性及其在社会经济发展中的地位和作用,综合评定海域的各种要素对社会经济活动需求的满足程度,进而划定海域等别和级别的过程。海域分等定级包括两个方面,即海域分等和海域定级。

海域分等是通过对不同行政区域的经济、社会、自然等因素进行综合分析，揭示海域由于受所属行政区域经济发展状况的影响，而形成的地域上的差异。海域"等"的顺序是在各行政单元间进行排序。

海域定级是反映同一等别海域内不同用海类型自然条件、社会经济条件和利用效益的区域差异，海域"级"的顺序是在各行政单元域内部统一排序。从等和级的关系来看，等起着宏观控制的作用，级是等的细化。海域的等和级从总体上控制海域使用价值走势。

海域分等定级的目的是为海域估价、征收海域使用金和制定海域利用规划提供科学依据，海域等级划分的目的是统筹海洋经济与海洋环境的和谐发展，科学管理和合理利用海域资源，提高海洋使用效率，为国家和各级政府制定各项海洋政策和调控措施，为海域评估、征收海域使用金和制定海域利用规划提供科学依据，为通过经济杠杆调整海洋产业及产业结构提供手段。

二、海域分等定级的主要方法

海域分等定级的技术途径以多因素综合评价法为主，以级差收益法检验、校核。多因素综合评价法的基本思路是依据一定的目的和原则，对拟评估的海域作合理的单元划分后，选择对沿海市县海域发生作用的因素和因子作为鉴定指标，并赋予相应参数，然后用适宜的模式将样本加以归并。经过计算，就可以得出划分单元的多因素作用分值。海域定级涉及大量的专题属性数据和空间数据，是一项较复杂的工作，许多问题尚待研究。

苗丰民等总结提出了海域分等定级多因素综合评定法，具体做法如下：

(1)开展海域分等定级所需的基础资料、图件的调查研究，设计和发放调查表，全面收集资料，包括海域使用、环境、气候、地质等自然条件方面的资料；以及海域区位、涉海产业经济状况、涉海产业分布、涉海产业规划、各用海类型的经济效益等用海社会经济资料。

(2)对资料进行分类整理，用相对统一的标准对影响不同类型用海的诸多因素进行宏观评价，编制各因素因子分值评分表；采用特尔菲法、因素比较法或层次分析法对影响因子进行赋分和量化，按照量化结果进行影响因子重要性排序，遴选海域分等定级因素，并确定其权重。

（3）确定海域分等定级单元，使各单元内海域质量等别差异尽可能地保持在比较小的水平。针对每个定级单元，进行各因素指标值测定，参照各因素量化和赋分标准，对各单元进行因素作用分值计算，并计算多因素作用分值加权累计值，将总分值作为定级的主要依据。

（4）根据各定级单元总分值运算结果和分布趋势，采用总分数轴确定法、分频率曲线法、总分剖面图法进行海域级别划分。

（5）按照数理统计要求，在选择适当的数字模型的基础上，对初步定级结果进行级别合理性检验、校核，并对定级结果适当调整。

三、我国海域等别划分

2007年，财政部和国家海洋局联合印发的《关于加强海域使用金征收管理的通知》（财综〔2007〕10号），根据海洋经济、社会经济、资源稀缺性、毗邻土地属性等因素，对全国沿海53个市223个县(市)的毗邻海域进行了分值定量计算、排序与等级划分，初步划分了6个海域等级。2018年3月，财政部、国家海洋局联合印发了关于《调整海域、无居民海岛使用金征收标准》的通知，对2007年划定的全国海域等别进行了调整，调整后的各个区域海域等级划分情况见表4-1。

表4-1 我国海域分等情况表

省级行政单元	市级行政单元	县级行政单元
一等区域		
上海市	宝山区、浦东新区	
山东省	青岛市	市南区、市北区
福建省	厦门市	思明区、湖里区
广东省	广州市	黄浦区、番禺区、南沙区、增城区
	深圳市	福田区、南山区、宝安区、龙岗区、盐田区
二等区域		
上海市	金山区、奉贤区	
天津市	滨海新区	

续表

辽宁省	大连市	中山区、西岗区、沙河口区
山东省	青岛市	黄岛区、崂山区、李沧区、城阳区
浙江省	宁波市	江北区
	温州市	龙湾区
福建省	泉州市	丰泽区
	厦门市	海沧区、集美区
广东省	东莞市	
	汕头市	龙湖区、金平区、潮阳区
	中山市	
	珠海市	香洲区、斗门区、金湾区

三等区域

上海市		崇明区
辽宁省	大连市	甘井子区
	营口市	鲅鱼圈区
河北省	秦皇岛市	海港区、北戴河区
山东省	青岛市	即墨区、胶州市
	烟台市	芝罘区、福山区、莱山区、龙口市、蓬莱市
	日照市	东港区、岚山区
	威海市	荣成市、环翠区
浙江省	宁波市	北仑区、镇海区、鄞州区
	台州市	椒江区、路桥区
	舟山市	定海区
福建省	福州市	马尾区、福清市
	泉州市	洛江区、泉港区、晋江市、石狮市
	厦门市	翔安区、同安区
广东省	湛江市	赤坎区、霞山区、坡头区、麻章区
	汕头市	濠江区、潮南区、澄海区
	茂名市	电白区
	江门市	新会区
	惠州市	惠阳区、惠东县
海南省	海口市	龙华区、美兰区、秀英区
	三亚市	海棠区、吉阳区、天涯区、崖州区

四等区域

续表

辽宁省	大连市	长海县、金州区、旅顺口区、瓦房店市
	葫芦岛市	连山区、龙岗区、绥中县、兴城市
	营口市	老边区、西市区、盖州市
河北省	秦皇岛市	山海关区
山东省	烟台市	牟平区、莱州市、招远市、海阳市
	威海市	乳山市、文登区
江苏省	连云港市	连云区
浙江省	宁波市	慈溪市、余姚市
	嘉兴市	海盐县、平湖市
	舟山市	嵊泗县、普陀区
	台州市	温岭市、玉环县
	温州市	乐清市
福建省	福州市	长乐区
	泉州市	惠安县、南安市
	漳州市	龙海市
广东省	江门市	恩平市、台山市
	汕头市	南澳县
	汕尾市	城区
	阳江市	江城区
广西壮族自治区	北海市	海城区、银海区
海南省	儋州市	

五等区域

辽东省	丹东市	东港市
	大连市	普兰店市、庄河市
河北省	唐山市	丰南区、曹妃甸区、滦南县、乐亭县
	秦皇岛市	抚宁区
	沧州市	黄骅市
山东省	东营市	东营区、河口区
	烟台市	长岛县、莱阳市
	潍坊市	寒亭区
江苏省	盐城市	大丰区、东台市
	南通市	通州区、海安县、海门市、启东市、如东县

续表

浙江省	舟山市	岱山县
	温州市	洞头县、瑞安县
	宁波市	奉化市、宁海县、象山县
	台州市	临海市、三门县
福建省	莆田市	城厢区、涵江区、荔城区、秀屿区
	福州市	连江县、罗源县、平潭县
	漳州市	漳浦县
广东省	茂名市	电白县
	汕尾市	海丰县、陆丰市
	揭阳市	惠来县、榕城区
	湛江市	雷州市、廉江市、遂溪县、吴川市、徐闻县
	潮州市	饶平县
	阳江市	阳东县、阳西县
广西壮族自治区	北海市	铁山港区
	防城港市	防城区、港口区
	钦州市	钦南区
海南省	琼海市、文昌市、万宁市、澄迈县、乐东县、陵水县	

六等区域		
辽宁省	盘锦市	盘山县、大洼区
	锦州市	凌海市、太和区
河北省	秦皇岛市	昌黎县
	沧州市	海兴县
山东省	潍坊市	昌邑市、寿光市
	东营市	广饶县、垦利区、利津县
	滨州市	无棣县、沾化区
江苏省	盐城市	滨海县、响水县、射阳县、亭湖区
	连云港市	赣榆县、灌云县、灌南县
浙江省	温州市	苍南县、平阳县
福建省	宁德市	福安市、福鼎市、蕉城区、霞浦县、东山县
	莆田市	仙游县
	漳州市	云霄县、诏安县
广西壮族自治区	防城港市	东兴市
	北海市	合浦县
海南省	三沙市、东方市、临高县、昌江县	

第三节 海域使用金征收制度

海域使用金对用海单位和个人来说，是单位和个人通过法定方式取得国家所有海域的使用权应向国家交纳一定的租赁费用；而对国家来说，是国家凭借对海域自然资源的所有权向用海单位和个人出让海域使用权的收益，属于资源性国有资产收入，是一种权利金。2007年，财政部、国家海洋局联合发布的《关于加强海域使用金征收管理的通知》（财综〔2007〕10号），统一了我国海域使用金的征收标准。通知指出，海域使用金统一按照用海类型、海域等别以及相应的海域使用金征收标准计算征收。2018年3月，财政部、国家海洋局联合印发了关于《调整海域、无居民海岛使用金征收标准》的通知，对海域使用金征收标准进行了调整。

一、海域使用金征收范围

我国海域使用金征收标准制定的基本思路是通过对不同海域使用方式对海域自然属性的改变程度以及对海域资源、生态系统的影响程度，将海域使用金征收范围划分为填海造地用海、构筑物用海、围海用海、开放式用海和其他用海5大类25小类，每类分6个不同等别，分类分等制定海域使用金征收标准。第一类填海造地用海，包括建设填海造地用海、农业填海造地用海、废弃物处置填海造地用海，共3小类。其中建设填海造地用海根据具体用途进一步细化为工业、交通运输、渔业基础设施等填海造地和城镇建设填海造地。第二类构筑物用海，包括非透水构筑物用海、透水构筑物用海及跨海桥梁、海底隧道用海，共3小类。第三类围海用海，包括港池与蓄水池用海、盐田用海、围海养殖用海、围海式游乐场用海和其他围海用海，共5小类。第四类开放式用海包括开放式养殖用海、浴场用海、游乐场用海、专用航道和锚地用海、其他开放式用海，共5小类。第五类其他用海包括人工岛式油气开采用海、平台式油气开采用海、海底电缆管道用海、海砂等矿产开采用海、取/排水口用海、污水达标排放用海、温/冷排水用海、倾倒用海和种植用海，共6小类。以上各类海域使用方式的具体界定见表4-2，其中填海造地用海，构筑物用海中的非透水构筑物用海、跨海桥梁及海底隧道用海的海域使用金为一次性征收，其他用海方式的海域使用金按年度征收。

表4-2 海域使用金征收范围

用海方式			海域自然属性改变程度	海域使用金征收方式
填海造地用海	建设填海造地用海	工业、交通运输、渔业基础设施等填海造地用海	完全改变海域自然属性，海洋生态环境影响很大，海洋资源全部掩埋	一次性征收
		城镇建设填海造地用海		
	农业填海造地用海			
构筑物用海	非透水构筑物用海			
	跨海桥梁、海底隧道用海		部分改变海域自然属性，海洋生态环境影响中度，部分海洋资源被掩埋	
	透水构筑物用海			
围海用海	港池、蓄水等用海			
	盐业用海			
	围海养殖用海			
	围海式游乐场用海			
	其他围海用海			
开放式用海	开放式养殖用海		不改变海域自然属性，海洋生态环境影响轻度	按年度征收
	浴场用海			
	开放式游乐场用海			
	专用航道、锚地用海			
	其他开放式用海			
其他用海	人工岛式油气开采用海		不改变海域自然属性，海洋生态环境影响轻度	
	平台式油气开采用海			
	海底电缆管道用海			
	海砂等矿产开采用海			
	取/排水口用海			
	污水达标排放用海			
	温/冷排水用海			
	倾倒用海			
	种植用海			

二、海域使用金的计算方法

人类对海域的开发利用活动会不同程度改变海域的自然属性,而海域自然属性的改变必然降低海洋生态系统为人类提供的各种服务功能。因此,在制定海域使用金标准时,除了要考虑海域为人类生产和生活活动提供空间资源外,还必须考虑海洋生态系统为人类提供的多项服务功能。因此,海域使用金(海域使用价值)组成包括两个部分,既海域空间资源的占用和海洋生态服务功能价值的损失。

于青松等就海域使用金、海域空间资源占用金和海域属性改变附加金的计算方法进行了详细研究,具体如下。

1. 海域使用金计算

海域使用金包括海域资源占用金和海域属性改变附加金二部分,因此,其计算公式为:

$$P_{syj} = P_{zyj} + P_{stj} \tag{4.1}$$

式中,P_{syj} 为海域使用金,P_{zyj} 为海域资源占用金,P_{stj} 为海域属性改变附加金。

2. 海域资源占用金计算

海域资源占用金的计算主要根据海域使用时所产生的收益。对于前期投入小,投资形式为当年投入和当年产出,或者是前期投入已经收回的用海项目,如养殖用海类,海域资源占用金 = 总收入−总成本×(1+投资回报率) = 海域开发利润−总成本×投资回报率,具体计算公式为:

$$P_{zyj} = P_s - P_c \times (1 + T_h) = P_s - P_c - P_c \times T_h = P_l - P_c \times T_h \tag{4.2}$$

式中,P_s 为总收入,P_c 为总成本,T_h 为投资回报率,P_l 为海域开发利润。

对于前期投入大,投资形式为多年投入且多年后见效的用海,或者是前期投入尚未收回的用海项目,如填海造地用海类型,海域资源占用金 = 总收入−总成本−总资产×投资回报率 = 海域开发利润−总资产×投资回报率,具体计算公式为:

$$P_{zyj} = P_s - P_c - P_t \times T_h = P_l - P_t \times T_h \tag{4.3}$$

式中,P_t 为总资产,其他与式(4.2)中含义相同。

另外，对于填海造地用海项目，海域资源占用金也可以用毗邻海域土地价格减去填海造地成本来计算，具体如下：

$$P_{zyj} = P_{tj} - P_{tc} \quad (4.4)$$

式中，P_{tj} 为毗邻海域土地价格，P_{tc} 为填海造地成本。

海域资源占用金还可以采用填海造地总收入减去填海造地总成本乘以海域收益系数计算，即：海域资源占用金 =（总收入－总成本）×海域收益系数。具体公式如下：

$$P_{zyj} = (P_s - P_c) \times R_{sy} \quad (4.5)$$

式中，R_{sy} 为海域收益系数，指海域开发所产生的利润中，国家作为海域所有者所应得的份额或比例。

3. 海域属性改变附加金计算

海域属性改变附加金是通过海洋生态系统服务功能价值的计算，并结合各类用海对海洋生态系统服务功能的影响程度求得，即：海域自然属性改变附加金＝海洋生态系统服务功能价值×海洋生态系统服务功能影响系数，具体计算公式如下：

$$P_{stj} = H_{stj} \times X_d \quad (4.6)$$

式中，H_{stj} 为海洋生态系统服务功能价值，X_d 为生态系统服务功能影响系数。

三、海域使用金征收标准

海域使用金统一按照海域使用类型、海域等别以及相应的海域使用金征收标准计算海域使用金征收数额。2018 年，财政部、国家海洋局对 2007 年颁布的海域使用金征收标准进行了调整，将原来的建设填海造地用海准拆分工业、交通运输、渔业基础设施等填海和城镇建设填海造地 2 个小类，其中城镇建设填海造地一等海域的海域使用金征收标准提高到 2 700 万元/公顷，第六等海域的海域使用金征收标准也提高到 600 万元/公顷，整体是原来填海造地海域使用金征收标准的 10 倍以上；工业、交通运输、渔业基础设施等填海一等海域的海域使用金征收标准为 300 万元/公顷，六等海域的海域使用金征收标准为 60 万元/公顷，也达到原来填海造地海域使用金征收标准的 1.5 倍以上。透水构筑物用海一等海域的海域使用金征收标准也由原来的 3.0 万元/公顷提高到 4.63 万元/公顷。本次修订将原来由地方政府制定征收标准的农业填海造地用海、盐业用海、围海养殖用海、开放式养殖用海 4 小类，调整为只有围海养殖用海、开放式养殖用海 2 小类征收标准由地方政府制定。调整后的各种海域使用方式在不同海域等别区域的海域使用金征收标准见表 4-3。使用海域不超过 6 个月，按照年征收标准的 50% 一次性计征海域使用金；使用海域超过 6 个月不足 1 年的，按年征收标准一次性计征海域使用金。经营性临时用海按年征收标准的 25% 一次性计征海域使用金。对于一次性计征海域使用金应缴纳金额超过 1 亿元，用海单位和个人一次性缴纳确有困难的用海项目，经海洋行政主管部门商同级财政部门统一后，可批准分期缴纳。海域使用金分期缴纳的时间跨度不能超过 3 年，且第一期缴纳的海域使用金不能低于应缴纳海域使用金金额的 50%。同时海洋行政主管部门要与海域使用权人签订分期缴纳海域使用金协议，明确分期缴纳海域使用金的具体时间和金额，并督促用海单位和个人按时足额缴纳海域使用金。

表 4-3　海域使用金征收标准

单位：万元/公顷

用海方式		海域等别	一等	二等	三等	四等	五等	六等
填海造地用海	建设填海造地用海	工业、交通运输、渔业基础设施等填海	300	250	190	140	100	60
		城镇建设填海	2 700	2 300	1 900	1 400	900	600
	农业用填海造地用海		130	110	90	70	60	45
构筑物用海	非透水构筑物用海		250	200	150	100	75	50
	跨海桥梁、海底隧道等用海		17.30					
	透水构筑物用海		4.63	3.93	3.23	2.53	1.84	1.16
围海用海	港池、蓄水池等用海		1.17	0.93	0.69	0.46	0.32	0.23
	盐业用海		0.32	0.26	0.20	0.15	0.11	0.08
	围海养殖用海		由各省(自治区、直辖市)制定					
	围海式游乐场用海		4.76	3.89	3.24	2.67	2.24	1.93
	其他围海用海		1.17	0.93	0.69	0.46	0.32	0.23

续表

用海方式	海域等别	一等	二等	三等	四等	五等	六等
开放式用海	开放式养殖用海	由各省(自治区、直辖市)制定					
	海水浴场	0.65	0.53	0.42	0.31	0.20	0.10
	开放式游乐场用海	3.26	2.39	1.74	1.17	0.74	0.43
	专用航道、锚地用海	0.30	0.23	0.17	0.13	0.09	0.05
	其他开放式用海	0.30	0.23	0.17	0.13	0.09	0.05
其他用海	人工岛式油气开采用海	13.00					
	平台式油气开采用海	6.50					
	电缆管道用海	0.70					
	海砂等矿产资源开采用海	7.30					
	取、排水口用海	1.05					
	污水达标排放用海	1.40					
	温、冷排水用海	1.05					
	倾倒用海	1.40					
	种植用海	0.05					

备注：1. 离大陆岸线最近距离2千米以上且最小水深大于5米(理论最低潮面)的离岸式填海，按照征收标准的80%征收；2. 填海造地用海占用大陆自然岸线的，占用自然岸线的该宗填海按照征收标准的120%征收；3. 建设人工鱼礁的透水构筑物用海，按照征收标准的80%征收；4. 地方人民政府管辖海域以外的项目用海执行国家标准，海域等别按照毗邻最近行政区的等别确定。养殖用海标准按照毗邻最近行政区征收标准征收。

四、海域使用金征收管理

海域有偿使用制度是《中华人民共和国海域使用管理法》确定，国务院批准建立的海域使用管理基本制度。所有使用国家海域从事生产经营活动的单位和个人，必须按规定缴纳海域使用金。这里的生产经营活动包括非公益性港口和码头及其附属设施、旅游设施、养殖(渔民个人海水养殖)、盐田、采矿及油气开发、管道铺设、排污倾废、围填海造地等海洋工程和设施。公益事业、军事、市政排污等非营利性用海活动，报当地海洋行政主管部门签署同意后，经财政部门批准可以免交海域使用金。

海域使用金是国家出让海域使用权的收益，统一纳入财政预算，实行"收支两条线"管理。各级海洋行政主管部门负责征收海域使用金，向海域使用单位和个人发送《海域使用金缴款通知书》，通知明确用海类型、用海面积、适用的征收等别、征收标准、应缴纳的海域使用金金额、缴纳海域使用金的期限、缴库方式以及财政部统一规定的政府收支分类科目等相关内容。地方人民政府管辖海域以外以及跨省（自治区、直辖市）管理海域的项目用海缴纳的海域使用金，由国务院海洋行政主管部门负责征收，全额纳入中央国库。养殖用海缴纳的海域使用金，由市、县海洋行政主管部门负责征收，就地全额纳入同级地方国库。除上述两类以外的其他用海项目缴纳的海域使用金，30%缴入中央国库，70%缴入用海项目所在地的省级地方国库。地方分成的海域使用金在省级、市级和县级之间的分配比例，由沿海各省、自治区、直辖市和计划单列市人民政府规定。对于不按规定及时足额缴纳海域使用金的用海项目，按照其滞纳日期及滞纳金额按日加收1%的滞纳金，滞纳金随同海域使用金一并缴入相应级次国库。

海域使用金的支出由各级财政统筹安排，主要用于海域整治、保护与管理。从2007年起，不再按照海域使用金征收额的一定比例核拨或提取海域使用金征管业务费，海域使用金征管业务费及招标、拍卖所需相关费用，可通过预算从海域使用金收入中统筹安排。

海域使用金的减免政策由财政部统一制定，省、自治区、直辖市和计划单列市财政部门可根据本地区实际情况制定具体的减免办法，其中减免国务院审批的项目用海应缴的海域使用金和减免县级以上地方人民政府审批的项目用海应缴中央国库的海域使用金，由财政部和国务院海洋行政主管部门审查批准。减免县级以上人民政府审批的项目用海应缴地方国库的海域使用金，由省、自治区、直辖市人民政府财政部门和海洋行政主管部门审查批准。减免养殖用海应缴的海域使用金，由审批项目用海的地方人民政府财政部门和同级海洋行政主管部门审查批准。除此之外，任何组织、单位和个人都无权制定海域使用金减免政策和决定海域使用金的减免。

第四节 海域价值评估与使用权转让制度

海域价值评估是在海域分等定级的基础上,根据海域的区位条件、海域自然资源、周边地区社会经济发展水平、海域利用方式、开发利用预期收益等经济和自然属性,针对特定利用方式,从影响经济效果的多种因素入手,或直接进行投入产出的分析,综合评估海域在一定产权状态、一定估价时点的市场价值。海域分等定级主要反映海域区位条件的差异,而海域价值评估则是现状海域区位条件差异的价格表现形式。海域分等定级是海域价值评估的基础,海域价值评估是海域分等定级结果的量化。海域价值评估是保障海域有偿使用制度顺利实施的重要环节,是合理制定海域使用金的前提。

一、海域价值评估

(一)海域价值评估的目的与意义

1. 有利于实现海域资源的最佳利用,促进海域资源的合理配置

海域具有资源的丰富性,功能的多益性,利用的空间性等特点,致使海域开发极其复杂,因此在实行有偿使用制度之前,对海域价格进行科学评估,合理确定海域使用金,促使海域使用者按照经济规律充分考虑投入产出比,减少盲目占用海域,避免海域资源浪费,环境破坏,对引导合理开发利用海域空间、最大程度地发挥海域的经济、社会、生态效应,规范用海秩序、协调诸多涉海行业用海关系等方面将产生深远的影响。

2. 满足海域使用权流转的市场化需要,促进海域使用权市场的开放和发展

《中华人民共和国海域使用管理法》第二十七条规定,海域使用权可以依法转让。随着海洋经济的快速发展,海域已逐渐形成对投资者极有吸引力的场所,将海域使用权用于流转或融资的市场需求不断扩大,海域使用权转让、出租、抵押已大量发生。2015 年,全国通过招标、拍卖出让海域使用权 422 宗,确权海域面积 2 177.41 公顷,征收海域使用金 152 548.26 万元。办理海域使用权抵押登记 944 宗,抵押海域面积 121 915.45 公顷,金融机构发放抵押贷款344.78亿元。开展海域价值评估，有利于不断地培育海域使用权市场，促进海域使用权的周转和招标、拍卖等市场化经营活动的开展，实现市场对资源配置的指导作用，搞活海洋经济。在海域使用权转让过程中，通过海域使用权价值评估，确定海域使用权出让的底价，可以防范金融风险，防止不正当的竞争，杜绝隐形市场和暗箱操作，保障交易公平，促进海域使用权交易市场的发展和规范。

3. 建立有效的海域使用补偿机制，增强海域使用权补偿的合理化程度

根据《中华人民共和国海域使用管理法》第三十条规定，"因公共利益或者国家安全的需要，原批准用海的人民政府可以依法收回海域使用权。在海域使用权期满前提前收回海域使用权的，对海域使用权人应当给予相应的补偿"。但在该法中并未规定国家行政征用海域使用权、进行清海补偿的标准，只在渔业管理法中规定参照土地管理法的补偿标准进行补偿。因此，沿海各地区在确定海域使用权征用补偿标准时，需要委托专业评估机构对依附海域的固定设施及其他附着物，根据其投资数额、使用状况、批准使用期限以及已缴海域使用金的年限等进行评估后，由原批准用海的人民政府根据评估结果确定补偿标准。否则，海域使用权人合法权益将难以得到充分的维护。近年来，沿海一些地方就发生了因补偿标准过低而导致的上访事件。因此，海域使用权价值评估的开展，对海域使用权人的权益维护也具有重要意义。

（二）海域价值评估的主要方法

海域作为"蓝色国土"，其资源地位、开发类型和管理方式与土地资源有许多相同或相似之处，在海域使用权价值评估还不成熟的情况下，海洋管理和研究人员大多认同，土地使用权价值评估方法对于海域使用权价值评估理论方法体系的建立有着非常重要的借鉴作用。然而，由于海域的独特性，海域使用权价值评估并不能完全照搬土地使用权价值评估的理论和方法。为了做好海域使用权价值评估和管理，需要从海域的实际出发，建立独立的海域使用权价值评估理论方法体系。通过对土地使用权价值评估和资产评估的总结和借鉴，结合海域使用权的实际情况，构建海域使用权价值评估方法，主要包括收益现值法、剩余法、市场比较法等。

1. 收益现值法

收益现值法又称收益还原法、收益资本金化法，是指通过估算被评估资产的未来预期收益并折算成现值，借以确定被评估资产价值的一种资产评估方法。收益现值法对资产进行评估的实质就是将资产未来收益转换成资产现值，而将其现值作为待评估资产的重估价值。收益现值法的基本理论公式可表述为：资产的重估价值＝该资产预期各年收益折成现值之和。

收益还原法是目前我国海域评估的主要方法，其核心思想是认为海域资源价格是海域资源收益的资本化。收益还原法通过预测用海赢利期内的未来收益，并选择适用的折现率，将未来收益折现成评估基准日的现值，用各期未来收益现值累加之和，求取待估海域在一定时点、一定产权状态下价值的一种方法。在通常情况下，人们使用某宗海域的目的是在正常情况下获得该海域的纯收益，并期望在未来若干年间也可以源源不断地获得该收益。将这种在未来所获得的纯收益以某一适当的还原利率贴现到评估时日得到一个货币总额(现值)，那么这个货币总额存入银行，也能源源不断地带来与这个纯收益等量的收入。这一货币额就是这块海域的理论价值。运用收益还原法进行宗海价值评估时，关键是要确定被评估海域的预期收益额、收益期限和适用的还原率。

2. 剩余法

剩余法又称假设开发法、倒算法、残余法或余值法等。剩余法是在估算开发完成后不动产正常交易价格的基础上，扣除建筑物建造费用和与建筑物建造、买卖有关的专业费、利息、利润、税收等费用后，以价格余额来确定海域使用权价值的一种方法。剩余法是一种科学实用的海域使用权价值评估方法。剩余法更深的理论依据完全类似于地租原理，只不过地租是每年租金的剩余，剩余法是一次性的价值剩余。

剩余法主要适用于填海造地类项目用海，根据填海造地后土地的价值扣除全部开发成本等费用后求取某一海域的海域使用权价值。对填海造地，可根据毗邻土地出让价格、毗邻土地基准价格、配套设施建设费、填海造地的设施配套情况等数据资料，估算填海造地后新增土地的出让价格，从而计算海域使用权人获得的总收益(即填海造地后土地的价值)。如果海域使用权人填海造地后,所得土地不出售,而由海域使用权人开发使用,则假设海域使用权人不填海造地,如果进行同样的开发活动,必须在邻近地区购买相似的土地,直接购买土地会花费一定的成本。根据替代原理,可以估算海域使用权人获得的收益。

利用剩余法进行填海造地海域使用权价值评估时,土地价格的确定是关键。土地价格可选取毗邻地区土地的价格来估算。在选取毗邻地区土地进行比较时,应选取相同类型的土地类型,例如填海造地后形成的土地要用做商业用途的,那么在选取相邻土地估算填海造地后形成的土地价值时,应选取商业用地。

3. 市场比较法

市场比较法是在求取一宗海的海域使用权价值时,根据替代原则,将待估海域与较近时期内已经发生交易的类似海域交易实例进行对照比较,并根据后者已知的价格,参照该海域的交易情况、日期以及个别因素等差别,修正得出待评估海域的海域使用权价值评估方法。这里的"类似宗海",是指海域所在区域的区域特性,以及影响海域使用权价值的因素和条件均与待评估宗海相类似的宗海。

市场比较法的前提条件是建立成熟完善的海域使用权交易市场,并提供足够多的交易案例,随着我国海域使用权交易市场的发展,市场比较法将成为未来海域使用权价值评估的主要方法之一。其关键技术包括市场的确定、交易案例的选择和对交易案例的影响因素修正等。

(三)海域使用权价值评估制度

海域使用权价值评估制度是在海域使用权发生变动时由独立的第三方对特定的海域在特定的时间内的使用价值,根据规定的方法和程序进行评估形成具体的结论,以指导海域使用权交易价格的制度。在社会主义市场经济条件下,通过评估以具体数值方式体现的海域使用权价值以及有偿使用机制,需要科学客观的程序与制度引导和规范市场中介(独立第三方)的评估程序,以保证海域使用权价值评估的公平、公正与准确。

在当前海域使用权市场初步形成的条件下，海域使用权价值评估主要有以下7种形式。

(1)海域使用权基准价确定，为了了解正常条件下某一海域的平均使用权价值，为制定区域海域管理制度提供依据，海域主管部门可能委托评估机构，对某片区域海域的平均使用权价值进行评估，评估结果作为海域管理政策制度制定的基本依据。

(2)海域使用权招标拍卖，在海域使用权招标拍卖组织过程中，组织方为了制定海域使用权招标底价或标底，委托评估机构对海域使用权价值进行评估，评估结果作为海域使用权招标、拍卖标底或底价确定的主要依据。

(3)海域使用权转让、出租、作价入股，在海域使用权转让、出租、作价入股过程中，当事人为了掌握海域使用权价值，委托评估机构开展海域使用权价值评估，评估结果作为海域使用权转让、出租、作价入股等市场活动的价格参考。

(4)海域使用管理部门为使海域使用权出让或依法收回等更具公允性，委托评估机构对海域使用权价值进行评估，评估结果一经确定，具备法律效力，作为海域有偿使用、海域使用政府赔偿等的参照标准。

(5)司法、税务或资产管理部门指定评估机构，对涉案项目用海海域使用权价值进行评估，以此作为海域资产仲裁、计税或清算的依据。评估结果一经确定，具备法律效力。

(6)金融部门在接受海域使用权人的金融支持要求时，指定或委派评估机构进行海域使用权价值评估，以此作为海域资产抵押的依据。评估结果一经确定，具备法律效力，对双方都有约束力。

(7)海域使用权在流转过程中，交易双方发生分歧或有争议时，求助评估机构，对海域使用权价值进行评估，以解决分歧与争议。

海域使用权价值评估由专业的、具有海域使用权价值评估资质的评估师及其依附的评估机构来完成。国家建立海域使用权价值评估制度，对从事海域使用权价值评估的单位和个人实行资质认证制度，并制定《海域价值评估管理办法》《海域价值评估机构资质管理规定》《海域价值评估收费标准与管理规定》《海域价值评估师资格考试办法》等管理规章引导和规范各类海域价值评估活动。

二、海域使用权转让制度

随着社会主义市场经济体制的不断完善和海域使用管理制度改革的深入，我国海域使用权市场已经形成，海域使用权有偿出让/转让制度成为海域使用权有偿使用管理的主要内容之一。由于海域使用权有偿出让在本书第三章已有论述，这里不再赘述，本部分主要就海域使用权转让展开论述。海域使用权转让属于海域使用权二级市场，包括海域使用权转让、出租、转包、抵押、入股等形式。

(1)海域使用权转让是指海域使用权人依法将其海域使用权转移给第三方的行为，是海域使用权一种处分方式，可以分为买卖、交换、赠予和继承。

海域使用权买卖是指海域使用权受让人将海域使用权通过交易方式转移给第三人，第三人给海域使用权受让人一定价款的补偿。海域使用权交换是指海域使用权人将自己直接支配的海域使用权换取另一方当事人所有的海域使用权。交换的基本特征是以物易物，双方既是转让人也是受让人。海域使用权赠予是指海域使用权受让人自愿将自己的海域使用权无偿转移给第三方的行为。海域使用权继承是指海域使用权受让人死亡后，由其合法继承人或指定继承人继承其海域使用权的行为。海域使用权继承的年限应为海域使用权出让合同约定的年限减去受让人死亡前该海域已使用后的剩余年限。海域使用权出让期满以后，继承人应依法交回海域使用权或者办理相应手续后再继续使用海域。

(2)海域使用权出租是指海域使用权受让人作为出租人，将海域使用权有偿提供给第三方使用，第三方即承租人则向受让方支付相应的租金。

(3)海域使用权转包是指单位、个人或其他经济组织向海域使用权受让人在一定期限内承包其所拥有的海域进行生产经营活动的行为。

(4)海域使用权抵押是指海域使用权人作为抵押人，将其依法取得的海域使用权向抵押权人作为债务担保的行为。这里的抵押人是将依法取得海域使用权提供给抵押权人，作为本人或者第三方履行债务担保的个人、单位或其他组织。抵押权人是接受海域使用权抵押作为债务人履行债务担保的个人、单位或其他组织。

以上海域使用权市场行为活动过程中，可形成市场交易价、抵押价、典当价、征用价等。其中市场交易价指进入海域使用权市场交易的拍卖、招标、挂牌、转让、转租等过程中形成的价格。抵押价指为取得贷款将海域使用权进行抵押而评估的价格。典当价指在资金周转困难的情况下，海域使用权受让人典当海域使用权时，典当人向出典人支付的价款。征用价是指政府提前收回海域使用权时，向海域使用权受让人支付的补偿价格。

第五章

海域使用论证制度

第一节 海域使用论证概述

海域使用论证是通过资料收集、现状调查等方式，在充分掌握申请使用海域的生态环境、资源禀赋及开发利用现状基础上，对海域使用者提出的用海方案选址、用海规模、平面设计及利益相关者协调等进行科学分析、预测评估，提出项目用海是否可行的结论，为海域使用行政审批和监督管理提供科学依据和技术支撑。海域使用论证是保障用海项目顺利实施的先决条件，是海域使用审批的重要依据，是国家科学用海、规范用海的集中体现，也是合理有序开发海洋资源、保护海洋生态环境、保障国家海洋权益、落实科学发展观的重要手段之一。

1993年5月31日，为加强海域使用管理，财政部和国家海洋局联合颁布了《国家海域使用管理暂行规定》，明确规定了"海域属于国家所有。……对于改变海域属性或影响生态环境的开发利用活动，应该严格控制并经科学论证"。从海域使用管理的层面上，首次提出了海域使用要经过科学的论证，为我国海域使用论证工作的开展奠定了政策基础。1998年10月29日公布实施的《海域使用可行性论证管理办法》，首次明确提出"海域使用可行性论证是审批海域使用的科学依据"，"凡使用某一固定海域三个月以上的排他性用海项目，应按照本办法进行海域使用可行性论证"，为我国海域使用论证管理工作的开展奠定了政策方向。1999年2月实施的《海域使用可行性论证资格管理暂行办法》明确了可行性论证资格分级管理等基本制度，为海域使用论证资质管理奠定了基础。2002年颁布的《中华人民共和国海域使用管理法》规定：在中华人民共和国内水、领海持续使用特定海域三个月以上的排他性用海活动，在向海洋行政主管部门申请使用海域时必须提交海域使用论证材料。2003年出台的《临时海域使用管理暂行办法》规定，对于在中华人民共和国内水、领海使用特定海域不足三个月，但可能对国防安全、海上交通安全和其他用海活动造成重大影响的排他性用海活动，也应提交海域使用论证材料。2004年，《中华人民共和国行政许可法》颁布后，温家宝总理签署第412号国务院令，发布《国务院决定对确需保留的行政审批项目设定行政许可的目录》，明确了海域使用论证单位资质为国家海洋局负责审批的行政许可项目。

随后，《海域使用申请审批暂行办法》《海域使用论证管理规定》《海域使用论证资质管理规定》《海域使用论证评审专家库管理办法》等一系列法律、法规和管理办法的出台，规范了我国海域使用论证制度，使我国的海域使用论证工作逐步走上了法制化管理的轨道，彻底改变了过去在海域使用管理中存在的无法可依的状况。2006年10月13日，在《海域使用申请审批暂行办法》的基础上，依据《中华人民共和国海域使用管理法》，国家海洋局颁布实施了《海域使用权管理规定》，明确要求使用海域应当依法进行海域使用论证，并明确了论证的委托方范围、论证的基本原则、论证的基本要求等内容，为海域使用论证工作的全面开展奠定了基础。

经过近20年的发展，海域使用论证制度不断完善，从最初的单个工程海域使用论证，发展到区域建设用海规划的海域使用论证，从统一的论证报告编写大纲到各有侧重的分类型编写大纲，论证技术理论在发展中不断得以完善，论证管理制度也逐步规范。

海域使用论证制度是《中华人民共和国海域使用管理法》确定的海域使用管理基本制度之一，是保障用海项目顺利实施的先决条件，同时也是合理有序开发海洋资源、保护海洋生态环境、保障国家海洋权益、落实科学发展观的重要手段。海域使用论证工作具有以下特点。

1. 海域使用论证具有强制性

海域使用论证制度是《中华人民共和国海域使用管理法》明确规定的一项制度，申请用海必须提交海域使用论证报告。此外，根据《海域使用权管理规定》《海域使用论证管理规定》等相关要求，论证报告的编制、论证报告的结论和论证专家的评审意见等都具有强制性。此外，《海域使用论证管理规定》明确要求，海域使用论证报告应当依据海域使用论证技术规范和标准编制，目前国家海洋局已经颁布实施的相关技术规范和依据有《海域使用论证技术导则》、《海域使用论证资质分级标准》等相关标准，确保海域使用论证工作依法进行。

2. 海域使用论证具有针对性

海域使用论证是针对具体的项目用海开展的，海域使用论证和申请用海活动一一对应，论证的重点因拟用海的范围、类型、时间、环境资源与开发现状特征而不同。每个海域使用论证报告的编制，都应当在详细了解和勘查海域使用项目所在区域海洋资源生态及其开发利用现状的基础上，科学客观地进行项目用海必要性分析，项目用海与海洋功能区划和相关规划符合性分析，项目用海利益相关者分析，项目用海选址、方式、面积、期限的合理性分析，项目用海的主要不利影响分析，提出项目用海的对策和建议，并做出用海论证结论。用海区域和用海活动的变化，都将使论证活动发生根本的调整，因此海域使用论证活动与海域使用申请具有明确的针对性。

3. 海域使用论证具有科学性

海域使用论证活动依据国家的法律法规和标准规范而进行，具体由具备海洋科学知识的持证上岗人员承担，运用相关仪器设备，获得海洋水文、海洋地质、海洋化学、海洋生物等环境资料和海洋资源开发利用现状信息，在充分掌握上述自然特征的基础上，采用科学适用的技术方法，对用海者提出的使用方案对资源、环境与其他用海活动的影响进行分析、评价和预测，为审批决策部门提供依据。为保证论证活动的科学性，国家制定了一系列的规范性文件和技术标准，规范了论证活动的程序和要求，并要求编制海域使用论证报告应当进行现场勘查，确保论证资料、论证活动和论证结论的科学性、有效性。

4. 海域使用论证具有独立性

委托人确定海域使用论证单位之后，由论证单位单独组织技术人员开展海域使用论证工作。海域使用论证报告完成后提交海域使用审核机关，并由审核机关或其委托的单位组织专家评审。评审机关在确定评审专家时，按照专业从专家库中抽取，不得由论证单位或海域使用申请人推荐或提名，以保证评审的公平性。评审专家应当对海域使用论证报告出具评审意见，评审组评审意见根据多数专家意见确定，组织评审的单位不得干预，以确保论证过程以及评审工作的独立性，避免各类违法违纪行为的发生。

第二节 海域使用论证管理制度体系

近年来，随着我国海域使用论证管理工作的不断加强，各项海域使用论证管理制度也逐步完善，我国海域使用论证管理制度体系基本形成。

一、海域使用论证基本制度

《海域使用权管理规定》规定，通过申请审批方式取得海域使用权的，申请人委托有资质的单位开展海域使用论证；通过招标、拍卖方式取得海域使用权的，组织招标、拍卖的单位委托有资质的单位开展海域使用论证。海域使用论证是审批项目用海的科学依据，应当遵循公开、公平、公正的原则，在对申请使用海域调查、勘测、资料收集与分析评估的基础上，严格按照海域使用论证技术规范和标准开展海域使用论证工作，编制海域使用论证报告。审批海域使用权的海洋行政主管部门或者其委托的单位组织海域使用论证评审专家对海域使用论证报告进行评审。海域使用论证评审专家或专家组独立对海域使用论证报告提出评审意见。海域使用论证评审报告自评审通过之日起三年有效，在有效期内，申请海域使用权续期或分期申请用海的，可不再进行海域使用论证。

二、海域使用论证资质管理制度

从事海域使用论证技术服务工作的单位，必须取得《海域使用论证资质证书》，才能在资质等级范围内从事海域使用论证技术服务工作，编制海域使用论证报告，并对论证结果承担相应的责任。海域使用论证资质等级分为甲、乙、丙三个等级。不同海域使用论证资质等级必须具备的条件包括：①从事海域使用管理技术支撑工作时间,甲级不少于8年,乙级不少于5年,丙级不少于2年;②从事过海洋功能区划、海域使用规划、海洋开发规划、海洋调查、海洋监测、海洋环境影响评价或者海洋工程勘察设计等有关工作,甲级15项以上,乙级10项以上,丙级3项以上;③参加过国家或地方海域使用管理有关法规、规范、标准的编制工作,甲级2项以上,乙级参加过,丙级提供过被采纳意见;④从事海域使用论证工作并取得《海域使用论证岗位证书》的技术人员数量,甲级不少于20人,乙级不少于15人,丙级不少于5人;⑤具有完善的质量管理保证体系和生产、经营、财务、设备物资管理制度,并能有效运行。甲级和乙级,通过国家级(海洋行业)实验室资质认定,有专门的质量检验机构和专职质量检验人员。丙级,通过省级以上实验室资质认定,具有专职质量检验人员。甲级单位承担国务院和省、市、县级人民政府审批项目用海的海域使用论证技术服务,海域使用论证技术服务纠纷的技术仲裁。乙级单位承担省、市、县级人民政府审批项目用海的海域使用论证技术服务。丙级单位承担县级人民政府审批项目用海的海域使用论证技术服务。资质单位不能超越从业范围提供海域使用论证技术服务。

2019年2月27日,《国务院关于取消和下放一批行政许可事项的决定》(国发〔2019〕6号)取消了"海域使用论证单位资质认定"的行政许可事项。自然资源部(国务院海洋行政主管部门)不再开展海域使用论证资质认定审批工作。为了做好海域使用论证资质取消认定审批后的海域使用论证行业监督管理工作,自然资源部主要从以下方面加强了海域使用论证管理工作:①严格海域使用论证评审。完善海域使用论证评审专家库及评审工作机制,指导地方自然资源部门在海域使用权审批环节对论证报告质量进行严格把关,并将有关情况向社会公示。建立海域使用论证报告黑名单制度,对纳入黑名单的论证单位,向用海申请人进行风险提示,并依法采取有效措施;②强化海域使用论证监管。指导、督促县级以上自然资源主管部门加强监管,对已批准的海域使用论证报告开展抽查,对严重失实的海域使用论证报告及审批责任主体进行严肃处理,确保海域使用论证报告质量;③实行海域使用论证单位信息公示公开与信用监管。自然资源部组织建设全国统一的海域使用论证信用平台。由海域使用论证单位自主填报、定期更新其业绩及论证活动等情况,向社会公示，为用海申请人选择海域使用论证单位提供服务。构建海域使用论证单位信用监管体系，向社会公开其信用状况，实行守信激励、失信惩戒。

三、海域使用论证报告专家评审制度

海域使用论证报告实行论证专家评审制度。国务院海洋行政主管部门负责组建并管理国务院审批项目用海的评审专家库，为国家级专家库。沿海省、自治区、直辖市海洋行政主管部门负责组建并管理沿海县级以上地方人民政府审批项目用海的评审专家库，为地方级评审专家库。沿海省、自治区、直辖市海洋行政主管部门将地方评审专家库的建设情况报国务院海洋行政主管部门备案，国务院海洋行政主管部门对地方评审专家库的建设进行监督和检查。海域使用论证评审专家专业范围包括海洋水文气象、海洋地质地貌、海洋生物化学、海洋渔业科学与技术、资源环境区划与管理、测量工程、船舶与海洋工程、水利工程、港口航道与海岸工程等。国务院审批用海项目的海域使用论证报告评审，从国家级海域使用论证评审专家库中抽取并聘请7名以上（含7名）专业配备合理的专家组成专家评审组。沿海县级以上人民政府审批用海项目的评审，从国家级或地方级评审专家库中抽取并聘请5名以上（含5名）专业配备合理的专家组成评审专家组，专家组组长必须从国家级评审专家库中聘请。评审专家组受海洋行政主管部门委托，依法对海域使用论证报告进行评审，评审组形成小组书面意见，并附具评审专家个人填写的《海域使用论证报告专家评审意见表》，作为海域使用权审批的依据。

四、海域使用论证报告编制与质量管理制度

海域使用论证报告是海域使用论证工作的成果体现，也是海域使用权审批的重要依据。《海域使用论证管理规定》明确要求，海域使用论证报告应当依据海域使用论证技术规范和标准编制。目前国家海洋局已经颁布实施的相关技术规范和依据有《海域使用论证技术导则》《海域使用论证报告书编写大纲》《海域使用论证资质分级标准》等相关标准。为进一步提高海域使用论证的针对性，加快论证工作时效，实施分类论证，国家海洋局于2009年印发了《关于印发分类型海域使用论证报告编写大纲的通知》，制定了开放式养殖用

海、旅游娱乐用海、海底工程用海、油气开采用海和海砂开采用海等5个类型用海的海域使用论证报告编写大纲。海域使用论证报告实行质量评估制度，各级海洋行政主管部门或其委托的单位组织专家对海域使用论证报告进行评审时，对海域使用论证报告同时开展质量评估。海域使用论证报告质量评估采用定量打分方式，评估结果分为优秀、合格、不合格三个等级。国家海洋局定期对海域使用论证报告质量评估结果进行统计、汇总，并通过媒体公布海域使用论证报告质量评估情况。

五、海域使用论证监督管理与责任追究制度

国务院海洋行政主管部门对海域使用论证资质实行统一监督管理，对全部资质单位和资质人员的资质取得、工作开展、年审、培训等工作进行监督检查，并负责对违反相关规定的资质单位和个人进行处罚。省、自治区、直辖市人民政府海洋行政主管部门协助国务院海洋行政主管部门对本行政区域内海域使用论证资质单位进行监督管理。同时，国家海洋局建立了海域使用论证工作举报制度，任何个人或法人对海域使用论证资质单位和个人、海域使用论证评审专家存在以下问题，可向国家海洋局举报：①采取欺骗、隐瞒等手段取得资质证书；②涂改、伪造、出借、转让资质证书，或者允许其他单位以本单位的名义承担论证项目；③越级或超越证书规定范围承担论证项目；④在海域使用论证报告中使用虚构或者明显失实的数据材料；⑤海域使用论证报告质量低劣或者失实；⑥海域使用论证报告格式不规范；⑦海域使用论证报告评审意见严重失实和存在其他不符合国家有关管理规定、技术标准和规范的行为。国务院海洋行政主管部门对实名举报的，在核查处理完后，将核查处理情况及时反馈举报人，并对举报人的信息进行严格保密。

海域使用论证技术承担单位在无视海域使用论证相关法律法规和标准规范，出具不合规定的海域使用论证报告，给国家和用户造成损失的，国家实行责任追究制度。2004年颁布实施的《海域使用论证资质管理规定》第二十六条规定"论证报告质量低劣或者失实，给国家或者用户造成损失的，资质单位应当依照有关法律法规给予赔偿。"此外，对于相关的报告编写人员和参加报告评审工作的专家，也将进行相应的处罚。

六、海域使用论证收费制度

海域使用论证实行有偿服务制度,即论证收费制度。这里的海域使用论证收费指海域使用论证技术承担单位根据委托开展海域使用论证的单位、个人的委托,进行资料收集、现场踏勘、大纲编写、测绘、勘探、取样、试验、测试、检测、模拟计算及编写报告收取的费用。海域使用论证收费计算公式为:海域使用论证总费用=调查项目总费用+数值计算费用+报告编写费用。调查项目总费用=各单项调查费用总和,单项调查费=野外调查(取样)费+测试分析费,各单项调查、分析、计算费=收费基价×附加调整系数。

海域使用现状调查收费按拟使用海域面积分级计算,具体见表5-1。

表5-1 海域使用现状调查收费价格表

用海面积(公顷)	收费标准(万元)
＜50	1.0~2.5
50~100	1.2~3.0
100~700	1.4~3.5
＞700	1.6~4.0

海洋勘察主要包括海域使用面积及边界测量、地质与地球物理勘察、海洋动力环境调查、海洋环境化学调查。其中海域使用面积及边界测算是对海域使用范围内的陆域和海域边界点的测量和使用海域面积的测算;地质与地球物理勘察主要包括地球物理勘察、水深地形测量、工程地质钻探、底质取样、土工试验分析、遥感影像解译等;海洋水动力环境调查包括对海洋水动力环境(潮位、波浪、海流、温盐等)气象及泥沙运动观测和调查;海洋环境化学调查包括对海洋水环境化学、沉积物环境化学调查取样与实验室分析。以上各种海洋勘察工作的收费依照《国家计委、建设部制定的〈工程勘察收费标准〉的通知》执行。

海洋生物调查主要为生物取样和实验室鉴定分析,包括微生物、叶绿素a、海洋初级生产力、浮游生物、底栖生物、潮间带生物、游泳动物等调查项目,收费标准见表5-2。

表 5-2　海洋生物取样和实验室分析收费基价表

项目		计量单位	收费基价(元)
微生物	取水样	站次	1 000
	取泥样		1 000
	分析		2 000
叶绿素 a	取样	站次	600
	分析		300
初级生产力	取样	站次	600
	分析		300
浮游植物	取样	站次	1 500
	分析		1 000
浮游动物	取样	站次	1 500
	分析		1 500
底栖动物	取样	站次	2 000
	分析		2 500
潮间带生物	取样	站次	1 500
	分析		2 500
游泳动物	取样	站次	6 000
	分析		2 000

注：取样水深若大于 50 米水深，附加调整系数 1.2~1.4。

数学模型与数值计算工作内容包括波浪场、潮流场、悬沙运移、风暴潮、污染物扩散数值模拟，预测与决策模型等，收费标准见表 5-3。

表 5-3　数值计算收费基价表

项目	计价	收费基价	内容说明
波浪场模拟	工况	2.0~5.0	浅水波浪传播、变形计算或风浪场计算
潮流场模拟		2.0~4.0	海域、河口(潮流、径流共同作用)等情况
悬沙运移模拟		3.0~5.0	悬沙运移规律、浓度分布
泥沙冲淤模拟		3.0~5.0	沿岸输沙、岸线和水深地形变化
风暴潮数模		2.0~5.0	风暴潮预报、后报
水体污染扩散数模		3.0~5.0	油类、COD 等污染物扩散

续表

项目	计价	收费基价	内容说明
时域预测模型	项	1.0~2.0	单、多要素时间变化趋势预测
评估决策模型		1.0~2.0	项目方案的筛选、优化

注：(1)根据项目及计算模式复杂程度的不同，收费基价在规定范围内浮动。

(2)表中项目为单项、小区域数值计算，大区域、综合性数值模拟收费应另行计算。

(3)"工况"表示特定边界条件组合下的计算方案。

论证分析和报告编写是在资料搜集、现场踏勘工作和数值计算工作基础上进行的海域使用论证大纲和海域使用论证报告书的编写。其编写收费计算依据项目投资额确定收费基价，并根据项目性质类别采用附加调整系数调整，具体见表5-4。

表5-4　海域使用论证报告、大纲编写收费基价表

收费项目(万元) \ 项目投资额(亿元)	<0.3	0.3~2.0	2.0~10.0	>10.0
编写大纲	1.0~1.5	1.5~2.0	2.0~4.0	4.0~6.0
编写报告	5~10	8~15	15~25	25~40

注：(1)"项目投资额"指用海项目总投资概算额。

(2)收费基价可根据项目投资额在对应区间内插使用。

填海项目的附加调整系数为1.6，围海、修造拆船、排污倾废、沿海工业、固体矿产开采等项目的附加系数为1.4，油气开发、海上交通、电缆管道等项目的附加系数为1.2。对于仅需编写海域使用论证报告表的用海项目，海域使用论证报告表编写费用按照不高于1.0万元收取。

另外，勘察队伍调遣费(包括仪器设备运输费、装卸费及人员差旅费等)、临时基础设施及现场准备费(包括勘察现场搭建路桥费、清除障碍费、接通电源、水源等临时生产生活设施费、海上养殖赔偿与土地占用费等)、测量标志材料费(包括原材料费、加工费及运杂费等)、冬季作业取暖设施及燃料费、租船费及其他设施租赁费、专家评审会议费用等应由委托方负责支付，具体经费额度由委托方与论证方根据各分项目的市场价格协商确定。

第三节 海域使用论证技术要求

海域使用论证应详细了解和勘察项目所在海域及周边区域海洋资源环境及开发利用现状，科学客观地分析论证项目用海的必要性，项目用海选址、方式、面积、期限的合理性，项目用海与海洋功能区划、相关规划的符合性，项目用海与利益相关者的协调性，提出项目用海的对策和建议，并做出用海论证结论。通过海域使用论证，有利于合理有序、集约节约开发利用海洋资源，保护海洋生态环境，促进海洋经济发展，是科学发展观的重要体现，对强化海域使用管理、保障用海项目顺利实施、维护国家权益有着重要的意义。

一、海域使用论证的原则

海域使用论证是海域管理的重要基础工作，其根本作用在于对项目用海的科学性和合理性进行评估，为行政审批提供决策依据和技术支撑。海域使用论证工作应遵循以下基本原则：

(1)科学、客观、公正；
(2)坚持开发与保护并重，实现经济效益、社会效益、环境效益的统一；
(3)坚持集约节约用海，促进海域合理开发和可持续利用；
(4)坚持统筹兼顾，促进区域协调发展；
(5)坚持以人为本，保障沿海地区经济社会和谐发展；
(6)坚持国家利益优先，维护国防安全和海洋权益。

二、海域使用论证的工作程序

海域使用论证工作分为准备工作、实地调查、分析论证和报告编制四个阶段。海域使用论证工作程序见图5-1。编制海域使用论证报告表可适当简化论证程序。

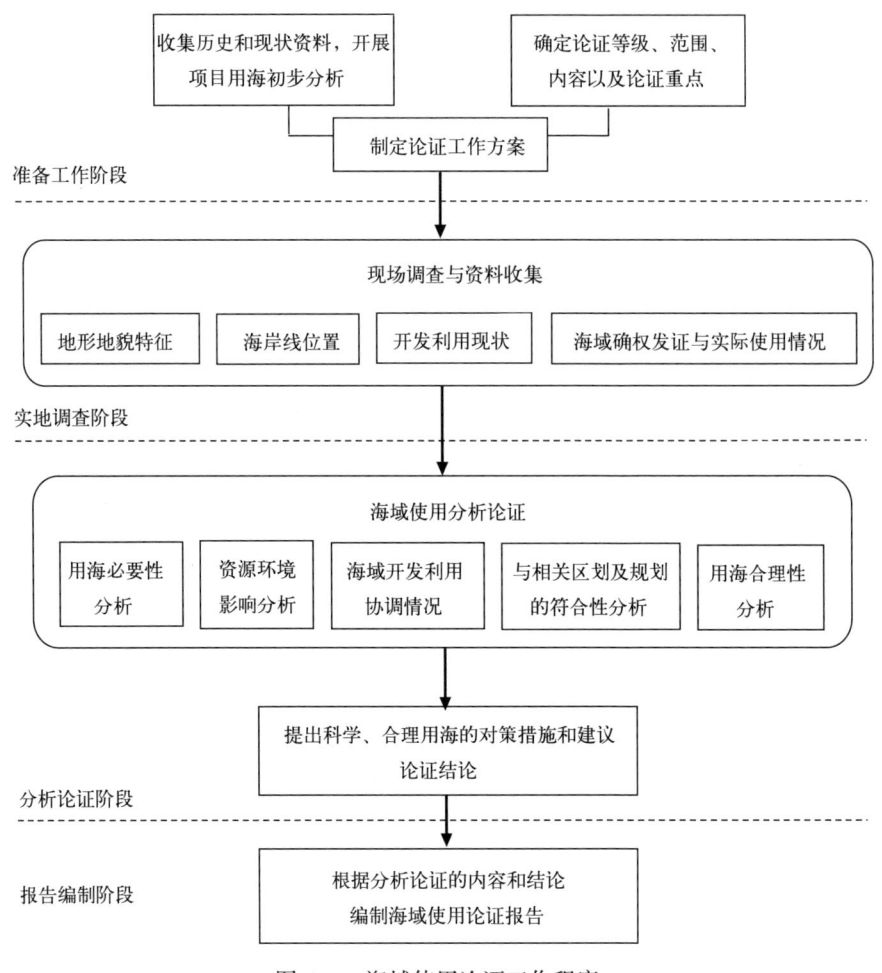

图 5-1 海域使用论证工作程序

1. 准备工作阶段

研究项目相关技术文件和基础资料，收集历史和现状资料，开展工程海域环境资源与开发、项目用海特征等初步分析，确定论证等级、论证范围和论证内容，筛选、判定论证重点等，制定海域使用论证工作方案。

2. 实地调查阶段

根据项目用海申请，勘查现场，了解项目所在海域的地形地貌特征、海岸线位置和开发利用现状；走访相关部门和用海单位、个人，了解海域确权发证与实际使用情况。根据收集的相关资料情况，开展必要的海域环境资源现状调查。

3. 分析论证阶段

依据所获数据、资料,分析研究项目类型、平面布置、工程结构、用海方式、施工工艺及用海要求等,分析论证项目用海必要性、项目用海资源环境影响、海域开发利用协调情况、项目用海与海洋功能区划及相关规划的符合性、项目用海选址和面积、期限的合理性等,提出海域使用对策措施和项目用海的可行性论证结论。

4. 报告编制阶段

根据分析论证的内容和结论,编制海域使用论证报告。

完成论证报告编制后,海洋行政主管部门按海域使用论证报告评审的要求和程序组织专家对论证报告进行评审,论证单位根据评审专家的意见对论证报告进行补充和修改。

三、海域使用论证的主要内容

根据《海域使用论证技术导则》,海域使用论证内容主要包括:项目用海必要性分析;项目用海资源环境影响分析;海域开发利用协调分析;项目用海与海洋功能区划及相关规划符合性分析;项目用海合理性分析;海域使用管理对策措施。

(1)项目用海必要性分析。阐述项目基本情况以及项目申请用海情况,说明项目建设的目的与意义,论证项目占用、使用海域的必要性。围填海项目应阐明围填海用海与当地土地资源的供需关系,分析项目实施围填海的理由和必要性。

(2)项目用海资源环境影响分析。依据用海项目前期专题成果,简要分析项目用海的环境影响、生态影响、资源影响和用海风险。当用海项目属于改扩建时,应对已建项目用海的主要影响进行简要分析。

(3)海域开发利用协调分析。包括项目用海对海域开发活动的影响、利益相关者界定、相关利益协调分析以及项目用海对国防安全和国家海洋权益的影响分析等。

(4)项目用海与海洋功能区划及相关规划符合性分析。明确与项目用海有关的各功能区情况及与项目用海的位置关系，分析项目用海与功能区划的符合性，并给出明确结论；阐述国家产业规划和政策，海洋经济发展规划，海洋环境保护规划，城乡规划，土地利用总体规划，港口规划，以及养殖、盐业、交通、旅游等规划中与项目用海有关的内容，分析论证项目用海与相关规划的符合性。

(5) 项目用海合理性分析。包括用海选址合理性分析、用海方式和平面布置合理性分析、用海面积合理性分析、用海期限合理性分析等。

(6) 海域使用管理对策措施。根据项目海域使用论证结果，提出具体的海洋功能区划实施对策措施、开发协调对策措施、风险防范对策措施和监督管理对策措施。对策措施应切合实际、经济合理，具有可操作性。

四、海域使用论证等级划分

海域使用论证等级按照项目的用海方式、规模和所在海域特征，划分为一级、二级和三级，论证等级判定依据表5-5进行。当项目用海存在表5-5中未包含的用海方式时，可根据用海特征、用海规模、对海域自然属性的影响程度和用海风险等，按相近的用海方式界定论证等级。同一项目用海按不同用海方式、用海规模所判定的等级不一致时，采用就高不就低的原则确定论证等级。

表5-5 海域使用论证等级判据

一级用海方式	二级用海方式	用海规模	所在海域特征	论证等级
填海造地用海	冶金、石化、造纸、火电、核电等建设填海造地用海	所有规模	所有海域	一
	其他建设填海造地用海、农业填海造地	填海造地≥10公顷	所有海域	一
		填海造地5~10公顷	敏感海域	一
			其他海域	二
		填海造地≤5公顷	所有海域	二

续表

<table>
<tr><th>一级用海方式</th><th colspan="2">二级用海方式</th><th>用海规模</th><th>所在海域特征</th><th>论证等级</th></tr>
<tr><td rowspan="22">构筑物用海</td><td colspan="2" rowspan="4">非透水构筑物用海</td><td>构筑物总长度≥500 米或用海面积≥10 公顷</td><td>所有海域</td><td>一</td></tr>
<tr><td rowspan="2">构筑物总长 250~500 米或用海面积 5~10 公顷</td><td>敏感海域</td><td>一</td></tr>
<tr><td>其他海域</td><td>二</td></tr>
<tr><td>构筑物总长度≤250 米或用海面积≤5 公顷</td><td>所有海域</td><td>二</td></tr>
<tr><td colspan="2" rowspan="5">跨海桥梁</td><td>长度≥2 000 米</td><td>所有海域</td><td>一</td></tr>
<tr><td rowspan="2">长度 800~2 000 米</td><td>敏感海域</td><td>一</td></tr>
<tr><td>其他海域</td><td>二</td></tr>
<tr><td>长度≤800 米</td><td>敏感海域</td><td>二</td></tr>
<tr><td>单跨跨海桥梁</td><td>其他海域</td><td>三</td></tr>
<tr><td rowspan="2">海底隧道用海</td><td>明挖海底隧道</td><td>所有规模</td><td>所有海域</td><td>三</td></tr>
<tr><td>暗挖海底隧道</td><td>所有规模</td><td>所有海域</td><td>一</td></tr>
<tr><td rowspan="2">海底场馆</td><td>海底仓储</td><td>所有规模</td><td>所有海域</td><td>二</td></tr>
<tr><td>海底水族馆等</td><td>所有规模</td><td>所有海域</td><td>一</td></tr>
<tr><td colspan="2" rowspan="2">人工鱼礁类</td><td>用海面积≥50 公顷</td><td>所有海域</td><td>二</td></tr>
<tr><td>用海面积<50 公顷</td><td>所有海域</td><td>一</td></tr>
<tr><td colspan="2" rowspan="5">透水构筑物</td><td>构筑物总长度≥2 000 米或用海总面积≥30 公顷</td><td>所有海域</td><td>二</td></tr>
<tr><td rowspan="2">构筑物总长度(400~2 000)米或用海总面积 10~30 公顷</td><td>所有海域</td><td>一</td></tr>
<tr><td>敏感海域</td><td>一</td></tr>
<tr><td rowspan="2">构筑物总长度≤400 米或用海总面积≤10 公顷</td><td>其他海域</td><td>二</td></tr>
<tr><td>所有海域</td><td>三</td></tr>
</table>

续表

一级用海方式	二级用海方式	用海规模	所在海域特征	论证等级
围海用海	港池用海	用海面积≥100 公顷	所有海域	二
		用海面积<100 公顷	所有海域	三
	蓄水用海	用海面积≥100 公顷	所有海域	一
		用海面积 20~100 公顷	敏感海域	一
			其他海域	二
		用海面积≤20 公顷	所有海域	三
	围海养殖用海	用海面积≥100 公顷	所有海域	一
		用海面积 10~100 公顷	所有海域	二
		用海面积≤10 公顷	所有海域	三
	盐田用海、其他围海用海	用海面积≥100 公顷	所有海域	一
		用海面积 20~100 公顷	敏感海域	一
			其他海域	二
		用海面积≤20 公顷	所有海域	三
开放式用海	开放式养殖用海	用海面积≥700 公顷	所有海域	二
		用海面积<700 公顷	所有海域	三
	浴场、游乐场用海	用海面积≥700 公顷	所有海域	二
		用海面积<700 公顷	所有海域	三
	航道	长度≥10 千米或疏浚长度≥3 千米	所有海域	一
		长度 3~10 千米或疏浚长度 0.5~3 千米	所有海域	二
		长度≤3 千米或疏浚长度≤0.5 千米	所有海域	三
	锚地、其他开放式用海	所有规模	所有海域	三
其他用海	人工岛油气开采用海	所有规模	所有海域	一
	平台式油气开采用海	所有规模	敏感海域	一
			其他海域	二

续表

一级用海方式	二级用海方式		用海规模	所在海域特征	论证等级
其他用海	海底电缆管道	海底管道	长度≥20千米	敏感海域	一
				其他海域	二
			长度3~20千米	敏感海域	二
				其他海域	三
			长度≤3千米	所有海域	三
		登岛登陆和明挖海底电(光)缆	所有规模	所有海域	二
		其他海底电(光)缆	所有规模	所有海域	三
	海砂等矿产开采		所有规模	敏感海域	一
				其他海域	二
	取、排水口	工业取、排水口	所有规模	所有海域	二
		其他取排水口	所有规模	所有海域	三
	污水达标排放用海		污废水排放量≥3万米³/天	所有海域	一
			污废水排放量<3万米³/天	敏感海域	一
				其他海域	二
	温、冷排水	核电温排放	所有规模	所有海域	一
		其他温、冷排放	排放量≥200万米³/天	所有海域	一
			排放量<200万米³/天	所有海域	二
	倾倒用海		倾倒(工程)量≥500万米³	所有海域	一
			倾倒(工程)量(100~500)万米³	敏感海域	一
				其他海域	二
			倾倒(工程)量(50~100)万米³	敏感海域	二
				其他海域	三
			倾倒(工程)量≤50万米³	所有海域	三
	种植用海		用海面积≥30公顷	所有海域	二
			用海面积<30公顷	所有海域	三

注1：涉及石油化工、有毒有害危险品等项目用海的论证等级应上调一级。并行铺设的海底电缆、海底管道等的长度，按最长的管线长度计。

注2：新增温排水和污水达标排放应考虑原排放规模。

注3：项目用海利用自然岸线长度≥100米的，论证等级为一级；利用自然岸线长度(10~100)米的，论证等级为二级；利用自然岸线长度≤10米的，论证等级为三级；浴场、游乐场用海和种植用海以及岸滩环境整治修复中的人造沙滩、景观护岸等除外。

注4：石油平台扩建(甲板外扩或外挂井槽)的论证等级可下调一级。

一级、二级论证应编制海域使用论证报告书。一、二级论证应当做到论证内容齐全，论证范围覆盖项目用海所涉及的全部区域，论证重点突出，应进行详细调查、调访和资料收集。一级论证要求进行重点问题专题分析，应有项目用海选址备选方案和用海方式替代方案。二级论证可根据具体情况进行重点问题专题分析。三级论证应编制海域使用论证报告表，根据项目用海情况和所在海域特征，必要时可对相关内容开展专题论证，形成专题报告。

第六章

海域使用动态监视监测制度

第一节 海域使用动态监视监测系统

海域是国家的重要资源，是海洋经济发展的物质基础和载体。随着海洋经济的快速发展，用海需求持续增长，用海规模不断扩大。海洋经济的高速发展给沿海地区带来了巨大的经济效益，但同时也对国家和地方海域管理提出了更高的要求。《中华人民共和国海域使用管理法》规定："国家建立海域使用管理信息系统，对海域使用状况实施监视、监测"。为全面动态掌握海域开发利用状况，提高海域使用管理科学与技术水平，2005年经财政部批准立项，国家海洋局正式启动海域使用动态监视监测管理系统建设。

海域使用动态监视监测系统的总体目标是在现有人力资源和技术力量的基础上，以卫星遥感、航空遥感和地面监视监测为数据采集的主要手段，实现对我国近岸及其他开发活动海域的实时监视监测；以先进、实用和可靠的数据传输与处理技术，实现监视监测数据的完整、安全和及时传递；以政府管理和社会需求为导向，构建由海域使用动态监控与指挥办公、海域使用动态监视监测业务管理、海域动态评价与决策支持三个应用系统组成的、可长期、稳定、高效运行的国家海域使用动态监视监测管理系统；建立国家、省、市、县四级海域使用动态监视监测业务体系，形成业务化运行机制；通过海域使用动态监视监测管理业务化系统的运行，确保我国各级海域使用管理部门能实时把握国家海域使用动态，缩短行政审批周期，适时制定或调整海域使用管理政策，实现办公数字化、管理规范化和决策科学化；同时确保社会公众能及时了解我国海域使用管理政策和海洋开发现状，促进海洋开发的合理有序、海域资源的可持续利用和海洋经济的健康发展。

海域使用动态监视监测管理系统的建设和运行实行统一标准、统一建设、统一管理，并坚持以下4项原则。

(1) 统筹规划，分步实施。系统建设和运行由国家统筹规划、分步实施、稳步推进。

(2) 需求主导，服务管理。海域使用动态监视监测的内容要围绕海域管理现实需求，为实际管理工作服务，内容设定上要有针对性，宁缺毋滥。

(3) 讲求实效，重点突出。系统建设要由简单到复杂、简便实用，重点保证系统能够长期稳定地业务化运行。

(4) 统一标准，形成体系。制订统一的数据采集、传输、处理、评价和信息发布技术标准，强化管理与技术相结合，形成完善的业务运行机制和管理体系。

国家海域使用动态监视监测管理系统通过建立国家、省、市、县四级业务机构与业务队伍，采用卫星遥感、航空遥感和地面现场监测手段实现对近岸海域使用状况的动态监测，其中国家级业务机构负责遥感监测，地面现场监测则主要由省、市、县业务队伍来完成。

国务院海洋行政主管部门统一负责整个系统的建设与运行，系统分为国家、省、市、县四级，主要包括国家、省、市、县四级海域使用动态监管中心、四级监控与指挥平台和市、县地面监视监测队伍，如图6-1所示。各省、市海域使用动态监管中心挂靠在本级海洋行政主管部门直属的事业单位，各级海域使用监控与指挥平台设立在本级海洋行政主管部门。

国家海域使用动态监管中心对全国海域使用动态监视监测工作实施业务组织与技术指导，负责编制全国海域使用动态监视监测年度工作方案，审核沿海省(区、直辖市)海域使用动态监视监测年度工作方案，负责对海域使用动态监视监测工作实施全程质量控制与保障，对从事监视监测业务的工作人员进行专业培训，并建立考核标准和上岗资质制度，依据相关标准在项目建设期间对省、市海域使用动态监管中心的建设情况进行检查验收；负责汇总处理上报的监视监测数据，分发经处理的遥感监视监测图像数据，开展海域动态评价与决策支持和海域管理信息服务；负责国家监控与指挥平台的建立与维护。

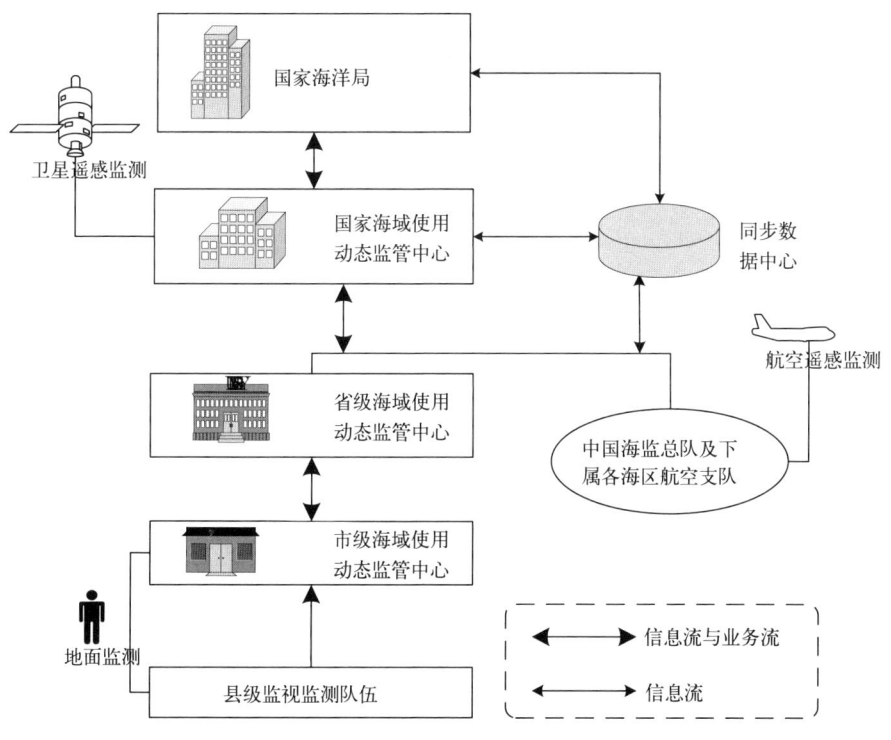

图 6-1 系统结构简图

省级海域使用动态监管中心负责本省海域使用动态监视监测的业务组织与技术指导；负责编制本省海域使用动态监视监测年度工作方案，审核市海域使用监视监测年度工作方案；负责开展本省海域使用动态监视监测的质量控制与保证工作；负责接收、汇总与处理本省的监视监测数据，疑点疑区信息的上传下达；开展本省海域动态评价与决策支持和海域管理信息服务；负责省级监控与指挥平台的建立与维护。省级海域使用动态监管中心接受国家海域使用动态监管中心的业务领导与技术指导。

市级海域使用动态监管中心负责本市年度监视监测工作方案的编制、开展所辖海域地面监视监测、疑点疑区监测核查与信息反馈、监视监测产品制作与信息服务；负责市级监控与指挥平台的建立与维护。市级海域使用动态监管中心接受上级海域使用动态监管中心的业务领导与技术指导。

沿海县级海域使用动态监视监测工作在市级海域使用动态监管中心业务领导下，按照市年度监视监测工作方案的要求，做好所辖海域地面监视监测和数据上报。

国家海域使用动态监视监测中心依托国务院海洋行政主管部门下属的技术支撑单位组织运行。省级和市级海域使用动态监视监测中心依托省、市海洋行政主管部门直属的事业单位设立。国家海域使用动态监视监测管理系统业务化运行实行统一领导、分级负责的管理体系。国家海域使用动态监管中心为该系统业务化管理的最高执行机构；省级海域使用动态监管中心接受国家海域使用动态监管中心的直接领导，并对本省的海域使用动态监视监测工作负责；市级海域使用动态监管中心接受省级海域使用动态监视监管的直接领导，并对本市海域使用动态监视监测工作负责。国务院海洋行政主管部门及省、市海洋行政主管部门定期对各级海域使用动态监管中心运行情况及绩效进行考核评估。

从 2005 年到 2012 年，系统经过了筹备、试点建设、全面建设以及业务化运行等四个阶段。在国家层面设立国家指挥中心、国家海域使用动态监管中心、国家同步数据中心以及国家网管中心等四个国家级业务机构，在地方层面以共建的形式设立 11 个省级、49 个市级海域使用动态监管中心，负责组织实施本地区海域使用动态监视监测业务，全国投入本项目的专职技术人员达 400 多人。系统共对全国近岸海域开展低精度卫星遥感监测 7 次，高精度卫星遥感监测 1 次，并对 31 个重点海域实施航空遥感监测，对 1 万多宗海域使用权属数据进行了核查，对 123 个重点在建项目进行地面监视监测，为海域使用管理部门提供项目监测报告 116 份，区域用海监测报告 40 份。

通过多年的业务化运行，各级海域使用管理部门能实时把握国家海域使用动态，缩短行政审批周期，适时制定或调整海域使用管理政策，实现真正意义上的办公数字化、管理规范化和决策科学化。同时社会公众能及时了解我国的海域使用管理政策和海洋开发现状，促进海洋开发的合理有序、海域资源的可持续利用和海洋经济的健康发展。

第二节 海域使用动态监视监测业务化流程

海域使用动态监视监测管理系统技术组成主要包括海域使用卫星遥感动态监视监测、海域使用航空遥感动态监视监测、海域使用地面监视监测、海域使用动态综合评价与决策支持等。

一、海域使用卫星遥感监视监测

海域使用卫星遥感动态监视监测采用卫星遥感影像对海域使用状况进行监视监测，每年完成四次全海域低分辨率卫星遥感监测和三年完成一次全海域高分辨率卫星遥感监测。低分辨率卫星遥感动态监视监测范围为我国内水和领海海域，主要采用 10~30 米分辨率卫星数据，包括 LandsatTM/ETM、IRS、ASTER、CBERS、SPOT、环境减灾 A/B 星等。高分辨率卫星遥感动态监视监测范围为我国海岸带、海岛及其邻近海域，主要采用 2.5~5 米分辨率卫星数据，主要有 SPOT5 数据、ALOS 数据、FORMOSAT-2、GF 系列数据、ZY 系列数据等。海域使用卫星遥感动态监视监测业务化技术流程为卫星遥感影像获取→卫星遥感影像预处理→卫星遥感影像处理→海域使用信息提取，具体见图 6-2。

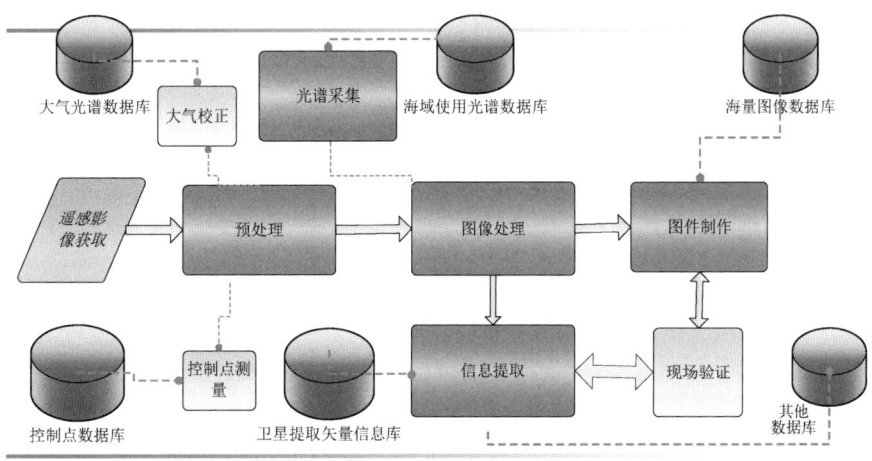

图 6-2 遥感监视监测数据处理流程图

卫星遥感数据选取在设计寿命内的业务或商业运行的遥感卫星。项目中涉及两类卫星遥感数据：一类是2~5米空间分辨率的卫星遥感数据，获取频率为每三年一次，其全色波段空间分辨率优于2.5米，多光谱波段不少于三个，且空间分辨率优于10米；一类是20~30米空间分辨率的卫星遥感数据，获取频率为每季度一次，其全色波段空间分辨率优于30米，多光谱波段不少于于三个，且其空间分辨率优于40米。

卫星遥感影像预处理主要对原始卫星遥感影像进行前期的图像处理工作，主要实现图像的质量检验、辐射纠正、大气校正、雷达数据预处理、几何精校正、预处理信息数据管理等功能（图6-3）。系统处理的卫星数据包括雷达卫星数据和可见光卫星数据。可见光数据主要有 SPOT、IKONOS、QuickBird、TM、ETM、IRS、ASTER、CBERS 等；雷达卫星数据主要有 RADARSAT SAR、ENVISAT SAR、TerraSAR-X 等。

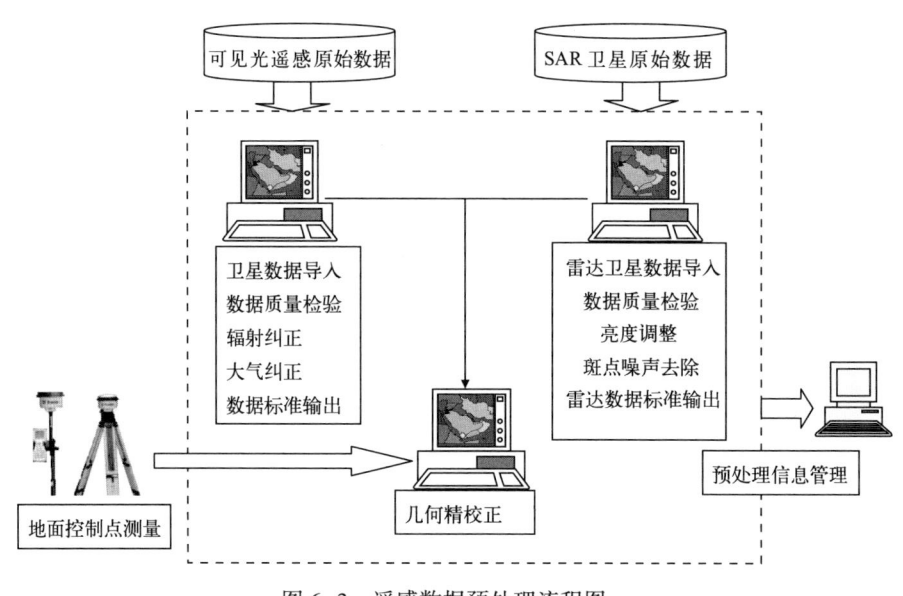

图6-3　遥感数据预处理流程图

卫星遥感影像处理是在卫星遥感影像预处理的基础上完成图像的基本处理，主要包括图像滤波、图像变换、图像融合以及图像的镶嵌或分幅、不规则边界数据提取、预处理信息数据管理等。

遥感影像经过处理后即可进行海域信息的提取，海域使用信息提取的主要内容如下。

(1) 海域自然属性信息：

- 岸线变化：类型、分布、面积、长度等；
- 海湾河口变化：海湾河口形态、面积等；
- 海岛动态：数量、面积、植被、岸线等。

(2) 海域使用专题信息监测：

- 新增用海项目监测：监测时段内新增加的围海用海、填海造地用海、构筑物用海等各类可监测的用海图斑分布、形状、面积、数量等；
- 海域使用疑点疑区监测：将新增用海图斑与最近海域使用确权图斑、海域使用审批确权图斑等空间叠加，查找海域使用疑点疑区，作为海域使用执法检查的线索；
- 海域使用在建项目监测：监视监测重点海域使用在建项目用海位置、用海范围、建设进度、建设速度、建设用途等监视监测与评价；
- 海洋功能区划符合性分析：将监测海域使用图斑或确权海域使用图斑与海洋功能区划矢量数据空间叠加，分析各海域使用图斑与海洋功能区划的符合性；
- 围填海区域开发利用状况监测：开展围填海成陆区域开发利用比例、开发利用程度、开发利用用途、基础设施建设、海岸生态建设等情况的监测与评价；
- 闲置围填海区域监测：针对大规模围填海造地区域，开展闲置区域范围、闲置面积、闲置时间等状况监测与分析。

海域使用信息提取以卫星遥感影像数据为基础，参考海域使用确权资料，利用计算机自动提取及人工解译相结合的方法，按照海域使用动态监视监测分类体系提取围填海、增养殖用海等各类用海空间分布及其属性信息，结合现场调查确定海域使用属性特征。同时根据最新遥感影像和历史遥感影像的对比分析，提取海域使用管理需求的各类海域使用信息。

二、海域使用航空遥感监视监测

海域使用航空遥感监视监测主要对重点海域的海域使用情况进行详细的监测和掌握。海域使用航空遥感监视监测每年完成一次重点海域的动态监测，重点海域可根据国家及地方经济发展的实际需要而确定，主要覆盖用海热点及资源环境敏感的海域。海域使用航空遥感监视监测分为前期准备与监测开展两个阶段实施，其工作流程分别如图6-4和图6-5所示。

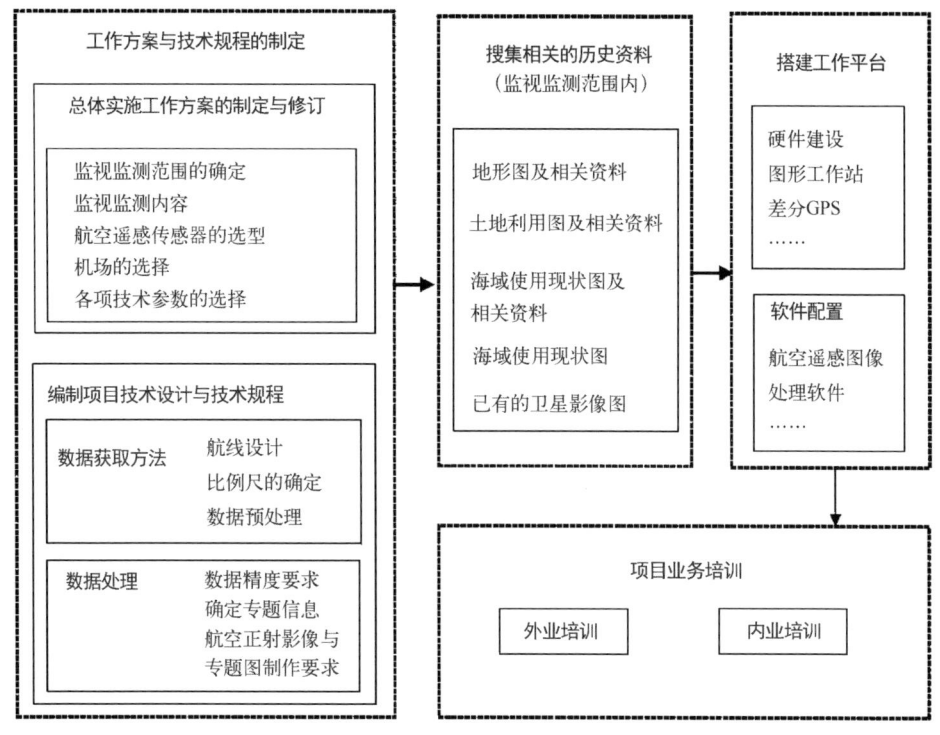

图6-4 海域使用航空遥感监视监测前期准备工作流程图

海域使用航空遥感监测以无人机、航空飞机为平台，采用LeicaALS50 DSS322数字传感系统、惯性导航系统(POS)、数字摄影测量工作站等从海域空间上空拍摄海域使用状况。主要监测内容包括：

(1)海域使用状况。

● 海域现状：已开发、未开发海域面积及分布；

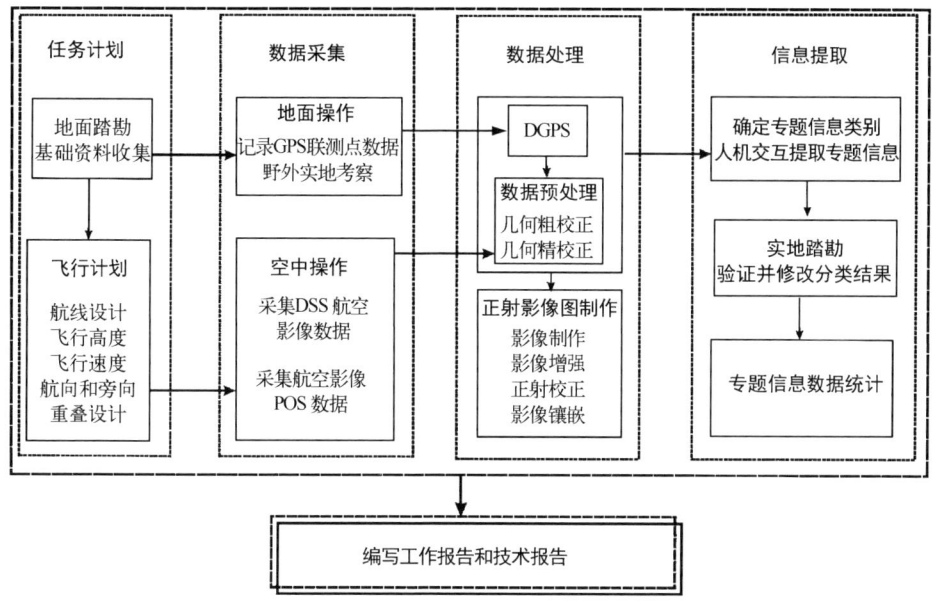

图6-5 海域使用航空遥感监视监测工作流程图

- 港口的位置、类型；
- 排污口的位置、类型；
- 海洋功能区：海洋功能区利用状况及执行情况；
- 在建项目：用海面积、位置等。

（2）海域自然属性。

- 岸线类型、位置、长度、变化等；
- 海岸带植被的类型、面积和分布及地貌特征；
- 海湾河口形态、面积变化等；
- 近岸海岛数量、面积、植被、岸线变化等；
- 海岸侵蚀等海洋环境地质灾害情况。

海域使用航空遥感监视监测前期准备工作包括：①查看航测区近期的地形图、海图、海洋功能区划图、海域使用现状图以及以往的航拍图等；②航测区域岸线变化大的区域进行实地调查，便于更好地制订航摄计划；③架设GPS基站等；④ASCOT飞行设计、申报航线、检查设备、与机长沟通飞行要求、基站组到位、后勤人员设备车辆确认。

海域使用航空遥感监测方法包括：①飞行实施方法：飞行设计导入飞行控制系统，由控制系统控制相机曝光时间及曝光点位置。②数据处理方法：通过对GPS基站记录的数据以及飞机上的内嵌于POS文件里的GPS数据进行差分，创建一个DGPS飞机位置文件；拟合DGPS数据和POS里的IMU信息创建最终轨迹文件。根据最终的轨迹文件，可以解算出传感器任一时刻的6个外方位元素，从而得到每张相片的外方位元素；③信息提取方法：通过对航空遥感影像数据的分析、解译，从中提取某些专题地物要素的信息来加以利用；④专题图制作：根据应用目的和限制条件的不同，制图综合包括两个变换过程，一个是从现有的数据中经过综合变换推导出新的具有不同详细程度的数据，以满足数字或GIS环境下空间数据的多尺度分析与显示；另一个是当用某一比例尺进行可视化输出时，数据容量过大不能进行清晰的图形表达时需进行综合变换，以满足模拟地图输出的要求。

三、海域使用地面动态监视监测

海域使用地面动态监视监测是与卫星、航空遥感监测相对应的而主要由专业技术人员现场依靠测绘测量仪器设备来完成对海域使用状况的监测。主要监测内容包括对海域使用权属状况、在建工程施工的动态跟踪监测以及对海域使用疑点疑区核查监测等。

权属监视监测主要对新增或变更宗海的界址、面积、海域使用分类、海域使用权人、海域用途等动态信息进行监视监测。权属监视监测与海域使用申请审批过程中的海域使用面积测量(海籍测量)同时进行，并编制每月权属监视监测成果，更新至动态监视监测数据库，并同时汇交上传至上级海域使用动态监管中心。权属监测由市级海域使用动态监管中心及县级地面监测队伍结合海域使用申请审批过程中的海域使用面积测量同时进行，不重复测量。

在建项目海域使用动态监视监测采用资料收集、实地勘测相结合的方法，并根据在建工程用海项目的施工周期，对在建项目海域用途、用海面积、界址进行现场测量，将界址测量成果与该项目海域使用审批界定的用海界址进行对比,核查项目建成后海域用途、用海面积、位置、界址等内容是否与核发的海域使用证相符,并对比分析项目建成前后海域自然环境状况,形成监视监测工作报告。

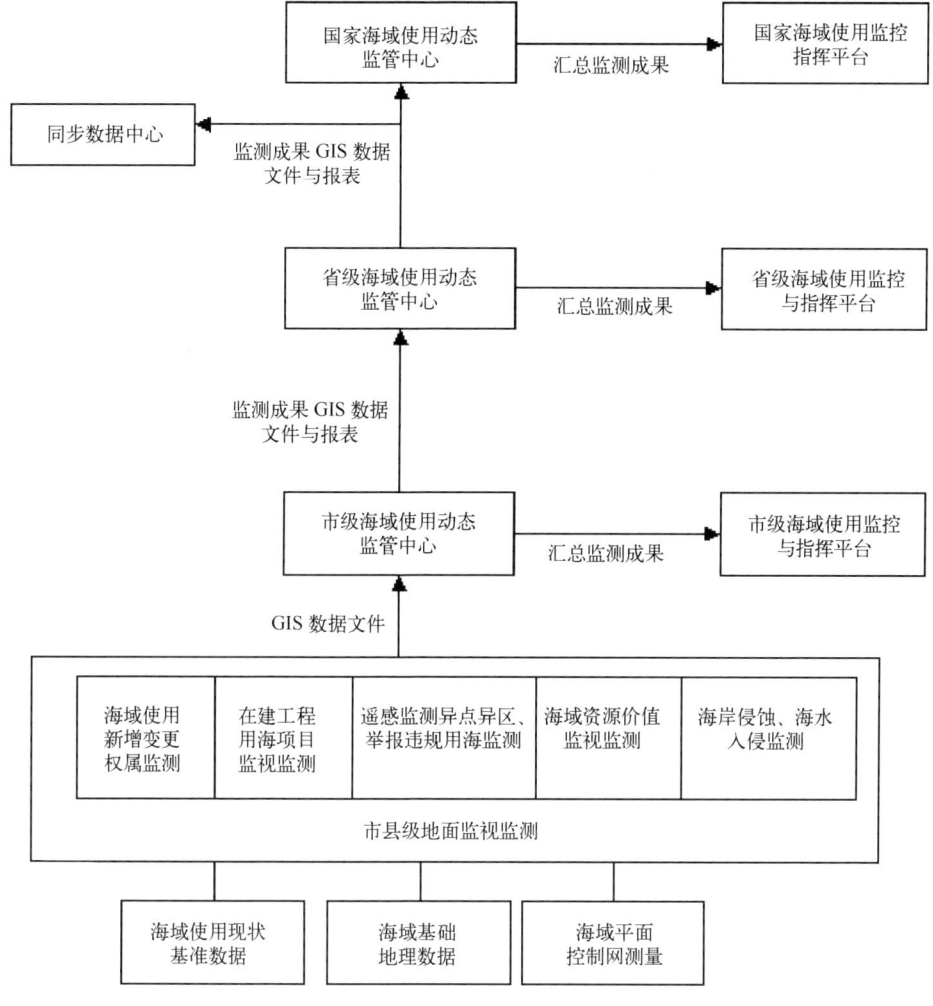

图 6-6 地面监视监测技术路线图

核查监视监测主要依据遥感、航空监视监测及举报发现的疑点疑区信息,随时核查对比监测,并即时上报核查数据。海域使用权价值监视监测由市级海域使用动态监管中心及县级地面监测队伍负责采集并汇交上传,市、省级海域使用动态监管中心进行逐级汇总整理。海洋环境地质灾害监测由市级海域使用动态监管中心及县级地面监视监测队伍对受灾害影响的海域使用范围及程度等进行定位监视监测，并逐级汇总整理。

四、海域使用动态综合评价与决策支持

海域使用动态综合评价与决策支持系统主要分为数据层、模型层、评价层和用户层四个层面。

数据层：系统运行的数据基础是海域使用动态监视监测数据库(三大类数据库)，在此基础上经数据挖掘和数据抽稀处理后形成评价业务专题数据，直接服务于评价与决策支持系统。基于评价业务专题数据确定评价指标的提取路径和计算方法，形成系统评价指标集，提高系统运行效率。系统提供默认的评价指标集，用户也可以自定义评价指标，并完善评价业务专题数据内容。

模型层：模型层主要包括指标管理模型、评价对象模型和评价方法模型。针对特定的评价对象在评价指标集(数据层)的基础上确定评价指标体系，指标体系经优化、赋值、无量纲化等一系列处理后提交给评价模型(评价对象模型和评价方法模型)。其中评价对象模型是针对对象的模型，如海洋经济评价模型等，属动态模型；评价方法模型主要包括一些客观的综合评价数学模型，如层次分析、模糊分析、主成分分析等，属静态模型。

评价层：确定优化后的评价指标体系并选择适当的评价对象模型和评价方法模型后，开展评价工作，生成评价成果并进一步开展规划等产品的制作，评价成果提交给系统用户。海域使用综合评价主要内容如下。

(1)海域使用强度与开发潜力评价。

分析评价海域的开发强度、开发潜力以及开发的秩序性等内容，为优化产业结构、制定海域开发利用战略等提供决策支持。主要的评价指标包括已开发海域面积、未开发海域面积、新增用海面积、围填海岸线长度及占用海域面积、空间相邻功能相斥的用海项目数和用海面积、废置海域使用项目数和海域面积等。

(2)海域使用总量、分量评价与趋势性预测。

分析各类型用海面积以及用海总面积，并作出未来 5~10 年内的趋势性预

测，为制定海域使用规划、海洋产业结构调整计划等提供依据。主要评价指标包括各类型用海面积及占用岸线长度、新增用海面积及占用岸线长度、终止用海项目数量及占用海域面积、续期用海项目及占用海域面积、废置用海项目数量及占用海域面积等。

(3)海洋功能区划符合性评价。

海洋功能区划符合性评价主要包括两方面内容，一是功能区利用现状，二是功能区执行情况。通过功能区利用状况评价掌握功能区开发规模、功能区质量变化、对毗邻功能区的影响程度等情况，在此基础上给出各类功能区开发利用强度，以指导各类功能区开发使用。通过评价海洋功能区划执行情况，国家可以宏观掌握全国海洋功能区开发利用是否符合区划要求，了解各功能区质量状况以及功能区的增减审批等情况，重点掌握不符合海洋功能区划的用海面积、数量等信息。

(4)海岸线评价。

主要评价海岸线长度的变化、海岸人工化的趋势以及海岸利用类型、利用方式、利用程度、自然海岸线保有长度与比例，自然海岸线类型与保护现状。评价指标主要包括海岸线长度、海岸侵蚀速度、自然岸线与人工岸线比例、岸滩物质组成、岸滩宽度等。

(5)海湾评价。

主要评价海湾数量、面积、开发强度、海湾自然形状变化对海域使用和海洋经济的影响等内容。评价指标主要包括海湾数量、海湾面积、海湾空间形状系数、海湾面积冗亏、湾内海域使用现状、海湾开发利用强度、海湾水域开发利用率等。

(6)滨海湿地评价。

主要评价滨海湿地的面积、种类、结构的演化趋势，评价与分析滨海湿地生境破碎状况及其主要影响因素，为滨海湿地的保护与恢复提供决策依据。评价指标主要包括滨海湿地面积、种类、分布、破碎度、湿地植被种类与覆盖率、湿地内海洋开发活动种类与分布面积等。

(7)砂质海岸评价。

评价砂质海岸线长度变化，原生砂质海岸的面积与分布，砂质海岸的健康质量等级、砂质海岸的生态服务功能与社会经济价值等。评价指标主要包括砂质海岸岸线长度、沙滩的面积与分布、砂质海岸旅游经济收入等。

(8)海岛评价。

对海岛面积、数量、植被分布、开发状况进行统计性评价。评价指标主要有海岛数量与面积、无人海岛与有人海岛的比例、海岛植被覆盖率等。

(9)海洋环境地质灾害评价。

统计分析海岸侵蚀、海水入侵等海洋环境地质灾害发生位置、发生时间、影响范围、经济损失等要素，选取适合的综合评价模型和预测模型对海洋灾害进行预警预报。主要评价指标包括河流径流与输沙、底质粒径、地面沉降速率、海岸侵蚀速率、海岸侵蚀面积、地下水氯离子浓度、矿化度、入侵面积、经济损失等。

第三节 海域使用动态监视监测管理系统软件

国家海域使用动态监视监测管理系统软件是由海域使用动态监控与指挥办公、海域使用动态监视监测业务管理、海域动态评价与决策支持三个部分组成的，可长期、稳定、高效运行的系统。海域使用动态监控与指挥办公系统是国家、省和市海域行政主管部门日常监控平台，主要目标是实现海域使用监视监测信息网络查询及网上海域使用动态监控与指挥办公，其用户为各级海域行政主管人员。海域使用动态监视监测业务管理系统是国家、省、市三级海域使用动态监管中心日常工作的平台，主要目标是加强国家海域使用动态监管中心业务工作能力，实现遥感监视监测信息、地面监视监测信息集成处理、评价与辅助决策支持信息服务。该系统由基本模块和附加模块两部分组成，基本模块由国家统一设计、建设，附加模块由各沿海省、市根据各自的需求设计建设，系统用户为各级海域使用动态监管中心的技术人员。

海域使用动态监控指挥办公系统运行于国家、省、市三级海洋行政主管部门，实现对国家、省、市、县各类海域使用监视监测信息的综合监控，并能满足决策指挥及日常海域使用办公管理的功能要求。国家、省、市三级所需功能基本相同,差别在于所管辖和需要展示的数据的范围不同。海域使用动态监控与指挥办公系统主要供海洋行政管理人员使用,查询比较多,对空间数据的编辑更新较少,所以采用 B/S 结构。该结构像网页一样,用户不需要安装特别的软件(不排除会需要下载一些插件),通过自己计算机的 IE 浏览器即可运行该系统,实现海洋行政主管部门对海域使用的综合管理及用海状况的动态监控。

监控与指挥办公系统部署国家、省二级服务端,国家级访问国家级系统及数据库,省级访问省级系统及数据库,市级访问省级部署系统并根据用户所属区域访问市级本地数据库。各级系统按级别实现上报或下发以及通知功能,同时与海域使用动态监视监测业务管理系统通过数据库相互通信、传递、通知等信息。海域使用动态监控与指挥办公系统要实现对各类海域使用监视监测信息的综合监控,并能满足决策指挥的功能要求。主要包括以下功能:①监测数据查询与显示。实现对卫星遥感数据、航空遥感数据、地面监视监测数据的快速查询和直观显示。②海域使用监视监测信息动态监控。动态监控海域监视监测信息,特别是对海域使用中出现的疑点疑区、重点用海项目的监视监测信息和海域使用的现状及趋势进行动态监控。③指挥办公。直接利用网络平台实现海域使用动态管理决策职能,如对疑点疑区用海及重点用海报告信息的接收、处理和核查指令的下达、指令执行情况的检查等。④空间数据操作。空间数据管理类工具主要是为各类应用系统提供空间数据的浏览、查询、统计、分析和编辑等功能。⑤安全保障体系。建设具有统一安全认证和用户单点登录的海域使用动态监控与指挥办公系统的安全体系,具体包括业务系统与 CA 认证连接、单点登录(统一账户管理)、数据加密、数据压缩、数据备份、日志管理和电子签章等内容。

海域使用动态监控与指挥办公系统与海域使用动态监视监测业务管理系统使用同一数据库,具备同一数据结构体系。国家海域使用动态监视监测管理系统以 SDH 专线以及政务网作为数据传输方式,依靠部署在国家、省、市三级监管中心的应用软件系统的支撑,完成数据的采集、处理、传输、存储和发布等功能,数据库分为国家、省、市三级,也分别部署在三级监管中心。系统的核心目标包括:完成沿海地区的海域使用基础地理、海域使用现状、自然属性、资源价值等基础数据的获取与更新,建立国家、省、市三级监管中心之间以及与海域行政管理部门之间的数据交换与共享机制。

海域使用动态监视监测业务管理系统具有以下功能:

(1)海域功能区划管理。

海域使用动态监视监测形成的各类遥感影像及用海现状资料可作为基础资料用于海洋功能区划编制。海洋行政主管部门在组织编制海洋功能区划时,可依据系统对区划数据和图件的规范性、准确性进行技术核查。海洋功能区划批准后,区划文本、报告、成果图件和数据资料应及时录入系统,并实现海洋功能区划空间信息和属性信息的动态管理,提供功能区管理辅助决策,实现对海洋功能区划的跟踪和监督。

(2)海域使用申请审批管理。

各级海域管理部门在受理海域使用申请时,可根据需要委托监管中心将申请用海区域与海洋基础地理信息数据、海洋功能区划数据、海域使用现状数据等进行空间叠加分析,并进行技术审核,以确保申请用海区域与重要地理标志、海洋功能区划、海域使用现状的符合性,以逐步实行海域使用申请的网上受理申报。

(3)海域使用权登记管理。

为了加快实行海域使用权证书统一配号制度,确保海域使用权属数据实时登记并入库,各级海洋行政主管部门在进行海域使用权登记时,应将海域使用权登记表信息录入系统并通过系统自动获取海域使用权证书号码。各级监管中心协助本级海域管理部门做好登记信息录入工作,并提供登记信息查询服务。

(4)海域使用信息监测与统计分析。

各级监管中心协助本级海域管理部门,综合处理地面监视监测信息、海域审批确权资料、卫星遥感影像底图、航空遥感影像底图、基础地理等各类数据，进行海域使用专业信息提取，汇总相关数据，实现国家、省、市、县各类海域使用信息的统计，并以量化的指标及时反映全国范围内海域使用的动态变化状况，生成海域使用统计报表和分析报告，按月报送海域管理部门。

(5)海域使用执法管理。

建立海域管理部门与海监执法机构的信息沟通机制，积极推进监测成果和执法信息共享，及时为海监执法机构提供海域空间资源状况和海域使用权属等方面的信息。各级海监执法机构在检查项目用海、查处违法用海时，可根据需要委托有相应资质的监管中心提供现场监测技术服务，并及时将执法现场的有关信息提供同级监管中心。

(6)基于网络的业务管理。

建立动态网站，各级海洋行政主管部门和各级监管中心可以依据各自的权限在该站点浏览和下载相关信息、数据，各级监管中心可以通过网站直接上传监视监测数据。

基于以上功能，海域使用动态监视监测业务管理系统划分为6个子系统，分别为：综合数据管理子系统、监测数据处理与交换子系统、疑点疑区处理子系统、数据库管理子系统、海域使用监测数据采集子系统和海域使用公众信息发布服务系统(网站形式)。综合数据管理子系统实现了图层查询管理和统计报告输出等功能，该子系统支持多种查询方式，并可对数据进行编辑，还可矢量化遥感影像中感兴趣的区域。监测数据处理与交换子系统负责数据的处理、核查和传输等功能，该子系统负责与其他的海域使用信息管理系统的数据交换，并为各种海域使用非空间数据提供了录入的接口。疑点疑区处理子系统解决了疑点疑区核查的问题，在该子系统中，可将地面监视监测数据与海域使用相关数据进行叠加分析，判断疑点疑区，并完成疑点疑区的统计。数据库管理子系统的功能是提供数据库的维护和更新，同时也需要保证各级数据库的同时更新。海域使用监测数据采集子系统负责地面监视监测数据采集，共分为两大部分，其中一部分是管理地面监视监测数据采集的模块，可与PDA进行连接，可接收PDA的数据，也可给PDA发出任务单；另一部分是PDA模块,它完成了地面数据采集、疑点疑区核查等功能。海域使用公众信息发布服务系统(网站形式)是海域使用动态监管中心建立在国际互联网上的一个信息发布、办公互动、数据交换的窗口,是政务公开的载体和舞台,也是监管中心与社会、企业、民众沟通的桥梁。

部署到各级海域使用动态监管中心的系统版本不同,功能各有侧重。国家、省、市三级系统的不同主要体现在数据来源和接收方式上。国家级业务运行系统的功能偏重于对全国各类与海域使用相关的数据的总体管理,通过监测数据交换与处理子系统来处理和分发遥感影像数据,同时也接收来自其他外部系统的数据进行整理入库,还需接收来自省级业务管理系统的上报数据。将所有这些数据汇总后存入动态监视监测数据库和海域专业数据库中,再经其他功能性的子系统处理后生成各类监视监测报告。省级业务管理系统要接收由国家分发下来的遥感影像数据,同时接收本省的与海域使用相关的各类数据,还需接收市级海域使用业务管理系统的上报数据,并经监测数据处理与交换子系统汇总后入库,该子系统还需将本省的数据上报给国家级业务管理系统。省级业务管理系统经其他功能性子系统处理后发布各种与海域使用相关的报告类数据。市级业务管理系统要接收由省分发下来的遥感影像数据,并将本市的数据上报给省级业务管理系统。市级业务管理系统经其他功能性子系统处理后发布各种与海域使用相关的报告类数据。

第四节 海域使用动态监视监测系统维护与管理

海域使用动态监视监测系统所涉及的数据主要包括海洋基础地理、海域使用确权、海洋功能区划、地面监视监测、卫星遥感、航空遥感数据,以及在上述资料基础上做出的分析与评价成果等形成的数据、表格、图形、图像、影像及相关文字等。海洋基础地理数据是指在我国海域及依托陆域内的基础地理要素,主要包括行政界线、居民地、海岸线、水深点、交通运输线、注记、助航物、碍航物、等深线和水系等。

一、数据管理

海洋基础地理信息的更新由国家海洋信息中心负责完成，每3年完成全海域基础地理信息更新，更新后的数据提交至国家监管中心，并下发至沿海省、市级监管中心。国家监管中心负责海洋基础地理信息数据的入库。

海域使用确权数据是指海洋行政主管部门在海域使用审批过程中所记录在海域使用权登记表中的数据资料，主要属性信息包括：项目编号、项目名称、海籍编号、海域使用权人、海域使用类型、用海方式、用海面积、界址点坐标、审批时间及用海年限等。省、市级海域使用确权数据由省、市海域管理部门和监管中心实时更新到本级数据库，县级确权数据由市级海域管理部门和监管中心负责定期更新到市级数据库，并由海域使用动态监视监测业务管理系统自动实时更新到上级数据库。

海洋功能区划数据是指省、市、县现执行的海洋功能区划图件（矢量图）、登记表、技术报告和文本。海洋功能区数据应符合《海洋功能区划技术导则》（GB/T 17108—2006）的要求。海洋功能区划数据包含空间图形数据和属性信息数据两部分。主要属性信息包括：功能区划编码、功能区划名称、功能区划类别、功能区范围、功能区面积等。

地面监视监测数据是指在建项目跟踪监测和疑点疑区核查监测工作中所获得的数据资料，包括测量数据、资料、图像与影像等。其中疑点疑区数据是指通过巡查、举报和遥感监测发现的与海洋功能区划或用海权属不符的异常用海信息以及核查结果信息。地面监视监测数据由市级或省级监管中心负责采集并整理。通过海域使用动态监视监测业务管理系统自动上报国家监管中心，疑点疑区核查数据实时上报，在建项目跟踪监测数据每月更新一次。

卫星遥感数据是指根据海域使用动态监视监测工作需要购置的卫星遥感数据资料，包括各类遥感原始数据、融合与精校正之后的影像数据以及在此基础上分析提取的信息和制作的各类遥感专题图。提取的信息包括围填海、海上构筑物、浮式养殖、在建重大项目等海域使用现状信息以及岸线、海岛、河口、海湾等自然属性信息。国家监管中心负责卫星遥感影像的精校正、融合、镶嵌等预处理，并进行信息提取和专题图制作。低精度遥感数据每年更新四次，高精度遥感数据每三年更新一次。

航空遥感数据是在海域使用动态监视监测工作中由海监航空飞机获取的航空遥感数据资料，包括重点海域的航拍影像原始数据、经融合与精校正后的正射影像数据以及在此基础上分析提取的信息和制作的各类遥感专题图。航空遥感数据由中国海监总队负责采集并完成正射处理，国家监管中心负责航空遥感影像的信息提取和专题图制作，航空遥感数据每年更新一次。

分析与评价成果数据指对监视监测获得的数据进行综合分析与评价所形成的数据、图件及文本。国家监管中心负责全国及重点区域海域使用动态监测分析评价工作，地方应根据需要自行开展分析评价工作，其成果数据入库管理。

为了确保上述数据资料及时准确上报，地方各级系统软件将本省市海洋功能区划、地面监视监测和海域使用确权等数据一经确定完成入库，具有自动上报国家海域使用动态监管中心的功能。国家海域使用动态监管中心负责系统数据资料管理工作，并建立严格的资料接收、下发、登记制度，为自然资源部(国家海洋局)海域海岛管理司对系统运行监督检查提供翔实的依据。

二、网络管理

国家海域使用动态监视监管管理系统实行专网专用。国家海域使用动态监管中心负责传输网络运行的指导和协调；国家海洋技术中心负责传输网络业务化运行管理和技术指导，具体负责网管平台运行、传输网络安全、国家及省级传输网络运行和维护，指导省内传输网络运行；省、市级海域使用动态监管中心负责本级传输网络运行和维护。传输网络实行网络管理员运行保障机制，各级海域使用动态监管中心设立网络管理员，并报国家网管中心备案。网络管理员负责本级传输网络日常运行、维护等管理工作，主要包括：传输网络接入设备的正常运行及维护、管理，传输网络线路和系统的定期巡查，传输网络技术文档和日志档案管理等。国家网管中心负责对全国网络管理员进行定期培训。

海域使用动态监视监测管理系统传输网络地址由国家海洋技术中心负责统一规划分配，各级传输网络节点不得私自更改，且网络地址使用情况必须上报到国家海洋技术中心。国家网管中心建立传输网络可视化监控系统，负责全国传输网络运行状态、流量和接入设备的实时监控，并建立防病毒系统，制定统一防杀病毒方案，负责传输网络防病毒系统的升级、更新。出现传输网络故障后，值班人员应立即报告网络管理员开展处理，做好记录，并及时上报上级传输网络节点和国家网管中心。对于不能立即排除的故障，应立即通知国家网管中心以协助解决。

第七章

围填海管理制度

第一节 围填海管理概述

进入21世纪以来,随着我国沿海地区社会经济快速持续增长,城市化、工业化和人口向海岸带集聚趋势的进一步加快,沿海省(区、市)以占我国土地总面积13%的陆域承载着40%以上的人口,创造了60%以上的国内生产总值(GDP),特别是第二次工业化浪潮和土地紧缩情势下,土地资源不足和用地矛盾突出已成为制约沿海地区社会经济发展的主要问题。这种背景下,我国正掀起大规模围填海造地热潮,从北方的辽宁省到南方的广西壮族自治区,我国东南沿海各省、直辖市、自治区都实施规模不等的围填海造地工程,目的是建设工业开发区、滨海旅游区、新城镇和大型基础设施,拓展沿海地区生产和生活空间。

《海域使用管理公报》显示,从1993年开始实施海域使用权确权登记到2015年底,我国累计确权填海造地面积达到15.49万公顷。自"十一五"起,全国围填海造地总体呈增长趋势,为新中国成立以来我国围填海造地面积增长速度最快的时期,2009年全国围填海造地确权面积达到最高峰1.79万公顷。此后随着围填海计划管理制度的实施,围填海造地规模快速膨胀的趋势得到了抑制。"十二五"期间,全国累计确权填海造地面积5.66万公顷,比"十一五"期间减少1.06万公顷,年均围填海造地确权面积1.13万公顷。近十年我国围填海造地确权面积走势见图7-1。

围填海造地开发利用用途从港口建设为主,转至临海经济区和工业园区

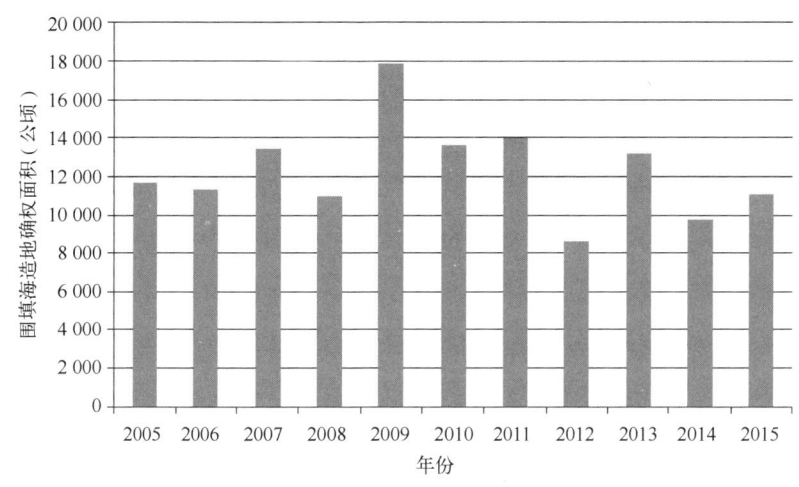

图 7-1　近十年来全国围填海造地确权面积走势

建设。例如为了承接首钢的沿海转移，曹妃甸工业园区规划围填海造地 31 000 公顷，至 2015 年已基本完成规划填海目标。天津滨海新区为拓展城市发展空间，规划围填海造地 25 000 公顷，目前已完成绝大部分规划目标。辽宁长兴岛临港工业园区规划围填海 11 397 公顷，一期完成填海造地 3 391 公顷。另外，江苏、浙江等省份开展了以发展现代农业，补占耕地平衡为目标的大面积农业围垦。

《中华人民共和国海域使用管理法》中明确规定："国家严格管理填海、围海等改变海域自然属性的用海活动"。《全国海洋功能区划（2011—2020 年）》中明确要求要"合理、适度围垦，严格保护沿海自然保护区"以及要"严格控制港湾区域的围垦活动"。多年来，我国围填海管理已经形成了区划统筹、规划引导、计划调节、科学论证、严格审批、强化监管的管理制度体系。

（1）区划统筹。2012 年批准实施的《全国海洋功能区划（2011—2020 年）》和此后相继批准实施的沿海 11 个省级（自治区、直辖市）海洋功能区划是国家和地方海域使用管理和海洋环境保护的重要依据。海洋功能区划专门划定了工业与城镇用海、港口航运、旅游休闲娱乐区，统筹布局了全国建设用围填海的规模与空间分布，所有建设用围填海项目都必须符合海洋功能区划，布局于相应的基本功能区。

（2）规划引导。对于连片开发、需要整体围填用于城镇建设或农业开发的海域，必须编制区域总体用海规划，引导区域内相关涉海项目集中布局于区域用海规划内，集约／节约利用海域资源。区域用海规划对区域内的建设项目进行整体规划和合理布局，确保科学开发和有效利用海域资源。区域用海规划分区域建设用海规划和区域农业围垦用海规划。

（3）计划调节。围填海活动实行年度计划管理，以省级行政区为单元，建立围填海年度计划指标台账制度，要求围填海规模必须限制在当年的围填海计划指标内。全国围填海计划，按程序纳入国民经济和社会发展年度计划。围填海计划包括建设用围填海指标和农业用围填海指标，不得混用。

（4）科学论证。所有围填海造地项目都必须开展海域使用论证和海洋环境影响评估，科学论证分析围填海项目的选址、规模、用途、布局及环境影响的适宜性，筛选掉选址不合理、用海规模过大、滥用岸线资源、严重破坏环境的围填海项目，实现科学用海。

（5）严格审批。完善围填海总量管控，除国家重大战略项目外，全面停止新增围填海项目审批。国家重大战略项目实施围填海项目，依据严格管控、生态优先、节约集约的原则，从严审核。新增围填海项目要同步强化生态保护修复，边施工边修复，最大程度避免降低生态系统服务功能。

（6）强化监管。建立了国家、省、市、县四级海域使用动态监视监测系统，加强围填海项目动态监测、竣工验收、后评估、围填海造地区域开发利用及闲置情况等管理，及时发现并通报违规违法围填海活动，并通过执法监察重点查处未经批准或擅自改变用途和范围等违法违规围填海行为，整顿围填海秩序。

2016年12月1日，中央全面深化改革领导小组第三十一次会议审议通过了《围填海管控办法》，是新时期我国围填海管理的第一个专门法规。2018年国务院印发了《国务院关于加强滨海湿地保护严格管控围填海的通知》（国发〔2018〕24号），要求严控新增围填海造地，加快处理围填海历史遗留问题，标志着我国围填海管理由事前审批阶段进入了事中事后综合监管阶段。

第二节 围填海动态监测与评价

围填海动态监测与评价是掌握围填海活动发展态势的基本途径。为了加强围填海管理，规范围填海项目海域使用动态监测工作，国家海洋局制定了《围填海项目海域使用动态监测管理办法》和《填海工程施工期海域使用动态监测技术规范》（暂行）等相关文件，对围填海工程海域使用动态监测工作制定了具体的规范和要求。围填海动态监测主要通过卫星遥感、无人机遥感、地面测量、远程视频等手段对围填海活动进行定期监测，获取围填海监测数据，并对围填海活动特点进行分析评价，为围填海管理提供决策依据。围填海动态监测与评价主要包括新增围填海监测与评价、围填海疑点疑区监测与分析、重点围填海项目动态监测与评价、围填海区域开发利用及闲置情况监测与评价等。

一、新增围填海监测与评价

采用遥感影像监测并提取海岸线矢量数据，将第一期遥感影像监测并提取的海岸线矢量数据与第二期遥感影像监测并提取的海岸线矢量数据进行空间叠加，寻找两期遥感影像提取的海岸线空间形态发生明显变化的区域。将两期海岸线空间形态发生明显变化区域转化成矢量空间图斑，并进行地面核实，剔除掉因自然冲淤、人为内挖、构筑物建设等原因形成的非新增围填海图斑，剩余图斑即为新增围填海图斑。

新增围填海分析与评价包括新增围填海空间位置分析、新增围填海面积分析、新增围填海图斑形态分析、新增围填海图斑用途分析等。

（1）新增围填海空间位置分析。将新增围填海矢量图斑数据与行政区划矢量数据空间叠加，逐一分析每一新增围填海图斑所处的省、市、县行政区域空间位置，统计分析每一行政区域的新增围填海图斑数量与面积，并与围填海造地权属数据空间叠加，分析哪些围填海造地审批项目已经动工实施，哪些围填海造地审批项目还没有动工实施。同时，也可将省级行政区年度新增围填海面积数据与围填海计划指标核对，分析哪些区域围填海年度计划指标未落实利用，哪些区域围填海面积超过年度计划指标。

（2）新增围填海面积分析。对新增围填海图斑面积进行计算统计，分析最大围填海图斑面积及位置，最小围填海图斑面积及位置，区域内的围填海图斑数量及平均围填海图斑面积。通过新增围填海图斑面积分析，结合确权数据，可以进一步剖析是否存在围填海项目拆分审批、越权审批等情况。

（3）新增围填海图斑形态分析。分析新增围填海图斑的空间形状及海岸线占用情况，顺岸凸堤式围填海分析占用海岸线长度及类型，单位海岸线的围填海强度；人工岛式围填海分析人工岛面积与新形成海岸线的比例关系，人工岛距离海岸线的最短距离；区块组团式围填海分析人工岛数量、面积，人工岛面积与区块围填海总面积的比例关系，人工岛之间的水域面积比例等。

（4）新增围填海图斑用途初步分析。结合高空间分辨率遥感影像，分析每一新增围填海图斑的可能用途，区域内围填海图斑用途多样性，围填海图斑用途与海洋功能区划的符合性等。

二、围填海疑点疑区监测与分析

围填海疑点疑区是指围填海活动监测中疑似违规违法的用海点和用海区，它主要用来反映围填海活动遵从项目用海批复要求的程度。围填海疑点疑区监测成果是围填海执法检查的重要线索，也是围填海管理效果的重要表征。围填海疑点疑区监测采用遥感监测、权属数据核对、地面核查等方法相结合。主要分为以下几个技术流程。

（1）遥感影像收集与新增围填海图斑提取。采用新增围填海监测方法监测提取新增围填海图斑。

（2）新增围填海图斑权属状况核对。将新增围填海图斑与围填海审批确权矢量图斑空间叠加，分析哪些新增围填海图斑与围填海审批确权矢量图斑符合，哪些图斑与围填海审批确权矢量图斑不符合。重点核对分析新增围填海图斑与围填海审批确权矢量图斑不符合情况，分别标注围填位置偏移、超面积围填、未批先填、非法围填等不同违规情况，制定围填海疑点疑区图斑目录。

(3)地面核实。将围填海疑点疑区图斑目录下发到图斑所在市县级海洋行政主管部门及县级海域使用动态监管中心，由他们对每一围填海疑点疑区图斑进行地面监测核实，确定为围填海疑点疑区图斑。

(4)编制围填海疑点疑区监测成果。将各围填海疑点疑区图斑位置、用海现状、用海面积、周边用海信息及用海变化趋势等进行综合分析，编制海域使用疑点疑区图集及报告。

(5)围填海疑点疑区监测结果信息反馈与结果入库。以图集和简报等多种形式及时将围填海疑点疑区监测成果报送海洋行政主管部门和海洋执法机构，作为海洋行政主管部门行政管理决策依据，海洋执法机构执法检查线索。

三、重点围填海项目动态监测与评价

重点围填海项目动态监测与评价主要对重点围填海项目或大规模围填海区域，采用高空间分辨率卫星遥感影像或无人机遥感影像，定期进行动态监测与评价，目的是及时准确地获取围填海项目的施工位置、施工范围、施工方式、围填进度、围填面积等数据，为管理部门掌握围填海项目施工过程、优化围填海管控政策提供依据。

(一)重点围填海项目动态监测

重点围填海项目动态监测多采用空间分辨率优于5.0米的高空间分辨率遥感影像作为数据源，按照以下步骤进行。首先，根据重点围填海项目或大规模围填海区域的施工计划，在施工期内定期收集覆盖围填海造地区域的遥感影像，一般每月或每季度或每半年收集一期覆盖围填海监测区域的高空间分辨率遥感影像，挑选影像图面质量好的遥感影像进行几何精校正等预处理，作为重点围填海项目施工进展动态监测的基本数据源；其次，详细观测每期遥感影像获取的重点围填海项目用海影像特点，提取每期遥感影像上的填海区域、围海区域、围堰等信息，分别计算填海面积、围海面积、围堰长度等数据；第三，将重点围填海项目确权审批矢量图斑与重点围填海项目动态监测图斑叠加，分析重点围填海项目的施工进展。

(二)重点围填海项目分析评价

重点围填海项目分析评价包括围填海项目施工速度评价、围填海项目施工进度评价。围填海项目施工速度评价主要评价单位时间(月、季、年)围填海造地的施工速度,可用单位时间内围填海造地的面积表示。可采用本期遥感影像监测的围填海造地面积减去上期遥感影像监测的围填海造地面积之差,再除以两期遥感影像获取之间时间计算。围填海项目施工进度评价主要反映围填海造地施工的进度情况,可采用遥感影像监测的围填海造地面积与围填海造地项目的批准用海面积之比表示。由于围填海造地用海面积是按照围填海造地外侧围堰的坡角线开始计算,而遥感影像监测到的围填海造地面积多为瞬时水边线。但大部分围填海造地外侧围堰坡度都比较陡,围堰外坡占用的海域面积与大规模的围填好造地总面积相比,比例很小。

四、围填海开发利用情况及闲置情况监测与评价

围填海区域开发利用监测与评估主要用来反映围填海区域开发利用类型、用途及空间布局,道路等基础设施建设情况,绿地、水系、湿地等生态用海方案落实情况,围填海区域总体开发利用程度,围填海区域闲置情况及面积等,为围填海区域海陆统筹管理等提供技术依据。开展围填海区域开发利用监测与评估对加强我国海域使用事中事后监管、推动围填海后评估工作落地实施具有重要的技术应用价值。

索安宁等根据围填海区域的开发利用状态及用途方向,将围填海区域地表状态划分为工业区、城镇区、旅游区、港口区、低密度建设区、道路、绿地、水系、湿地以及围而未填区域、填而未建区域等。围填海区域各类地表类型特征描述见表7-1。

表7-1 围填海区域地表状态分类及其特征描述

序号	地表类型	特征描述
1	工业区	各类工业生产、储存设施建设区域
2	城镇区	城镇居住、商业、服务业、基础设施建设区域,包括居民小区、商业与服务业建筑等

续表

序号	地表类型	特征描述
3	旅游区	滨海旅游、休闲、娱乐的观景区、休憩区、娱乐区及其附属各类设施建设区
4	港口区	港口码头货物装卸区、储藏放置区以及运输通道及服务港口码头运营的各类基础设施建设区
5	水系	呈条带状连通海洋的各类泄洪、纳潮、排污渠道
6	绿地及湿地	围填海区域内的绿化林、灌丛、草坪、湿地等区域
7	低密度建设区域	开发建设面积比例低于50%的围填海形成土地区域
8	围而未填区域	近期新修筑了围堰而没有围填成陆，仍保持池塘水域的区域
9	填而未建区域	已由水域填充成为土地而还没有开发建设的区域，地表多覆盖草本植被或直接裸露

围填海区域开发利用监测需要采用高空间分辨率卫星遥感影像或无人机遥感影像，根据围填海区域地表类型特点，采用面向对象的分类技术，对高空间分辨率遥感影像进行分类，将围填海区域划分为如表7-2所示的地表类型。采集地面验证点，对分类结果进行精度验证，保证卫星遥感影像的分类准确率达到90%以上。统计分析围填海区域开发利用情况，包括建设开发区域斑块数量与面积，生态空间类型、斑块及面积，围填海闲置区域分布、位置、面积及闲置状态，作为管理决策依据。

根据围填海区域开发利用规模与面积比例情况，构建围填海区域开发利用指数，作为围填海区域开发利用情况的定量评估指标。围填海区域开发利用指数计算方法如下：

$$KF = \sum_{i=1}^{n} w_i \left(\frac{\sum_{j=1}^{m} a_{ij}}{A} \right) \qquad (7.1)$$

式中，KF 为围填海区域开发利用指数，w_i 为围填海区域第 i 地表类型权重，A 为围填海区域总面积，a_{ij} 为围填海区域第 i 个地表类型第 j 个开发利用斑块面积。围填海区域开发利用指数 KF 越大，说明围填海区域开发利用程度越高。各类围填海区域地表类型的权重采用专家问卷调查法确定，具体见表7-2。

表 7-2　各类围填海区域地表类型权重表

围填海区域地表类型	权重	围填海区域地表类型	权重
工业区	1.0	城镇区	1.0
旅游区	1.0	港口码头区	1.0
水系	1.0	绿地与湿地	1.0
绿地及湿地	1.0	低密度建设区	0.60
围而未填区域	0.20	填而未建区域	0.40

第三节　围填海竣工验收

围填海项目竣工海域使用验收（以下简称围填海项目竣工验收）是指围填海项目竣工后，海洋行政主管部门对海域使用权人实际围填海界址和面积、执行国家有关技术标准规范、落实海域使用管理要求等事项进行的全面检查验收。围填海竣工验收工作是防止违规违法围填海域的最后"阀门"，也是国家全过程监督管理围填海活动的末尾环节，在围填海域使用管理工作中发挥了关键作用，对集约/节约利用海域空间资源、维护海域使用秩序具有十分重要的意义。

根据《中华人民共和国海域使用管理法》第三十二条规定："填海项目竣工后形成的土地属于国家所有，海域使用权人应当自填海项目竣工之日起3个月内，凭海域使用权证书，向县级以上人民政府土地行政主管部门提出土地登记申请，由县级以上人民政府登记造册换发国有土地使用权证书，确认土地使用权"。为履行海域使用管理法、规范围填海项目竣工验收工作，国家海洋局先后颁布了《海域使用权登记办法》《填海项目竣工海域使用验收管理办法》《海域使用面积测量规范》等一系列配套法规文件及规范，建立了较为齐全的围填海竣工验收管理技术体系。

国家和省级海洋行政主管部门是围填海项目竣工海域使用验收组织单位，依据围填海项目海域使用权批复文件、《中华人民共和国海域使用管理法》《海域使用权管理规定》《海籍调查规范》等相关文件、法律、法规、技术规范对围填海项目竣工后海域使用状况进行验收审查。围填海项目竣工海域使用验收内容主要包括：①海域使用权人实际围填海面积、范围、用途、高程等情况；②海域使用动态监测开展情况；③相关利益者协调落实情况；④海域使用管理要求、措施落实情况；⑤有关海域使用法律、法规、技术标准、规范等执行的其他情况。

索安宁等提炼的围填海项目竣工海域使用验收主要流程如下。

(1)围填海项目竣工海域使用验收准备。围填海项目竣工海域使用验收应准备以下材料：①围填海项目施工单位提交的交工报告、工程竣工图；②围填海项目工程监理单位提交的监理报告；③海域使用动态监测单位提交的海域使用动态监测报告；④有完整的技术档案和施工管理资料。

(2)围填海项目竣工海域使用验收申请。围填海海域使用权人在围填海项目工程竣工后，申请开展围填海项目竣工海域使用验收工作。申请时需要提交的材料包括：①围填海项目竣工海域使用验收申请；②围填海施工海域使用动态监测报告；③围填海项目验收总报告，包括项目建设、设计、施工、监理及利益相关者关系处理落实等情况；④填海工程竣工图；⑤海域使用权证书及海域使用金缴纳凭证的复印件；⑥填海造地后拟开发建设项目的相关资信证明文件；⑦其他需要提供的文件、资料。

(3)围填海项目竣工海域使用验收申请材料初审。围填海项目竣工海域使用验收组织单位对验收申请材料进行初审，主要审查提交的验收材料是否完备、各项验收材料是否符合验收工作的技术要求等。通知符合围填海项目竣工验收要求的海域使用权人开展竣工验收海籍测量工作。初审过程中如果发现验收材料不符合验收工作的相关要求，及时要求围填海海域使用权人完善申请材料。

(4)围填海项目竣工海域使用验收测量。围填海项目海域使用权人委托竣工验收组织单位认可的、具有海洋测绘或海籍测量资质的技术单位开展围填海项目竣工海域使用验收现场测量工作，并编制验收现场测量报告。承担海域使用论证工作的技术单位和海域使用动态监测单位不能承担同一项目竣工海域使用验收测量工作。围填海项目竣工海域使用验收测量工作包括实际填海界址(包括平面坐标和高程)、填海面积测量;实际填海与批准填海的界址和面积对比分析;绘制相关图件;其他需要说明的情况。

(5)下达围填海项目竣工海域使用验收通知书。围填海项目竣工验收组织单位对竣工验收现场测量报告进行审查,符合相关技术要求后,下达围填海项目竣工海域使用验收通知书。对于超出批准范围围填海面积较大的、违法情节严重的,应当将超填的土地没收,并按照相关法律规定进行处理。超出批准范围围填海面积交大的情形如下:①批准填海面积在50公顷以下,实际填海面积超过批准填海面积1%以上;②批准填海面积50~100公顷的,实际填海面积超过批准填海面积0.8%以上;③批准填海面积在100公顷以上,实际填海面积超过批准填海面积0.5%以上。

(6)围填海项目竣工海域使用现场检查。围填海项目竣工海域使用验收组织单位组织项目所在省(区、市)及市(县)有关行政主管部门和与本围填海项目无利害关系的测量专家成立验收工作组。围填海验收工作组的主要任务包括:①对围填海项目进行现场检查,听取海域使用权人、施工单位、验收测量单位等的报告;②审议验收测量单位提出的验收测量报告;③审查施工过程海域使用动态监测报告;④检查国家和行业有关技术、标准和规范的执行情况;⑤对竣工验收中的主要问题,作出处理决定或提出解决意见;⑥通过竣工验收报告,签署竣工验收意见书。

(7)换发土地使用权证书。围填海项目竣工验收通过,海域使用权人凭海域使用权证书及竣工验收合格通知书文件,向县级以上人民政府海洋行政主管部门提出登记申请,由县级以上人民政府登记造册,领取国有土地使用权证书,确认土地使用权。验收不合格的围填海项目,竣工验收组织单位发出限期整改通知书,要求海域使用权人限期整改,整改期满后重新提出竣工验收申请。海域使用权人没有整改或整改后仍存在问题的,移交海洋执法机构按照《中华人民共和国海域使用管理法》第四十二条及相关法律规定进行处理。

第四节 围填海后评估

围填海后评估是指围填海项目实施完成并正式投入生产运营一段时间以后,通过对围填海项目实际发生的社会效益、经济效益和环境影响进行调查研究,并同该围填海项目海域使用论证报告中的预测评估成果进行对比,复核围填海项目对社会、经济和环境影响的实际发生情况和动工前的海域使用论证报告中预测结果的差异。一方面重新评估海域使用论证报告中的预测成果和评估的合理性;一方面对围填海项目实施后的实际社会效益,经济效益和环境影响进行综合的评估。通过围填海后评估全面反映围填海项目对海域的实际影响和补偿措施的有效性,分析项目实施前一系列预测和决策的准确性和合理性,发现出现的问题和误差的原因,从而提高相关企业和涉海管理部门的决策水平,为改进围填海项目管理、海洋环境保护提供科学依据。围填海后评估工作可以看做是海域使用论证工作的延续,可有效维护脆弱的海岸带生态环境,是海洋经济可持续发展应运而生的一种必然产物,是保证海洋经济可持续发展的一种有效手段。

一、围填海后评估的目的

1. 验证海域使用论证预测成果

围填海海域使用论证是在围填海项目实施前,在调查研究和分析预测的基础上提出的,其项目决策是否正确,预测方法是否合理,数模和物模的应用是否正确,结论及预测是否正确,均需要在围填海项目的实际运营状况中进行检验。通过围填海项目后评估,将围填海项目实施后实际产生的社会、经济和环境影响与海域使用论证预测评估的成果相对照,以验证海域使用论证评估方法的合理性和评估结论的正确性。

2. 为进一步加强围填海管理提供科学依据

围填海项目实施完成并运行一段时间后,其所引起的社会、经济和环境影响将逐渐显现出来,围填海项目后评估可以通过调查围填海项目实施后社会、经济和环境的变化情况，分析其中的变化趋势，找出实际存在的有利影响和不利影响因素，提出进一步改进围填海管理的有利影响和减小不利影响的措施，为进一步加强围填海的管理提供科学依据。

3. 从中总结经验，吸取教训，为其他区域围填海项目设计和后评估提供借鉴

围填海项目一般为高投入、高风险、规模大、影响范围广、影响因子多，其对社会贡献、经济效益和环境影响预测评估比较困难。通过围填海项目后评估，能够高度概括并归纳项目在技术、经济、环境、管理等方面的主要成功经验和值得重视和吸取的教训，可以探索海域使用论证评估的理论和方法，使预测方法更为合理，评估结果更加符合实际。围填海项目后评估成果，还可为同类项目的海域使用论证评估和围填海项目设计提供借鉴。

4. 检查围填海监测设施的运行情况，为监测项目的调整和优化提供依据

围填海工程动态监测站网设计中，监测项目是根据原有的环境条件在预测评估的基础上进行设置的，与工程运行后的状况可能存在差异，工程投入生产运行后，自然环境条件和社会环境条件也在发生变化，需要根据新的环境状况对原来的监测站网设计进行检验。围填海评估过程中，对工程投入生产运行后的社会贡献、经济效益和环境状况进行系统的调查研究，对影响因子作全面的了解，对监测数据进行系统分析，在此基础上，对该围填海项目监测站网进行合理的调整和优化。

5. 检查围填海项目实施的社会、经济、环境综合效益，为后期规划的审批提供依据

通过围填海项目后评估，综合检查评估围填海项目实施的功能定位、空间布局、平面设计与原规划的符合性；围填海项目实施的海域节约、集约状况，围填海项目实施的社会、经济效益；围填海项目实施对敏感环境目标的实际影响以及围填海项目实施的利益相关者处理情况。全面分析围填海项目实施的综合效益，为海域管理部门对后期规划的审批提供依据。

6. 促进海洋经济合理布局，强化海洋功能区划管理

围填海后评估不仅要成为海域使用论证的一部分，而且要将其看做是围填海项目实施程序中的一个重要阶段，使其真正成为海洋资源使用管理制度的一个有机体，一方面可有效促进海洋经济的健康稳定持续发展，推动海洋产业结构的不断完善，优化区域海洋经济布局；一方面可强化海洋功能区划的实际效能，加强各用海单位的海洋环境保护意识，培养人民大众的海洋战略意识，使我国海洋产业经济不断持续健康发展。

二、围填海后评估的主要内容及方法

围填海后评估内容包括围填海海域使用经济效益评估，围填海海域使用社会效益评估，围填海海域使用生态环境影响评估，围填海开发利用状况评估及围填海海域使用管理措施落实情况评估等。

1. 围填海海域使用经济效益评估

围填海项目海域使用经济效益评估主要通过定量计算围填海项目投资总额、围填海造地溢价、围填海项目经济产值及经济驱动收益，测算围填海项目投入产出率，最终得到围填海项目海域使用经济效益评价值。

围填海项目海域使用经济效益计算公式如下：

$$E = \left(1 - \frac{1}{TC}\right) \times 3 \tag{7.2}$$

式中，E 为围填海海域使用经济效益指数，TC 为投入产出率。

投入产出率为围填海项目的总产出与总投资的比例，计算方法如下：

$$TC = \frac{V_y + V_c + V_j}{T_0} \tag{7.3}$$

式中，T_0 为围填海项目总投资额，V_y 为围填海造地溢价，V_c 为围填海项目经济产值，V_j 为围填海项目经济驱动收益。

(1) 围填海项目总投资为围填海项目建设投资、流动资金投资和建设期间投资资金利息的总和，计算方法如下：

$$T_0 = \sum_{t=1}^{m} K_t \tag{7.4}$$

式中，K_t = 建设投资+流动资金投资+建设期利息，K_t 为第 t 年的投资额，m 为完成投资的年份。

(2) 围填海造地溢价是指围填海项目形成土地的价值与填海项目投资成本

之间的价值溢余，计算方法如下：

$$V_y = S \cdot P - HJ - TB \tag{7.5}$$

式中，S 为围填海形成土地面积，P 为毗邻区域单位土地的平均市场价格，HJ 为围填海项目缴纳海域使用金总额，TB 为围填海项目除海域使用金缴纳以外的所有成本。

(3) 围填海项目经济产值是指围填海项目形成土地开发运营后生产活动所产生的经济产值，计算公式如下：

$$V_c = \sum_{t=1}^{n} A_t \tag{7.6}$$

式中，A_i 为第 i 年的纯收益；n 为生产运营的年份。

(4) 围填海项目经济驱动收益是指围填海项目固定资产投资拉动所在区域国民经济增长的发展收益，计算公式如下。

$$V_j = \frac{T_0}{p} \tag{7.7}$$

固定资产投资对国民经济的贡献率为评估区域固定资产投资增加值与同期国民经济增长量的比值，围填海项目固定资产投资额见上文的围填海项目投资总额。

2. 围填海海域使用社会效益评估

围填海项目海域使用社会效益评估是对围填海项目运营后新增的就业人数、从业人员收入、纳税、基础设施条件、绿地、公众亲海空间以及社会公众认可等社会发展贡献情况的评估。围填海项目海域使用社会效益评估计算公式如下：

$$SJ = Q_j \cdot W_{s1} + Q_s \cdot W_{s2} + Q_p \cdot W_{s3} \tag{7.8}$$

式中，SJ 为围填海海域使用社会效益指数；Q_j、Q_s、Q_p 分别是就业贡献值、收益贡献值、公众认可度，W_{s1}、W_{s2}、W_{s3} 是权重，分别取 0.30、0.30 和 0.40。

(1) 就业贡献。就业贡献采用直接就业效果与区域就业效果的比值计算，其中直接就业效果是指项目直接提供的新增就业人数与本项目直接投资额的比例；区域就业效果为区域就业人数与区域全社会固定资产投资额的比例，计算方法如下：

$$Q_j = \frac{Z_j}{R_j} \tag{7.9}$$

$$Z_j = \frac{P_j}{T_0} \tag{7.10}$$

$$R_j = \frac{RP_j}{T_s} \tag{7.11}$$

式中，Z_j 为直接就业效果，R_j 为区域就业效果，P_j 为围填海项目引导的新增就业人口，T_0 为围填海项目总投资，T_s 为区域全社会固定资产投资额，RP_j 为区域就业人口。

Q_j 大于等于 1.0，赋值 3.0；Q_j 处于 0.80~1.0 之间，赋值 2.0；Q_j 处于 0.60~0.80 之间，赋值 1.0；Q_j 小于等于 0.60，赋值 0。

(2) 收益贡献。收益贡献是指项目运营后对税收、就业收入的贡献与区域社会收益贡献平均水平的差异程度，计算方法如下：

$$Q_s = \frac{项目收益贡献率 - 区域收益贡献率}{区域收益贡献率} \times 100\% \tag{7.12}$$

$$项目收益贡献率 = \frac{项目上缴税收 + 项目职工收入}{项目总收益} \times 100\% \tag{7.13}$$

$$区域收益贡献率 = \frac{区域税收总额 + 区域工资总额}{区域 GDP} \times 100\% \tag{7.14}$$

Q_s 大于等于 50%，赋值 3.0；Q_s 处于 25%~50% 之间，赋值 2.0；Q_s 处于 0~25% 之间，赋值 1.0；Q_s 小于等于 0，赋值 0。

(3) 社会公众认可度。社会公众认可度评估采用对填海项目附近社会公众发放调查问卷的方法，调查不同职业、不同年龄的人群对填海项目的满意度。社会公众认可度调查问卷见表 7-3。

$$Q_p = \frac{\sum_{i}^{n} 第 i 项调查内容评分}{n} \tag{7.15}$$

表 7-3 社会公众认可度调查问卷

赋分	3	2	1	0
对亲海空间的影响	效益相当明显，能起到示范作用	效益明显，对社会能产生有利影响	具有一定效益，但有待进一步改善	效益不明显，产生一定负面影响
对正常生产生活环境的影响	废水、废气与废物排放未造成直观影响，不易察觉，排放区域的土壤、排污口的水域等无可见变化	废气与废物排放可见，废水排放未见，均无异味，排放区域的土壤、排污口的水域等有轻微变化	废气、废水与废物排放可见，且有异味，排放区域的土壤、排污口的水域等发生明显颜色气味变化，河流或入海口处生物减少	废气、废水与废物排放明显可见，且有异味，并感有不适，排放区域的土壤、排污口的水域等发生明显颜色气味变化，河流或入海口处生物消失
对生活基础设施改善	生活基础设施改善，促使生活更加便利	生活基础设施有明显改善	生活便利条件未见明显改善	生活便利条件恶化
是否接受项目的实施	接受为 1，不接受为 0			

3. 围填海项目海域使用生态环境影响评估

围填海项目海域使用生态环境影响评估采用定量分析和定性描述相结合的方法评价填海项目的生态环境影响、污染物排放水平、生态建设落实情况、整治修复落实情况以及环境保护措施落实情况。围填海项目生态环境影响评估分级赋值见表 7-4。

表 7-4 围填海项目生态环境影响分级赋值

赋分	3	2	1	0
生态环境影响	改善了区域海洋生态环境与泥沙冲淤，符合环评与论证报告	无明显生态环境与泥沙冲淤影响，符合环评与论证报告	局部出现生态环境或泥沙冲淤影响，部分符合环评与论证报告	出现明显生态环境或泥沙冲淤影响，不符合环评与论证报告
污染物排放水平	$\leq n$，且各项分指标都小于 1.0	$\leq n$，各项分指标不同时小于 1.0	$(n, 2n]$	$> 2n$
生态空间实现率	≥ 1	1	0.8~1	< 0.8

续表

赋分	3	2	1	0
整治修复实现率	大于等于1	0.6~0.8	0.4~0.6	0~0.4
环境保护措施落实	2.5~3	2~2.5	1~2	0~1

(1)生态环境影响。

采用现场踏勘、调查测量、公众问卷等方法,分析填海项目实施后对:①周边滨海湿地、渔业资源、海洋生物、典型生态系统等生态影响、破坏与改变情况;②周边海域水体环境质量、底质环境质量的影响与改变情况;③水沙冲淤引起周边地形地貌景观、海岸线进退、海岸线破坏与占用情况的影响与改变情况。与海洋环境影响评价报告书、海域使用论证报告中的有关内容进行符合度对比分析。

(2)污染物排放水平。

收集围填海项目区域内建设运营企业的各类污染物排放量,计算填海项目各类污染物排放水平的公式如下:

$$P_r = \sum_{i=1}^{n} P_{ri} \tag{7.16}$$

$$P_{ri} = \frac{p_{ri}}{p_{0i}} \tag{7.17}$$

式中,P_r 为污染物排放水平,P_{ri} 为第 i 项污染物排放水平,n 为项目排放污染物种类数,p_{ri} 为第 i 项污染物实际排放量,p_{0i} 为第 i 项污染物允许排放量。

(3)生态空间实现率。

这里的生态空间包括围填海项目用海范围内的人工湿地、水系、绿地等。绿地包括公共绿地、防护绿地、建(构)筑物周边绿地等。对比围填海项目实施后的生态空间面积占比与海域使用论证报告生态用海方案中的生态空间面积占比,分析填海项目用海范围内生态空间建设的实现情况。具体计算公式如下:

$$ES = \frac{\dfrac{\sum_{i=1}^{n} a_i}{S}}{\dfrac{\sum_{j=1}^{m} A_j}{S_0}} \quad (7.18)$$

式中，ES 为生态空间实现率，a_i 为围填海项目完成后第 i 块生态空间斑块的面积，n 为围填海项目完成后围填海区域内生态空间斑块总数量，S 为围填海项目形成土地总面积，A_j 为围填海项目设计的第 j 类生态空间面积，m 为围填海项目设计的生态空间类型数量，S_0 为围填海项目设计形成的土地面积。

（4）生态修复措施落实。

生态修复措施包括海岸线生态修复和海域生态修复，海岸线生态修复的量化指标为整治修复海岸线长度，海域生态修复的量化指标为整治修复海域面积。对比分析填海项目实施后海岸线和海域生态修复的落实指标与海域使用论证报告生态用海方案中的相应的海岸线、海域生态修复设计指标，计算生态修复实现率如下：

$$ER = \frac{\left(\dfrac{ER_c}{ER_{c0}} + \dfrac{ER_a}{ER_{a0}}\right)}{2} \times 100\% \quad (7.19)$$

式中，ER 为生态修复实现率，ER_c 为海岸线生态修复实际长度，ER_{c0} 为海岸线生态修复原设计长度，ER_a 为海域整治修复面积，ER_{a0} 为海域整治修复原设计面积。

（5）环境保护措施落实。

采用定量赋值方法，对围填海项目环境影响跟踪监测实施情况、环境管理措施落实情况进行分析评估。围填海项目环境影响跟踪监测与环境保护措施落实情况定量赋值方法见表 7-5。

表 7-5 填海项目环境保护管理措施落实情况赋值表

评估指标	定性描述	标准赋分
环境影响跟踪监测	开展了海洋环境影响动态监测工作	3
	开展了半程海洋环境影响动态监测工作	1.5
	没有开展海域使用动态监测跟踪工作	0

续表

评估指标	定性描述	标准赋分
环境管理措施制定	制定了环境管理预案并按照预案执行了环境管理措施，未出现环境问题的	3
	制定并执行了环境管理预案，但由于执行不严格出现了环境问题的	2
	制定并执行了部分环境管理预案，未出现环境问题的	1
	没有制定环境管理预案，没有落实论证报告中的环境管理措施，出现环境问题的	0

环境措施落实情况计算公式如下：

$$环境保护措施落实 = \frac{环境影响跟踪监测 + 环境管理措施落实}{2} \quad (7.20)$$

4 围填海海域使用管理落实情况分析

采用现场踏勘、资料审核等方式，对项目海域使用论证报告中提出的竣工验收要求、海洋功能区划管理要求、开发协调性落实要求、风险防范要求、动态监管要求等相关管理措施落实情况进行逐项分析，按照表7-6方法进行分级赋值，并计算管理要求落实评估值，具体如下。

$$M = \frac{\sum_{i}^{5} 第\,i\,项管理要求执行评分}{5} \times 3 \quad (7.21)$$

式中，M 为管理措施落实指数。

表 7-6 管理要求执行情况各项指标评判表

赋分	1.0	0
竣工验收要求	通过竣工验收	未开展或未通过
区划管理要求	符合	不符合
开发协调要求	完全协调	其他情况
风险防范要求	制定风险预案并执行	
动态监管要求	落实运营期的监督管理措施，配合海域使用动态监视监测工作	

(1)竣工验收要求。

主要审核项目竣工验收相关材料,分析项目竣工验收落实情况。

(2)区划管理要求。

主要分析评估填海项目海域使用论证报告中提出的用途管制、用海方式控制要求,保障生态保护重点目标安全等对策措施的执行情况。

(3)开发协调要求。

主要分析评估填海项目利益相关者协调方案的落实情况,是否仍存在重大利益冲突和社会问题。

(4)风险防范要求。

主要分析评估填海项目用海应采取的风险防范对策措施的落实情况。如,是否制定应急预案,应急预案是否包括应急组织、反应程序及应急设施和器材类型、规格和数量,配置地点等。

(5)动态监管要求。

主要分析评估填海项目是否按照要求的监测方法和频次开展海域使用动态监视监测,对重点内容实施监督管理。

5. 围填海海域使用综合评估

运用多因素综合评价法和逻辑分析法,将海域使用经济效益(E)、海域使用社会效益(S)、海域空间资源利用(R)、生态环境效益(N)、管理要求执行情况(M)评价结果进行综合分析,获得围填海项目海域使用综合评价(Z)结论,评估围填海项目整体的实施效果,围填海海域使用后评估各项评价指标分级见表7-7。

表7-7 各项评价分等级表

评估等级	好	较好	一般	差
海域使用经济效益指数	2.7~3	2.4~2.7	1.8~2.4	0~1.8
海域使用社会效益指数	2.4~3	1.8~2.4	1.5~1.8	0~1.5
生态环境效益指数	2.4~3	1.8~2.4	1.5~1.8	0~1.5
管理措施落实指数	2.7~3	2.1~2.7	1.8~2.1	0~1.8

若有以下情况,分项评估结果需按下面要求调整:

(1)海域使用社会效益评价中,若社会公众认可度为"差",则海域使用社会效益评价结果为"0"。

(2)生态环境效益(N)评价中,若影响调查评估指标评价等别为"差"时,生态环境效益评价结果为"0"。

(3)管理要求执行情况评价中,若竣工验收要求、区划管理要求任一指标评价结论为"差"时,则管理要求执行情况评价结果列为"0"。

综合评估结论划分为好、较好、一般、差四个等级。四个评估指标中经济效益和社会效益评估结果都为差,综合评估结论为差;经济效益和社会效益有任何一项评估结果为较好,综合评估结论为较好;经济效益和社会效益有任何一项评估结果为好,综合评估结论为好。在管理措施落实和生态环境效益中有任何一个评估结果为差,综合评估结论为差。

第八章

海岸线综合管理制度

第一节 海岸线分类体系

海岸线是海洋与陆地的分界线,它的更确切的定义是海水向陆到达的极限位置的连线。由于受到潮汐作用以及风暴潮等影响,海水有涨有落,海面时高时低,这条海洋与陆地的分界线时刻处于变化之中。因此,实际的海岸线应该是高低潮间无数条海陆分界线的集合,它在空间上是一条带,而不是一条地理位置固定的线。为了管理操作的方便,相关部门和专家学者将海岸线定义为平均大潮高潮时的海陆分界线的痕迹线,一般可根据当地的海蚀阶地、海滩堆积物或海滨植物确定。目前,平均大潮高潮线已经作为国家行政管理权和司法管辖权实现的地理范围界线,海陆分界线向海的部分即海域,适用于海洋有关的法律法规,由涉海行政主管部门进行管理。国务院有关涉海部门也依据各自的职责和法律法规,将大潮高潮线以下海域作为海域进行管理。如高潮线以下海域的海上交通安全管理,由海事行政主管部门负责,有关案件也是由海事法院进行管辖。索安宁等对海岸线分类进行了系统梳理,具体如下。

一、根据海岸线自然属性改变与否分类

根据海岸线自然状态的改变与否,将海岸线划分为自然海岸线和人工海岸线。自然海岸线是指保持自然海岸属性特征,没有受到人类活动改变形态与属性的海岸线,如自然砂质海岸线、自然淤泥质海岸线、自然基岩海岸线

等。自然海岸线在空间形态上一般具有形态曲折、走向自然，位置相对固定等特点。人工海岸线是指通过修筑人工构筑物等方式，形成的具有人工构筑特点的海岸线，如防潮堤、防波堤、码头等。人工海岸线在空间形态上具有走向平直、滩坡陡峭等特征。

对于自然海岸线，长期以来一直没有具体的界定，在海洋管理工作中一般将潮间带至最大高潮线以上没有人工非透水修筑物，保持海岸自然状态的岸线看做自然海岸线，相反如果在潮间带至最大高潮线之间存在人工修筑的海堤、防浪堤、防蚀堤等非透水堤坝，则看做人工海岸线。

二、根据海岸线底质与空间形态分类

自然海岸线根据其海岸底质特征与空间形态，可划分为基岩海岸线、砂质海岸线、淤泥质海岸线、生物海岸线和河口海岸线。

1. 基岩海岸线

基岩海岸线的潮间带底质以基岩为主，是由第四纪冰川后期海平面上升，淹没了沿岸的基岩山体、河谷，再经过长期的海洋动力过程作用形成岬角、港湾相间的曲折岸线。基岩海岸线曲折度大，岬角突出海面、海湾深入陆地。岬角岸段一般以侵蚀为主，侵蚀下来的物质在波浪和海流的作用下，被输移到海湾岸段堆积。基岩海岸岸坡陡峭，奇峰林立，怪石嶙峋，海水直逼悬崖，海岸景观秀丽。

2. 砂质海岸线

砂质海岸线的潮间带底质主要为沙砾，是由粒径大小为 0.063~2 毫米的沙、砾等沉积物质在波浪的长期作用下形成的相对平直岸线。砂质海岸线多具有包括水下岸坡、海滩、沿岸沙坝、海岸沙丘及潟湖等组成的完整地貌体系。它多发育于基岩海湾的内缘或直接毗连于海岸台地(平原)前缘。砂质海岸形成时代可追溯至晚更新世，其规模取决于海岸轮廓、物质来源和海岸动力等因素。砂质海岸沙滩细软、日光明媚、海水清澈、环境优美。

3. 淤泥质海岸线

淤泥质海岸线的潮间带底质基本为粉沙淤泥，是由粒径为 0.01~0.05 毫米的泥沙沉积物长期在潮汐、径流等动力作用下形成的开阔岸线。淤泥质海岸线多分布在由大量细颗粒泥沙输入的大河入海口沿岸。淤泥质海岸地势平坦开阔，海滩宽达几千米，甚至十几千米，是滨海滩涂湿地的主要集中分布区。淤泥质海岸滩涂宽阔，水浅滩平，便于围塘，多被开发为养殖池塘、盐场。

4. 生物海岸线

生物海岸线的潮间带是由某种生物特别发育而形成的一种特殊海岸空间。生物海岸线多分布于在低纬度的热带地区，主要有红树林海岸线、珊瑚礁海岸线、贝壳堤海岸线等。生物海岸资源丰富，环境脆弱，奇特珍稀，多被选划为海洋自然保护区等保护区域。

5. 河口海岸线

河口海岸线分布于河流入海口，是河流与海洋的分界线。河口海岸线一般从河流入海河口区域的陡然增宽处划过，有些河口形状复杂，需要根据具体的地形特征、咸淡水混合区域、管理传统等确定。

三、根据海岸线使用功能用途分类

随着海洋开发活动的不断拓展，海岸线使用强度和规模不断扩大，海岸线使用功能类型也日益多样。根据海岸线毗邻海域、陆域的使用功能用途，可将海岸线划分为渔业岸线、港口码头岸线、临海工业岸线、旅游娱乐岸线、矿产能源岸线、城镇岸线、保护岸线、特殊用途岸线、未利用岸线9类功能用途类型。

1. 渔业岸线

渔业岸线指用于渔业生产和重要渔业品种保护的海岸线，包括用于渔港和渔业设施基地建设、养殖、增殖、捕捞生产，以及重要渔业品种的产卵场、索饵场、越冬场和洄游通道等功能用途的海岸线。渔业岸线是我国目前使用功能用途最广的一类海岸线，在辽东湾、莱州湾、江苏沿海、北部湾等区域广泛分布。

2. 港口码头岸线

港口码头岸线指用于港口码头建设的海岸线,包括用于码头、防波堤、港池、航道、仓储区等建设功能用途的海岸线。港口码头岸线主要分布于大连港、天津港、青岛港、北仑港等沿海港口区域。

3. 临海工业岸线

临海工业岸线指用于建设用填海和围海(港口建设除外)发展临海工业的海岸线。临海工业岸线是近年来我国快速发展起来的一类海岸线。曹妃甸循环经济产业园区、营口鲅鱼圈鞍山钢铁工业园区、海南洋浦经济开发区等工业园区毗邻的海岸线都属于临海工业岸线。

4. 旅游娱乐岸线

旅游娱乐岸线指用于各类旅游、娱乐、休闲活动的海岸线,包括被各类风景旅游区、海水浴场、海上游乐场、海上运动场及辅助设施等开发功能用途占用的海岸线。近年来,我国滨海旅游业发展迅速,优质沙滩、礁石海岸景观、生物海岸景观等海岸旅游资源开发力度不断加大,用于旅游娱乐功能的海岸线规模日趋增大。典型的旅游娱乐岸线有海南三亚海岸线、河北北戴河海岸线等。

5. 矿产能源岸线

矿产能源岸线指用于油气开采、盐业生产、海洋矿产资源开发等矿产能源开发的海岸线,包括用于盐田、养水池、盐业取排水口、油气开采、海洋矿产资源开采等功能用途的海岸线。矿产能源岸线中用于盐业生产的盐业岸线是最为常见的一类海岸线,在河北唐山、辽宁营口、莱州湾等盐田广泛分布的区域最为常见。

6. 城镇岸线

城镇岸线指用于城市、城镇、滨海新区公共和基础设施建设、城镇居民亲海、赶海等功能用途的海岸线。城镇岸线以前主要分布在大连、青岛、厦门、海口等滨海城市,现在随着越来越多滨海新区的建设,城镇岸线的分布范围和规模都在不断增大。

7. 保护岸线

保护岸线指位于各类海岸保护区内的海岸线及其各类需要保护的海岸线，包括位于国家海洋自然保护区、国家海洋特别保护区范围内的海岸线，地方（省、市、县）各类保护区范围内的海岸线，以及具有特别的自然、历史文化、开发利用价值，需要保护的海岸线。例如北方的贝壳堤海岸线，南方的红树林、珊瑚礁海岸线等。

8. 特殊用途岸线

特殊用途岸线指用于其他特殊功能用途的海岸线，包括用于防护海洋灾害功能的防护海岸线、用于科研教育功能的科教海岸线、用于军事用途的军事海岸线等。

9. 未利用岸线

未利用岸线指当前还没有开发利用的海岸线或具有其他开发利用价值，预留保留用于将来开发利用的海岸线。随着我国当前海岸线利用规模不断加大，未利用岸线日渐稀少，海岸线亟需集约、节约利用。

四、海岸线其他分类

受到自然泥沙淤积、海岸侵蚀、海平面升降、围填海造地、挖陆筑港等多种自然、人为活动的影响，海岸线在时间尺度上处于不断的变化过程中。因此，可根据时间尺度，将海岸线划分为历史岸线、当前岸线和未来岸线。历史岸线指历史上的海岸线，它可依据历史图件、文字记载、地质调查等方式获取。未来岸线指根据各类用海规划、城镇发展规划等规划确定的将来海岸线的位置和走向，以及由于自然原因可预知的将来海岸线位置和走向。

另外，由于海洋和陆地自然属性、开发利用管理方式等方面的差异，往往归属于不同的管理部门。为了便于管理，需要确定一条海陆分界的管理岸线，管理岸线以上属于陆地管理，管理岸线以下属于海洋管理。2009 年，我国沿海各省级人民政府陆续审批了各自辖区的管理岸线，作为海陆管理的分界线。为了便于管理的需要，管理海岸线在许多地方和实际存在的海岸线并不一致，这样就有了管理岸线和实际岸线之分。

第二节 海岸线管理制度

海岸线管理一直是我国海域综合管理的重点工作，尤其近年来，随着海洋经济的发展，海岸资源利用的范围和规模迅速扩大，我国海岸线保护与利用管理也逐步深入和强化，成为强化海洋综合管控能力建设的重要抓手。2012年，国务院批复的《全国海洋功能区划（2011—2020年）》提出，到2020年全国大陆自然海岸线保有率不低于35%的总体管控目标，随后批复的沿海11个省级海洋功能区划都明确了各自区域的大陆自然海岸线保有率管控目标（表8-1）。《生态文明体制改革总体方案》《中共中央、国务院关于加快推进生态文明建设的意见》《水污染防治行动计划》和"十三五"规划等相关国家文件都将海岸线保护与利用列为主要内容，并提出了到2020年大陆自然海岸线保有率不低于35%的总体管控目标。

表8-1 沿海省、自治区、直辖市自然岸线保有率管控目标（2020年）

省份	辽宁	河北	天津	山东	江苏	上海	浙江	福建	广东	广西	海南
保有率	≥35%	≥35%	≥5%	≥40%	≥35%	≥12%	≥35%	≥37%	≥35%	≥35%	≥55%

一、海岸线管理制度探索

随着海岸开发利用强度的增大，中央层面和地方政府都逐步认识到海岸线资源的社会经济和自然生态价值，全国和沿海省市人大、政协关于加强海岸保护管理的提案显著增加，我国涉海相关法律法规都有海岸线管理相关条文陈述和规定（表8-2）。地方层面，广西壮族自治区于2010年出台了《关于进一步加强广西北部湾经济区沿海岸线管理的通知》，规定了使用沿海岸线实行部门联合审核的制度。天津市出台了《关于加强海岸线及建设用海管理工作意见的通知》，规定了海岸线以下的围填海项目海域和土地使用管理的程序，海岸线管理相关的地方法规主要见表8-3。

表8-2　我国相关法律法规对海岸线的管理

法规或规划	海岸管理相关内容	备注
中华人民共和国海洋环境保护法	第二十条　国务院和沿海地方各级人民政府应当采取有效措施，保护红树林、珊瑚礁、滨海湿地……等具有典型性、代表性的海洋生态系统……及有重大科学文化价值的海洋自然历史遗迹和自然景观。对具有重要经济、社会价值的已遭到破坏的海洋生态，应当进行整治和恢复。 第二十七条　沿海地方各级人民政府应当结合当地自然环境的特点，建设海岸防护设施、沿海防护林、沿海城镇园林和绿地，对海岸侵蚀和海水入侵地区进行综合治理。禁止毁坏海岸防护设施、沿海防护林、沿海城镇园林和绿地。 第三十八条　在岸滩弃置、堆放和处理尾矿、矿渣、煤灰渣、垃圾和其他固体废物的，依照《中华人民共和国固体废物污染环境防治法》的有关规定执行	
防治海岸工程建设项目污染损害海洋环境管理条例	第十条　在海洋特别保护区、海上自然保护区、海滨风景游览区、盐场保护区、海水浴场、重要渔业水域和其他需要特殊保护的区域内不得建设污染环境、破坏景观的海岸工程建设项目	
防治海洋工程建设项目污染损害海洋环境管理条例	进行海上堤坝、跨海桥梁、海上娱乐及运动、景观开发工程建设的，应当采取有效措施防止对海岸的侵蚀或者淤积。 因养殖污染海域或者严重破坏海洋景观的，养殖者应当予以恢复和整治。 海洋工程可能对海岸生态环境产生破坏的，其环境影响报告书中应当增加工程对近岸自然保护区等陆地生态系统影响的分析和评价	
中华人民共和国海岛保护法	严格限制填海、围海等改变有居民海岛海岸线的行为，严格限制填海连岛工程建设；确需填海、围海改变海岛海岸线，或者填海连岛的，项目申请人应当提交项目论证报告、经批准的环境影响评价报告等申请文件，依照《中华人民共和国海域使用管理法》的规定报经批准	
中华人民共和国港口法 港口岸线使用审批管理办法	在港口总体规划区内建设港口设施，使用港口深水岸线的，由国务院交通主管部门会同国务院经济综合宏观调控部门批准；建设港口设施，使用非深水岸线的，由港口行政管理部门批准	

续表

法规或规划	海岸管理相关内容	备注
中华人民共和国防洪法	受风暴潮威胁的沿海地区的县级以上地方人民政府,应当把防御风暴潮纳入本地区的防洪规划,加强海堤(海塘)、挡潮闸和沿海防护林等防御风暴潮工程体系建设,监督建筑物、构筑物的设计和施工符合防御风暴潮的需要	
城市规划编制办法	城市总体规划应当明确……环境保护……河湖水系等专项规划的原则	
风景名胜区条例	第二十四条 风景名胜区内的景观和自然环境,应当根据可持续发展的原则,严格保护,不得破坏或者随意改变	

表8-3 地方海岸管理相关法规

法规或规划	海岸管理相关内容	备注
关于进一步加强广西北部湾经济区沿海岸线管理的通知	使用沿海岸线实行部门联合审核 成立自治区沿海岸线使用联合审核组(下简称"联合审核组"),由自治区北部湾办牵头,与自治区发展改革委、国土资源厅(海洋局)、住房和城乡建设厅、交通运输厅、环境保护厅、旅游局和广西海事局共同组成。联合审核组负责对沿海三市使用岸线的项目进行联合审核并出具审核意见……具体联合审核办法另行制定	
厦门市海洋环境保护若干规定	第十六条 市海洋行政主管部门根据本市海洋功能区划和保护海洋环境的需要,制定滨海岸线保护规划,并按程序报市人民政府批准后组织实施。 禁止任何改变鳌冠滨海自然岸线、环岛路滨海沙滩岸线、鼓浪屿屿岸线和东屿湾岸线的活动	厦门市人民代表大会
珠海市城市规划条例	第二十条 城市开发建设应当注重保护自然环境,严格保护岸线、海岛、风景区。自然状态的岸线、海岛、风景区的开发项目,在规划前必须进行环境影响评价	珠海市人民代表大会
海南省城乡规划条例	制定和实施旅游度假区规划,应当注重资源优化利用,加强对海岸线、山体、耕地、生态公益林地、岛屿、红树林、湿地、河湖水系等自然资源和风景旅游资源的保护	海南省人民代表大会
……		

二、海岸线保护与利用管理制度形成

2016年11月,中央全面深化改革领导小组第二十九次会议审议通过了《海岸线保护与利用管理办法》。2017年4月,国家海洋局正式印发了《海岸线保护与利用管理办法》,成为我国第一部海岸线管理的专门法规。《海岸线保护与利用管理办法》从强化海岸线分类保护,落实海岸线节约利用,推进海岸线整治修复等方面搭建了海岸线保护与利用的管理制度体系。国家海洋局为落实《海岸线保护与利用管理办法》,建立了自然岸线保有率管控目标责任制,制定了《海岸线调查统计规程》《海岸线保护与利用规划编制技术规范》《海岸线整治修复技术规程》等技术性文件,并组织开展了全国自然海岸线保有率调查与统计工作。

海岸线调查统计是掌握海岸线保护与利用实际情况的基本手段,也是各级自然资源管理部门摸清自然海岸线保有率的基本途径,对落实全国和区域大陆自然海岸线保有率管控目标具有重要的意义。这里的大陆自然海岸线保有率是指辖区内大陆自然海岸线保有量(长度)占大陆海岸线总长度的百分比。具体计算公式如下:

$$CL_b = \frac{\sum_{i=1}^{n} NL_i}{L_0} \times 100\% \qquad (8.1)$$

式中,CL_b为大陆自然海岸线保有率,NL_i为区域内第i段自然海岸线长度,n为区域内自然海岸线段数,L_0为大陆海岸线总长度。为切实反映自然岸线增减的年度变化动态,大陆海岸线总长度应以省级人民政府批准确定的海岸线数据为基准。

沿海各地根据《海岸线保护与利用管理办法》,全面推进了海岸线保护与利用管理工作,目前,山东省、河北省、浙江省等沿海多个省份都组织编制并印发了地方海岸线保护与利用规划,并开展了海岸线保护与利用状况动态监测、评价与管理工作。海岸线保护与利用规划将海岸线划分为严格保护、限制开发和优化利用三个类别进行分类保护与利用。严格保护海岸线:将自然形态保持完好、生态功能与资源价值显著的自然海岸线应划为严格保护岸线，主要包括优质沙滩、典型地质地貌景观、重要滨海湿地、红树林、珊瑚礁等海岸线。限制开发海岸线：将自然形态保持基本完整、生态功能与资源价值较好、开发利用程度较低的海岸线应划为限制开发岸线。优化利用海岸线：将人工化程度较高、海岸防护与开发利用条件较好的海岸线应划为优化利用岸线，主要包括工业与城镇、港口航运等岸线。

海岸线保护与利用规划还制定了严格保护岸线名录，严格保护岸线长度比例不得低于本省自然岸线管控目标。严格保护岸线按生态保护红线有关要求划定。同时编制了海岸线整治修复五年规划和年度计划，全面推进海岸线整治修复工作，将整治修复后具有自然海岸线形态特征和生态功能的海岸线，纳入自然海岸线管控目标。强化自然海岸线保护，将自然岸线保有率目标逐年、逐级分解落实，海域使用动态监视监测管理系统将海岸线保护与利用状况作为海域使用动态监视监测的主要内容之一，实行全国海岸线年度动态监测与评价制度。2018年的海洋督察工作，将海岸线保护与利用情况作为海洋督察主要内容之一。

第三节 海岸线调查修测与评价

海岸线位置和长度等是我国海域综合管理的重要基础数据。我国的有关法律法规以及有关的国家标准和行业标准均明确规定，海岸线系平均大潮高潮时水陆分界的痕迹线。从理论上讲，海岸线是明确的，但在具体的管理实践中，海岸线的位置又多有争议。特别是近年来受自然和人为因素的影响，海岸线变化较大，20世纪80年代进行的"全国海岸带和海涂资源综合调查"中的海岸线数据资料已不能反映当前我国现在海岸线的现状，不宜再作为现在和未来制定各类开发规划和实施管理的依据。2005年，国家海洋局颁布了《海岸线修测技术规程》，海岸线修测就是要准确地测量海岸线的位置并统计海岸线类型、长度及相关的自然地理要素，为政府部门的各项管理活动提供法律界定的管理基准线，为海岸保护利用提供重要的基础数据。2008年前后沿海多数省级人民政府审定确认了各自管辖区域的海岸线修测成果,并作为海洋功能区划编制、海域综合管理的重要依据。随着近年来我国沿海大规模围填海造地活动的快速推进,原来审定的海岸线修测成果已不能完全满足海岸带、海域综合管理的需求,2018年开始,江苏省、浙江省、广东省等多个省份启动了新一轮的海岸线修测工作。

一、海岸线的界定方法

1. 自然岸线的界定

砂质海岸、粉砂淤泥质海岸、基岩海岸和生物海岸等自然海岸,以平均大潮高潮时水陆分界的痕迹线为海岸线,可根据当地的海蚀阶地、海滩堆积物或海滨植物进行确定。

1)砂质海岸的岸线界定

一般砂质海岸的岸线界定:一般砂质海岸的岸线比较平直,在砂质海岸的海滩上部常常堆成一条与岸平行的脊状砂质沉积,称滩脊。海岸线一般确定在现代滩脊的顶部向海一侧。具有陡崖的砂质海岸线界定:具有陡崖的海滩一般无滩脊发育,海滩与基岩陡岸直接相接,崖下滩、崖的交接线即为岸线。

2)粉砂淤泥质海岸线界定

粉砂淤泥质海岸主要为由潮汐作用塑造的低平海岸,滩面宽而平缓。在这种海岸的潮间带之上向陆一侧常有一条耐盐植物生长状况明显变化的界线,即为岸线。另外,受上冲流的影响,在上冲流的上限常有植物碎屑、贝壳碎片和杂物等分布的痕迹线,也是岸线所在。

3)基岩海岸线界定

基岩海岸的海岸线位置界定在陡崖的基部。

4)潟湖海岸的岸线界定

如果潟湖与海洋有水系联系,海岸线以潟湖内缘的岸线为基线;如果潟湖与海洋没有水系联系,海岸线以潟湖外侧沙坝为基线,岸线按平均大潮高潮时水陆分界的痕迹线进行界定。

5)生物海岸的岸线界定

我国大陆生物海岸主要包括珊瑚礁海岸、红树林海岸和芦苇海岸等。对于珊瑚礁海岸，岸线界定方法与沙质海岸或基岩海岸的岸线界定方法一致。红树林海岸和芦苇海岸的岸线界定与粉砂淤泥质海岸的岸线界定方法相同。

6) 河口岸线的界定

如果某一河口有明确的河口海陆分界线，且各方对此均无争议，沿用现有的河海分界线作为河口海岸线。如果没有明确的河口海陆分界方案，可以根据河口区域的管理现状，以历史习惯线或者管理线作为河口岸线界线，或者以河口区域的道路、桥梁、防潮闸作为河口岸线界线；也可以以河口区地貌形态来确定河口岸线，即以河口突然展宽处的突出点连线作为河口海岸线。

2. 人工岸线的界定

人工岸线指由永久性构筑物组成的岸线，包括盐田与养殖围池堤坝、防潮堤、防波堤、护坡、挡浪墙、码头、防潮闸以及道路等挡水(潮)构筑物。

如果人工构筑物向陆一侧不存在平均大潮高潮时海水能达到水域的，以永久性人工构筑物向海侧的平均大潮时水陆分界的痕迹线作为人工岸线；人工构筑物向陆一侧存在平均大潮高潮时海水能达到水域的，则以人工构筑物向陆侧的平均大潮高潮时水陆分界的痕迹线达到的位置作为海岸线(图8-1)。

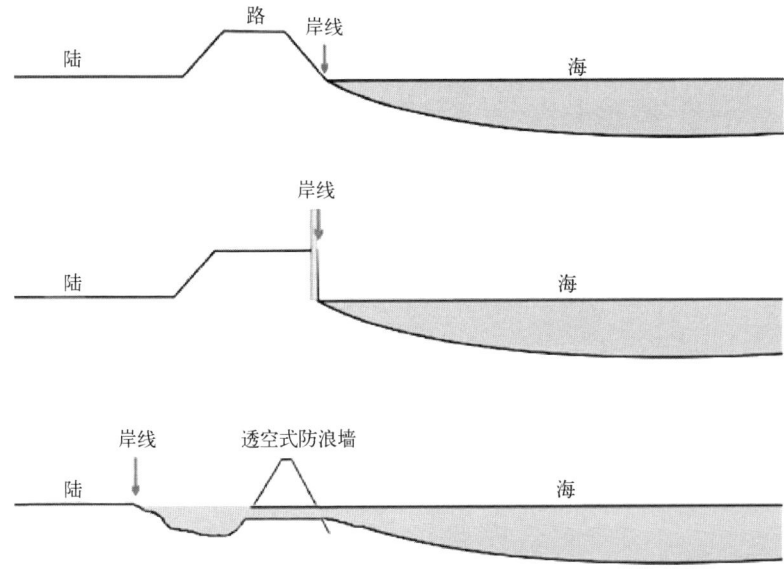

图 8-1 人工构筑物岸线界定示意图

根据以上原则,在围海养殖区、盐田等,一般以自然纳潮的围塘池上限界定海岸线。此外,盐田和围垦养殖区域海岸,对于已取得土地证的盐田以盐田区域向海一侧的海挡外边缘线为海岸线;对于已按照《中华人民共和国海域使用管理法》实施管理的盐田区域和围垦养殖区域,以该区域向陆一侧的外边缘线为海岸线(图8-2和图8-3)。

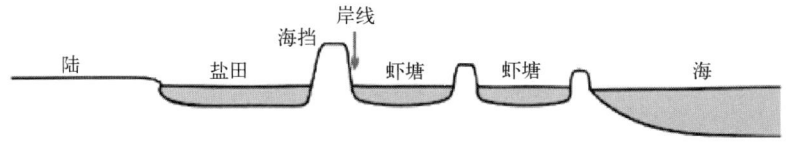

图8-2 盐田已获取土地证的岸线界定方法示意图

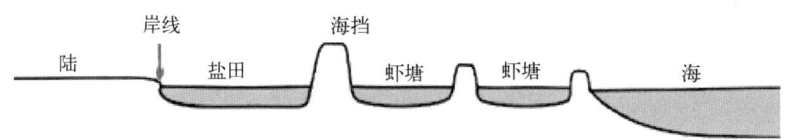

图8-3 盐田已获取海域使用证的岸线界定方法示意图

港口岸线一般以码头向海一侧防波堤前缘确定,对于与海岸线垂直或斜交的狭长的海岸工程(包括引堤、突堤式码头、栈桥式码头等),海岸线以其与陆域连接的根部连线作为该区域的海岸线(图8-4)。

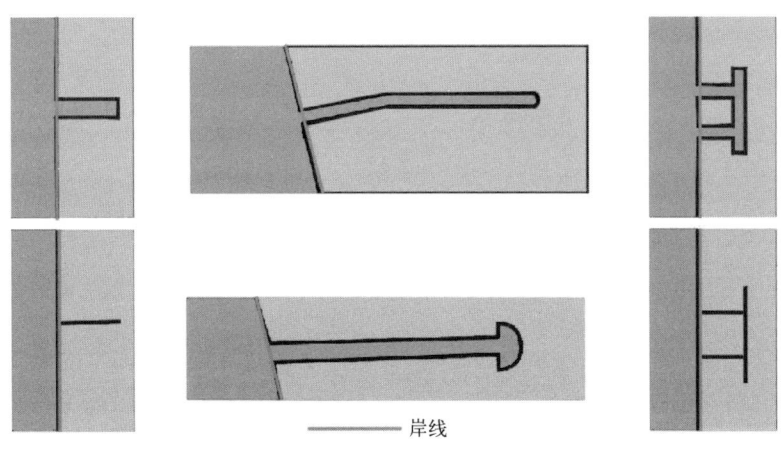

图8-4 突堤、突堤式码头岸线界定示意图

被养殖围海、盐田等堤坝或道路与陆相连的近岸岛屿，如岛陆间还存在平均大潮高潮时能到达的水域，海岸线仍界定在原大陆岸线，此类陆连岛仍视为岛屿。如果岛陆间已不存在平均大潮高潮时能到达的水域，则海岸线应界定在岛屿向外海一侧平均大潮高潮线的痕迹线。

二、海岸线修测方法

海岸线修测方法有实地勘测、遥感信息提取、地形图修测等。在海岸线确定的实际工作中，应根据具体的实际情况，采用多种不同的模式，优势互补。较为实际和可行的办法是在海岸线变化较大且较容易进行测量的区域以实地测量为主，在海岸线变化不大且不易进行实地测量的区域以遥感信息提取或地形图上修测为主。

(1) 现场实地测量。

人工现场实测的方法适用于砂砾海岸、人工海岸等海岸线位置易于人工准确辨识，并便于人行或车辆行驶的海岸。测量人员利用工作底图采用 DGPS 系统、RTKGPS 系统、RTG+RTK GPS 系统、GIS 采集器及车载定位系统等仪器设备到海岸实地进行定位测量。实地测量的优点是数据准确，与实际现场情况更好的一致，缺点是实地测量需要投入大量的人力和物力。

(2) 遥感影像提取。

海岸线遥感信息提取是指利用图像处理软件、GIS 软件和多星种、高空间分辨率的卫星遥感影像，根据海岸地物光谱特征，利用计算机对卫星遥感成像数据进行分析处理，最终获得海岸线位置信息。对不易实测的岸段可利用高空间分辨率遥感影像提取海岸线，提取海岸线最好与实测海岸线有一定的重叠比测岸段，以保证岸线解译精度。遥感影像信息提取海岸线的优点是可以快速、准同步地进行海岸线的测绘，其信息处理速度较快。缺点是高空间分辨率遥感影像的投入经费较大，遥感影像获取时受到一定的天气条件限制。

(3) 地形图上修测。

以最新版的 1:50 000 或 1:10 000 国家基本比例尺地形图上所绘的海岸线为准。地形图是测绘部门按照法律规定绘制并按规定程序出版，具有法律效力。利用地形图进行修测的优点是方便、简单,完成时间短。但由于地形图的更新周期较长,即使是最新版的地形图从测量到出版使用也需要经历一段时间,在此期间海岸线的变化未被考虑在内,海岸线的现势性较差。

三、海岸线生态化评价方法

海岸线的生态功能实质上就是潮间带的生态功能。海岸线所在的潮间带随着海洋潮汐过程时而为海,时而为陆,海陆过渡,是重要的水陆两栖生境,也是许多海陆两栖海洋生物及底栖生物的重要生存空间。自然海岸线具有自然形成的潮间带完整生态空间,而各类海岸人类活动则会占用或破坏部分甚至全部海岸线潮间带生态空间。潮间带生态空间破坏或挤压占用会直接影响潮间带的生态服务功能。潮间带生态空间完整性就是潮间带从平均大潮高潮线到平均小潮低潮线之间生态空间的完整程度,为了度量潮间带生态空间完整性,索安宁等构建了潮间带生态空间完整性指数,具体如图 8-5 所示。潮间带在自然状态下,平均大潮高潮线至平均小潮低潮线之间的平面直线距离为 L。如果海岸人类开发活动在潮间带构筑了人工堤坝,平均大潮高潮线就会向海推移,平均大潮高潮线至平均小潮低潮线之间的平面直接距离就会缩短。潮间带生态空间完整性指数计算方法如下:

$$Q = \frac{k}{L} \quad (8.2)$$

式中,Q 为潮间带生态空间完整性指数,L 为自然状态下平均大潮高潮线至平均小潮低潮线之间的平面直线距离,k 为海岸人工堤坝建设情况下平均大潮高潮线至平均小潮低潮线之间的平面直线距离。

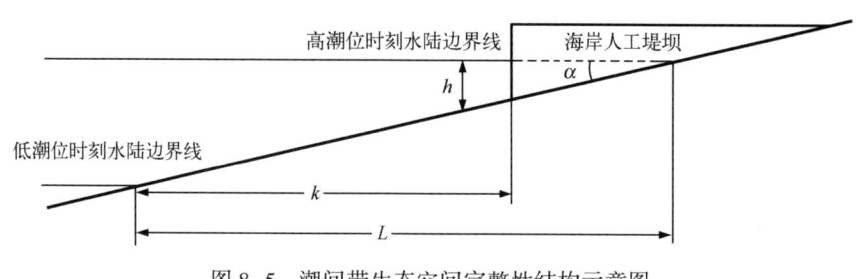

图 8-5 潮间带生态空间完整性结构示意图

通过潮间带生态空间完整性指数可以判断潮间带生态空间的完整性程度，并界定海岸线类型及其人工化程度，具体见表8-4。当潮间带生态空间完整性指数 $Q \geqslant 1.0$ 时，说明潮间带生态空间完整，潮间带没有人类建设开发活动，属于自然海岸线；当潮间带生态空间完整性指数 $Q \leqslant 0$ 时，说明潮间带生态空间消失，人类海岸开发建设活动已经完全占用或破坏了潮间带生态空间，属于无生态空间的人工海岸线；当潮间带生态空间完整性指数 $0 < Q < 1.0$ 时，说明潮间带生态空间部分保留，人类海岸开发建设活动占用了部分潮间带生态空间，属于具有部分生态空间的人工海岸线。对于具有部分生态空间的人工海岸线，又可以进一步分为具有基本生态空间的人工海岸线（$0.80 \leqslant Q < 1.0$）、具有部分生态空间的人工海岸线（$0.50 \leqslant Q < 0.80$）、具有有限生态空间的人工海岸线（$0.20 \leqslant Q < 0.50$）和具有少量生态空间的人工海岸线（$0 < Q < 0.20$）。

为了定量描述一个区域海岸线生态空间完整性水平总体状况，或者反映一个区域海岸线生态功能受人类活动影响程度的总体状况，以潮间带生态空间完整性系数为基础，构建海岸线生态化指数。计算方法如下：

$$EC_i = \frac{\sum_{j=1}^{n}(l_j \times Q_j)}{\sum_{j=1}^{n} l_j} \quad (8.3)$$

式中，EC_i 为第 i 区域海岸线生态化指数，Q_j 为第 j 岸段潮间带生态空间完整性系数，l_j 为第 j 岸段长度，j 为第 i 区域具有不同潮间带生态空间完整性系数的岸段数量。

表8-4 潮间带生态空间完整性分类

序号	潮间带生态空间完整性指数	潮间带生态空间完整性程度	海岸线类型划分
1	$\geqslant 1.0$	潮间带生态空间完整	自然海岸线
2	$0.80 \leqslant Q < 1.0$	人类活动对潮间带生态空间有少量占用，潮间带生态空间基本完整	具有基本生态空间的人工海岸线

续表

序号	潮间带生态空间完整性指数	潮间带生态空间完整性程度	海岸线类型划分
3	$0.50 \leq Q < 0.80$	人类活动对潮间带生态空间有一定占用，潮间带生态空间大部分存在	具有部分生态空间的人工海岸线
4	$0.20 \leq Q < 0.50$	人类活动对潮间带生态空间有较大占用，潮间带生态空间有限存在	具有有限生态空间的人工海岸线
5	$0 < Q < 0.20$	人类活动对潮间带生态空间有很大占用，潮间带生态空间少量存在	具有少量生态空间的人工海岸线
6	≤ 0	人类活动占用全部潮间带生态空间，潮间带生态空间消失	无生态空间的人工海岸线

第九章

海域海岸带整治修复管理制度

第一节　海域海岸带整治修复概述

近岸海域海岸带是海洋资源开发的前沿阵地，也是海洋经济发展的重要载体。长期以来人们只重视对海洋资源的开发利用，而忽略了海洋资源环境保护，导致海岸侵蚀、湿地退化、海湾束狭淤积、河口私堵滥围等海域海岸带资源环境问题日益突出。这些问题已经严重威胁到海域海岸带空间资源的可持续利用，对区域发展战略的部署与实施也造成了诸多不利影响。为此，一些国家和地区开始重视海洋资源环境的整治修复，相继开展了许多不同形式的海洋资源环境整治修复工程。我国海岸带近岸海域经历了近60年的高强度开发，尤其是中华人民共和国成立以来四次大规模的围填海造地活动，在为沿海地区经济建设、食物生产和人口增长提供了发展和生存空间的同时，也带来了生态退化、环境恶化、资源衰退等问题。对此，国家和地方政府陆续开展了一些海岸、近岸海域综合整治修复工程，局部改善了海域海岸带资源环境持续恶化的现状，取得了很好的社会经济-资源环境综合效益。

一、海域海岸带整治修复工程的定义与分类

海域海岸带整治修复工程主要针对由于自然或人为原因而受到破坏的海域、海岸带，通过潜堤构筑、人工补砂、景观恢复、空间整理等综合整治工程手段对受损海域、海岸带进行基础设施建设和生态整治修复，以实现海域、海岸带生态环境的改善和综合开发利用价值的提升。

海域海岸带整治修复工程按照资金投入来源，可以划分为两类，一类是社会企业等为提高海域、海岸带开发利用收益而投入资金开展的整治修复工程。这类整治修复工程资金投入主要来源于企业，以整治修复工程的经济效益为主要考虑目标，即以盈利为目的。另一类是以增加社会总体效益为目的的公益性整治修复工程。公益性整治修复工程资金投入主要来自政府财政，在此基础上吸引社会资金参与，政府在整治修复工程中起主导作用。目前，我国海域海岸带整治修复工程主要以国家财政投入为主，例如1989年，厦门市政府启动了筼筜湖生态建设工程，投入资金3.5亿元，经过十多年的建设，周围污水基本截流处理，海域排污大量减少，湖水水质得到改善，白鹭回归，土地价增值。2006年以来，大连市政府先后投资10余亿元对其南部海域养殖浮筏进行了两期专项清理整治行动，完全清除了近岸海域的大量养殖浮筏，不仅明显改善了海岸景观，提高了航运安全保障水平，也使近岸海水水体质量有了大幅度的改善，大大提升了南部滨海区域的景观价值。另外，2010年以来，国家利用海域使用金返还开展海岸带整治修复工程，已经开展实施了近百项工程，其中效果显著的有厦门五缘湾整治修复工程、营口月亮湾整治修复工程、锦州大笔架山连岛坝修复工程等。2017年以来，国家整体将海域海岸带整治修复工程纳入蓝色海湾整治修复项目。

二、海域海岸带整治修复重点支持领域

目前，海域海岸带整治修复工程国家财政主要重点支持以下5大领域。

(1)海域海岸带空间资源整理，指整理、清理、整合粗放式的海域开发活动，提高海域海岸带空间利用效率，增加可利用海岸空间和海域面积。

重点支持拆除不合理海岸人工设施，恢复自然岸线及海岸原生风貌和景观。可选择严重影响海岸生态环境的围海人工岸线区段，制定科学的工程方案，拆除堤坝等人工构筑物，逐步恢复本底自然海岸的原生风貌和景观格局。

重点支持影响正常海域使用、损害海岸健康的废置堤坝、围塘以及海洋工程垃圾、生产废弃物等的清理项目。依据其破坏和影响程度，制定清理计划，实现海洋工程废弃物的减容减量，减小近岸环境风险，增强海岸和近岸

海域开发的空间潜力。

（2）海域海岸带旅游与生态景观整治与修复，指开展人工沙滩建设，营造海岸地区良好的人居环境，保护与修复重要的景观资源。

重点支持风景名胜区及重要旅游区、大中城市毗邻海域具有开发潜力的海岸和海域，进行科学的景观设计与规划，通过滨海休闲长廊、海岸公园、滨海步行道等海岸景观建设，营造适宜人民群众亲水的海岸环境，整体提升区域景观质量，改善沿岸人居环境。

重点支持针对受损的海岸沙坝、潟湖和沙咀等海积地貌遗迹景观，以及对海蚀拱桥、海蚀柱、海蚀崖等海蚀地貌遗迹景观进行修复的项目。选择重要和典型的受损海岸地质遗迹景观，通过去除人为干扰、工程辅助等措施，逐步修复地质体形态和规模，维护地质体的自营性。

（3）海岸线整治与保育，指通过近岸防护堤、海滩喂养、堤坝拆除等措施，逐步恢复本底自然海岸的原生风貌和景观格局，修复重点侵蚀岸段。

重点支持侵蚀或人为活动影响严重的岸段综合整治项目。选择海岸侵蚀等情况较为严重的岸段，采用修建近岸防护堤、海岸养护、海滩喂养等主动措施，理顺近岸海域海流，维护海岸自然系统平衡，防治海洋灾害。对于重点受损沙滩区域，遵循海岸演变的自然规律，依据海域的水动力条件和泥沙输运模式，选择科学合理的人工海滩喂养方案，使人工海滩达到平衡状态并维持稳定。对于不合理海岸工程布局所造成的侵蚀区，可采用拆除或增设部分填海区等措施重新构筑平衡态势下的海岸格局，确保损失最小。对于围填海后沉降明显区域进行整治，采取工程措施防止对已有工程设施和居民生活造成影响。

（4）河口、海湾综合整治与修复，指选择生态环境受损的典型河口、海湾，改善水动力环境，改善滨岸景观质量，改善水环境质量。

重点支持通过清淤、拓展水面等恢复海湾、河口海域的面积以及水动力和生态环境。通过海堤拆除、改造等退堤还海恢复海湾面积，通过清淤通流、拆除湾口（河口）人工设施和人工构筑物增强海湾水交换能力和河流泄洪能力，通过排污治理、海底清淤和底质改造等改善海洋环境质量，保障海域生态服务功能的正常发挥。

(5)滨海湿地综合整治，指采用自然恢复和人工促进相结合的模式恢复典型受损滨海湿地。

重点支持滨海湿地地形地貌复原、阻塞的水动力及生物洄游通道畅通、滨海湿地植被生境修复、咸淡水混合比调节、珍稀海洋生物特殊生境复原等滨海湿地地形、水文、植被环境的修复和整治。

重点支持重要滨海湿地区域人类活动遗留设施的清除、地形清淤、环境美化与净化、自然灾害防护设施修筑、湿地生态安全保障设施修筑等。

第二节 海域海岸带整治修复规划与管理

以国家财政投入为主体的海域海岸带整治修复工程，由自然资源部国土空间生态修复司负责起草海域海岸带整治修复项目管理的有关规章制度和管理办法并监督执行，编制全国海域海岸带整治修复总体规划，提出海域海岸带整治修复年度计划总体方案和项目前期工作计划，编制年度项目计划，统一审批海域海岸带整治修复项目，下达年度投资计划，管理项目的勘察设计、招标投标、工程监理、监督检查及竣工验收等工作。

自然资源部财务与资金运用司负责贯彻落实海域海岸带整治修复项目的基建财务管理，监督检查项目资金使用情况，审核、审批项目竣工财务决算。

自然资源部组织成立海域海岸带整治修复专家委员会，在自然资源部的领导下，审查并发布海域海岸带整治修复相关工作的编制技术单位推荐名录、审查海域海岸带整治修复相关管理制度和规范、审查省级海域海岸带整治修复规划和年度计划编制的技术规范和标准、审查省级海域海岸带整治修复规划和年度计划、负责海域海岸带整治修复技术指导和专家评审工作。

省级自然资源行政管理部门负责本辖区海域海岸带整治修复项目的管理，包括省级海域海岸带整治修复项目规划编制，组织年度项目申报，组织项目实施和竣工验收，落实地方配套资金，监督检查项目资金使用、勘察设计、工程监理、招标投标、施工建设等。

一、海岸带整治修复规划编制

沿海省级海洋行政主管部门应对辖区资源环境状况和生态系统状况进行充分调查，选择资源条件突出、生态价值高、开发潜力大的海域海岸带区域，深入研究分析其整治修复的意义和可行性，筛选在抢救海洋遗迹与景观、提升海岸品位和价值、整理海洋空间资源、改善区域海洋环境质量、修复海洋生态服务功能等方面具有显著意义的项目作为海域海岸带整治修复规划项目，并编制省级海域海岸带整治修复规划，报省级人民政府批准，并报自然资源部备案。列入整治修复保护规划的项目应以公益性项目为主，涉及开发内容的，应与符合海洋功能区划。

国家在汇总分析沿海各省规划的基础上编制全国海域海岸带整治修复和保护重点项目名录。

省级海域海岸带整治修复规划和全国海域海岸带整治修复和保护重点项目名录作为地方申报项目和海洋行政主管部门审查项目的依据。

二、海岸带整治修复计划制订

自然资源部国土空间生态修复司根据国家关于固定资产投资管理的规定及国家发展和改革委员会、国务院机关事务管理局等国家投资主管部门的具体要求，结合海域海岸带保护和利用的需要和自然资源部的年度中心工作，在综合部内行业司局意见的基础上，编制年度整治修复项目指南，报部党组会议或部领导审定后发布。

整治修复项目指南主要包括年度中央资金支持的整治修复方向和重点领域，目标任务和区域布局原则，主要整治修复内容和项目规模，以及经费规模控制等。

整治修复项目指南于每年第三、第四季度由自然资源部统一印发各省级海洋行政主管部门及有关直属单位，指导相关单位开展项目前期工作。

第三节　海域海岸带整治修复项目申报与审批

国家海域使用金返还支持的海域海岸带整治修复项目，由自然资源部统一组织申报、评审与审批。

一、沿海县、市级海洋行政主管部门组织申报

沿海各县、市海洋行政主管部门依据当年的国家海域海岸带整治修复项目指南，结合本省级行政区海域海岸带整治修复规划，组织技术依托单位申报海域海岸带整治修复工程项目，申报主要包括：①项目申报书。主要概述项目情况、申报依据、必要性、可行性、目标、主要内容、进度及经费安排等，重点应论述项目的立项依据、必要性和可行性等内容；②项目实施预案。包括项目的性质、规模、主要内容、资金和进度安排、实施措施等，重点应论述项目实施的主要内容、进度及经费安排等，项目实施方案中不能含有基本建设的内容。

县、市级海洋行政主管部门将预申报项目材料上报其管辖的省级海洋行政主管部门进行初审与预评。如果上一年度资金支持不足确实需要追加经费投入的整治修复工程，可以继续申报，但是需要在申报时同时报送上一年度项目执行情况说明材料。

二、项目的初审与预评

沿海省级海洋行政主管部门组织5位以上与该整治修复工程专业有关的专家，对辖区内所申报的整治修复工程项目，从申报内容、实施的必要性、实施方案的可行性和科学性等方面预评审，并出具专家预审意见。省级海洋行政主管部门根据专家预审意见，并兼顾整治修复工程特点、项目类型、地区分布平衡等因素对辖区内所申报的整治修复工程进行预审和筛选。一般每年每个省区最多申报3个项目，计划单列市最多申报2个项目。预审、筛选确定上报的整治修复项目由省级海洋行政主管部门上报自然资源部。

三、国家组织评审

自然资源部组建海域海岸带整治修复工程咨询专家库,专家库由海岸工程、海洋科学、海洋环境、海洋地质、海洋水动力、海岸生态、经济、海域管理、财务等方面的专家组成。针对不同海域海岸带整治修复工程项目特点,从咨询专家库中抽取评估咨询专家,对各省级海洋行政主管部门上报的海域海岸带整治修复工程项目,从整治修复工程项目实施的必要性、可操作性和项目实施的预期效果等方面组织评审和意见征询。对于经过专家评估认为确实有必要开展的整治修复项目,自然资源部国土空间生态修复司再综合其项目类别特点、区域分布平衡、预算规模等因素进行初选,提出年度项目总体安排意见及初选项目(包括项目名称、承担单位、项目位置、详细的建设内容与规模、经费预算与来源、实施期限及其他有关内容)。自然资源部依据以上意见确定重点支持项目,备案后以正式文件下发至各省市自然资源主管部门(局)。

四、实施方案编制

沿海县、市海洋行政主管部门根据自然资源部下发的海域海岸带整治修复工程重点支持项目文件,委托有海域、海岸资源环境整治修复工程咨询资质的技术支撑机构对国家确定重点支持的整治修复工程项目开展项目前期勘察、工程方案设计与经费预算编报,编制项目立项建议书与实施方案,并报自然资源部评审。

五、立项批复

自然资源部再次组织专家对县、市级海洋行政主管部门会同技术支撑机构编制的立项建议书和实施方案从项目内容、实施方案的可行性和科学性、经费预算的合理性等方面进行评审,作出立项决定建议,经自然资源部党组常务会议审定后报财政部批复。整治修复工程项目由财政部批复后确定最后项目支持经费额度,项目建议书、可行性研究报告的批复文件,由自然资源部财务与资金运用司主办，海域海岛管理司会签，报部领导签发，以自然资源部文件下达。

经过财政部和自然资源部批准执行的海域海岸带整治修复工程项目，必须严格按照审批文件执行，不能擅自变更项目建设地点、建设性质、建设单位、建设内容、降低工程质量、压缩投资规模等。确实由于客观原因需要进行重大变更的项目，包括：①变更项目位置；②变更项目性质；③变更承担单位；④变更项目内容、建设标准、项目规模；⑤变更初步设计概算的总投资，超过立项批复总投资10%以上（含10%），或者变动实施过程中投资超过批准的项目总投资10%以上（含10%）。具有以上重大变更的海域海岸带整治修复工程项目需要重新向自然资源部和财政部报批可行性研究报告。

第四节　海域海岸带整治修复项目组织与实施

经财政部批复的项目，由自然资源部或沿海省级海洋行政主管部门下达项目立项批复，签订项目合同书。项目执行过程中以下变更需要向原审批部门申请批准：①变更项目周期；②变更招标方案；③变更项目内容、建设标准、项目规模；④变更初步设计概算的总投资超过立项批复总投资10%以下，或者实施过程中投资变动超过批准的项目总投资10%以下；⑤其他变更。海域海岸带整治修复项目执行期原则上不超过两年，但海域海岸带整治修复专家委员会可以根据项目负责人提交的项目执行报告中反映出的项目进展情况决定是否延长至三年。

一、项目实施相关单位责任分工

国家下达的海域海岸带整治修复项目，由省级自然资源主管部门组织实施（或由省级自然资源主管部门委托市县自然资源主管部门组织实施）；省市县安排的海域海岸带整治修复项目由同级自然资源主管部门组织实施。项目组织实施单位根据国家对项目的批复文件，依照有关法律法规负责项目的筹划、实施管理等，配合国家有关部门做好对资金使用的检查和审计工作，并要求技术服务单位编制项目初步设计或实施方案。对不能完成总体目标的国家安排项目，由项目组织实施部门提出处理建议报自然资源部；对不能完成总体目标的地方安排的项目，由项目组织实施部门提出处理建议报省级自然资源主管部门，并报自然资源部备案；对于其他不影响项目总体目标实现的调整，由项目主管部门负责审核调整。

技术服务单位应当在国家公布的推荐名录中选择，负责基础调查分析、整治修复方案研究、施工方案设计以及工程可行性研究等。

项目施工单位必须具备相关工程资质，严格按照国家项目招投标等有关规定确定，负责各项整治修复工程的具体实施。主要单项工程的勘察设计、施工、监理、主要设备和材料的采购，实行公开招标。主要单项工程的施工，由具备相应资质或能力的单位进行监理。海域海岸带整治修复项目涉及工程建设的，应按国家工程建设程序要求开展。项目施工单位应建立完善的质量管理体系，并通过国家承认的认证机构的认证。施工单位应对项目施工质量和原始资料进行严格管理。项目组织实施单位应定期将专项进展、财务执行等情况报送项目验收部门，重大情况随时报告。

二、项目资金管理

海域海岸带整治修复项目实行投资主体多元化机制，鼓励国家、地方和社会团体相结合的资金投入方式。国家安排的海域海岸带整治修复项目列入中央财政补助地方支出预算，项目不足经费由地方安排配套资金；省市县安排的海域海岸带整治修复项目应列入同级财政预算，也可要求下一级政府或相关单位安排一定比例配套资金，鼓励和引导社会资金参与。

国家建立整治修复项目资金管理制度，实行专人管理、专账核算、专款专用，严格按照国家相关财务、会计制度进行管理，按规定范围使用资金，严禁挤占挪用。各级财政部门应根据已批准的项目计划、初步设计、工程建设进度，按有关规定及时、足额支付资金。资金的拨付实行转账结算，严格控制现金支出，严禁白条入账。各级财政部门、海洋行政主管部门可采取自查、委托社会中介机构等方式,加强对资金拨付、使用情况的监督检查,定期汇报项目资金的执行情况,并及时组织对重要项目资金使用情况的抽查,对资金使用中发现的问题,应会同财政部门尽快予以纠正。各级海洋行政主管部门、技术服务单位、项目施工单位应积极配合审计和财政监督机构等部门的审计和监督检查工作。财政部对经查明的挤占、挪用海域海岸带整治修复资金等违规违纪问题,应责令改正,追回资金,并按照有关规定追究有关单位和责任人的责任。

第五节　海域海岸带整治修复项目监督检查

自然资源部负责国家下达海域海岸带整治修复项目的监督检查,组织专家编制国家海域海岸带整治修复项目年度检查方案,统一部署检查,通报检查结果,提出违规问题处理意见并监督整改。

地方各级海洋行政主管部门负责本辖区内国家、地方政府下达的海域海岸带整治修复项目的监督检查工作,项目实施过程中每年要组织至少一次全面检查,及时发现纠正问题,并根据项目整改要求,组织落实整改措施,完成各项整改工作。

省级海洋行政主管部门负责人对本辖区整治修复项目监督检查负领导责任。地方海域使用动态监管中心要为项目的监督检查提供必要的技术支撑。

海域海岸带整治修复项目监督检查内容主要包括:

(1)项目程序检查。检查项目是否按基本整治修复项目建设程序组织实施。

(2)前期工作检查。检查项目立项报批是否符合规定;初步设计是否由具有相应资质的单位编制,内容是否与立项批复衔接,审批是否符合权限、规范、及时;施工图是否按照有关规定及初步设计批复要求编制。

(3)施工检查。检查建设单位是否按照批复的建设内容和期限组织施工,是否存在肢解发包、转包、违法分包现象;施工单位是否具备相应资质,施工技术方案和施工机械设备、技术人员、施工方法、安全控制、设备材料使用、工程进度是否符合要求。

（4）工程质量检查。检查建设单位是否建立设备材料质量检查制度；施工单位是否建立工程质量保证体系和现场工程质量自检、重要结构部位和隐蔽工程质量预检复检制度；监理单位是否有完善的质量管理体系和监理大纲并严格履行监理职责；施工单位和监理单位是否落实质量责任制；工程质量是否符合设计要求，是否达到验收标准，是否出现过重大质量事故。

（5）项目资金检查。检查项目的资金来源是否符合有关规定，资金计划（包括地方配套资金）下达、拨付、到位情况；概算控制措施是否落实，概算审批和调整是否符合国家有关规定；实行专户储存、专账核算、专款专用情况；资金的使用是否符合概算和有关规定，支付是否按照合同执行；项目单位的财务制度是否健全，财务管理是否规范，有无套取、挤占、挪用、截留、滞留资金，有无虚列工程资金支出、白条抵账、虚假会计凭证和大额现金支付；项目竣工决算审计等。

（6）招标投标及合同检查。检查是否按批准的招标方案组织招投标；招投标运作是否规范；合同是否合法、严密、规范；是否履行合同。

（7）项目组织机构检查。检查项目参与单位是否建立组织机构，是否有完善的规章制度，是否配备专职人员，是否对项目实施全过程依法实施有效监督、管理。

（8）开工条件检查。检查初步设计及概算是否已经批复，建设资金是否落实，施工组织设计是否编制，施工招标和监理招标是否完成，施工图设计是否完成，建设用海和主要设备材料是否落实。

（9）工程监理检查。检查监理单位是否具备相应资质，现场监理人员数量和素质是否符合合同约定，监理手段和措施是否满足工程实施要求。

（10）竣工验收检查。检查竣工验收程序是否规范，相关文件材料和档案是否齐全和规范，主要结论和意见是否符合实际情况，竣工验收后是否及时办理固定资产移交手续。

（11）项目运行情况检查。检查项目是否能正常运行并达到预期效果。

一、检查工作程序

自然资源部建立生态修复项目管理信息系统。省级海洋行政主管部门要定期对管辖区域内所有整治修复项目执行情况的监督检查结果报送自然资源部，并纳入国家生态修复项目管理信息系统。

自然资源部依据年度检查方案，组建检查组对批复实施的整治修复项目开展不定期检查。在组织项目检查前，一般会将检查工作方案通知相关省级海洋行政主管部门或局直属单位。项目检查可采取下列方式：①听取项目建设单位及相关单位汇报，进行询问和质疑；②查阅、摘录、复制有关文件资料、档案、会计资料；③实地查看项目实施情况；④召开相关人员座谈会，核实情况。

检查工作结束后，检查组会及时形成项目检查总报告和分项目报告。主要内容包括：①前期工作情况及分析评价；②计划下达与执行情况及分析评价；③项目管理情况及分析评价；④资金使用和监管情况及分析评价；⑤工程质量情况及分析评价；⑥项目管理经验和存在的主要问题，以及相应整改建议。

二、监督检查结果处理

对于项目监督检查中发现的违纪、违规问题，自然资源部根据情节轻重采取以下处理措施：①责令限期整改；②通报批评；③暂停拨付中央预算内资金；④冻结项目资金；⑤暂停项目建设；⑥撤销项目、收回项目资金；⑦减少或暂停安排所在地和项目单位新建项目。

对违纪、违法人员，自然资源部建议有关地方和部门进行查处并追究相关责任。对于责令限期整改和通报的项目，自然资源部发出整改通知或通报，明确整改内容、整改期限及相关要求。项目整改单位要按照整改要求完成整改工作，并在规定期限内将整改结果报自然资源部国土空间生态修复司和财务与资金运用司。自然资源部在收到整改情况报告后，组织项目整改复查。对复查合格的项目予以书面确认，对于整改不力的，按照相关条例予以处理。

对管理制度健全、执行程序规范、投资效益显著的项目单位,自然资源部给予通报表扬,并在年度投资及项目安排时给予政策倾斜。

三、竣工验收

国家投资实施的公益性海域海岸带整治修复项目,由自然资源部国土空间生态修复司牵头组织竣工验收。国家投资实施的营利性海域海岸带整治修复项目,由省级海洋行政主管部门牵头组织竣工验收,并将验收结果报送自然资源部国土空间生态修复司。国家投资实施的半公益性海域海岸带整治修复项目,由省级海洋行政主管部门和自然资源部国土空间生态修复司联合组织竣工验收。海域海岸带整治修复项目验收必须具备下列条件:①完成批准的项目可行性研究报告、初步设计和批复文件中规定的各项内容;②系统整理所有技术文件材料并分类立卷,技术档案和施工管理资料齐全、完整。包括:项目审批文件和年度实施计划文件,设计、施工、监理文件,招投标、合同管理文件,基建财务档案(含账册、凭证、报表等),工程总结文件,勘察、设计、施工、监理等单位签署的质量合格文件,施工单位签署的工程保修证书,工程竣工图;③工程质量经当地建设工程质量监督机构备案;④主要工艺设备及配套设施能够按批复的设计要求运行,并达到项目设计目标;⑤环境保护、劳动安全卫生及消防设施已按设计要求与主体工程同时建成并经相关部门审查合格;⑥工程项目或各单项工程已经建设单位初验合格;⑦编制了竣工决算,并经具相关资质的中介审计机构或由当地审计机关审计。必要时竣工决算审计由项目验收组织单位委托中介审计机构进行竣工决算审计。

海域海岸带整治修复项目竣工验收的主要内容包括:①项目建设总体完成情况。项目位置、项目内容、工程规模、工程标准、工程质量、项目周期等是否按批准的可行性研究报告和初步设计文件实施。②项目资金到位及使用情况。资金到位及使用是否符合国家有关投资、财务管理的规定。包括中央投资、地方配套及自筹资金到位时间、实际落实情况,资金支出及分项支出范畴及结构情况,项目资金管理情况(包括专账独立核算、入账手续及凭证完整性、支出结构合理性等），材料、仪器、设备购置款项使用及其他各项支出的合理性。③项目变更情况。项目在建设过程中是否发生变更，是否按规定程序办理报批手续。④施工和设备到位情况。各单位工程和单项工程验收合格纪录。包括建筑施工合格率和优良率，仪器、设备安装及调试情况，是否编制各专业竣工图。⑤执行法律、法规情况。环保、劳动安全卫生、消防等设施是否按批准的设计文件建成，是否合格，建筑抗震设防是否符合规定。⑥投产或者投入使用准备情况。组织机构、岗位人员培训、物资准备、外部协作条件是否落实。⑦竣工决算情况。是否按要求编制了竣工决算，出具了合格的审计报告。⑧档案资料情况。建设项目批准文件、设计文件、竣工文件、监理文件及各项技术文件是否齐全、准确，是否按规定归档。⑨项目管理情况及其他需要验收的内容。

整治修复项目在竣工验收之前，先由承担单位组织施工、监理、设计及使用等有关单位进行初验。初验前由施工单位按照国家规定，整理好文件、技术资料，向项目承担单位提出交工报告。项目承担单位接到报告后，应及时组织初验。初验不合格的工程不得报请竣工验收。初验合格并具备竣工验收条件后，承担单位应在15个工作日内向省级海洋行政主管部门提出竣工验收申请报告。省级海洋行政主管部门在收到竣工验收申请报告后，根据验收权限组织项目竣工验收或审核后报自然资源部国土空间生态修复司申请竣工验收。竣工验收申请报告应依照竣工验收条件对项目实施情况进行分类总结，并附初步验收结论意见、工程竣工决算、审计报告。竣工验收申请报告应规范、完整、真实，装订成册。自然资源部国土空间生态修复司、省级海洋行政主管部门，按照项目隶属关系和职能分工，在收到项目竣工验收申请报告后，对具备竣工验收条件的项目，在60日内组织竣工验收。竣工验收组由验收组织单位、相关部门及工艺技术、工程技术、基建财会等方面的专家组成。成员人数为7人以上（含7人）单数，其中工程、技术、经济等方面的专家不得少于成员总数的三分之二。验收组可根据项目规模和复杂程度分成工程、投资、工艺、财会等验收小组，分别对相关内容进行验收。承担单位、使用单位、施工单位、勘察设计、工程监理等单位应当配合验收工作。验收组听取各有关单位的项目实施工作报告，查阅工程档案、财务账目及其他相关资料，实地查验建设情况，充分研究讨论，对工程设计、施工和工程质量等方面做出全面评价。验收组通过对项目的全面检查和考核，与承担单位交换意见，对项目建设的科学性、合理性、合法性做出评价，形成竣工验收报告，填写竣工验收表。竣工验收报告由以下主要内容组成：项目概况，资金到位、使用及财务管理情况，基建工程情况，制度建设、操作规程及档案情况，项目实施与运行情况，项目效益与整治修复效果评价，存在的主要问题，验收结论与建议。竣工验收报告和竣工验收表由竣工验收组三分之二以上成员签字，报送项目验收组织单位。自然资源部国土空间生态修复司或省级海洋行政主管部门须将竣工验收报告和竣工验收表报送自然资源部财务与资金运用司。对验收合格的项目，验收组织单位核发由自然资源部统一印制的竣工验收合格证书。对不符合竣工验收要求的整治修复项目不予验收，由验收组织单位提出整改要求，限期整改。发放竣工验收合格证书须具备验收组织单位报送的项目竣工验收报告、竣工验收表、竣工验收合格证书申领文件。无法整改或整改后仍达不到竣工验收要求的，由验收组织单位将验收情况报自然资源部国土空间生态修复司，按照有关规定进行处理。

四、鼓励机制

对于按项目总体目标和项目内容按期或提前完成、通过验收，取得突出成绩的项目单位，以及在项目组织和管理中工作表现出色的项目主管部门及工作人员，自然资源部将给予表彰，并在今后的海域整治修复项目评选中，对受表彰的项目主管部门组织申报的项目同等条件下优先安排。

对于以公益性用海为主的海域海岸带整治修复项目，可申请适当减免海域使用金，形成土地的收益的10%~20%应纳入海域海岸带整治修复基金，由自然资源主管部门统一作为海域海岸带整治修复使用。整治修复形成的海域资源纳入海域管理，产生的收益由地方按相关的规定进行使用；对于围填海等开发性用海为主的整治修复项目，必须突出资源保护和岸线景观建设的理念。

整治修复项目涉及海域使用必须符合海洋功能区划,按规定办理用海手续。区域用海规划、用海项目中涉及整治修复内容的,国家将优先予以审批。

五、法律责任

项目组织部门有关责任人在审批、管理、评估、咨询、检查等过程中弄虚作假、玩忽职守、滥用职权、徇私舞弊、索贿受贿的,依法追究有关责任人的行政责任;构成犯罪的,由司法机关依法追究刑事责任。

项目实施过程中有下列行为之一的,各级自然资源主管部门可以责令其限期整改、核减、停止拨付或收回财政资金,并可视情节轻重提请或移交有关机关依法追究有关责任人的行政或法律责任:①提供虚假情况,骗取项目资金的;②转移、侵占或者挪用项目资金的;③擅自改变项目总体目标和主要内容的;④无违规行为,但无正当理由未按要求完成项目总体目标延期未验收的;⑤其他违反国家法律法规规定的行为。

第十章

生态用海管理制度

第一节 生态用海概述

党的十八大做出"大力推进生态文明建设"的战略部署，要求把生态文明建设融入经济建设、政治建设、文化建设、社会建设各方面和全过程。党的十九大将生态文明建设纳入中国特色社会主义事业"五位一体"总体布局，确立了生态文明建设在我国特色社会主义事业中的突出地位，为我国海洋综合管理的思路创新指明了方向。

为合理开发利用海洋资源，有效地保护海洋生态环境，服务国家海洋强国建设战略布局，国家海洋局提出了海洋资源开发利用必须坚持规划用海、集约用海、生态用海、科技用海、依法用海的"五个用海"理念。其中生态用海是海域综合管理领域落实国家生态文明建设战略的重要突破口。周玲玲等将生态用海的主要内涵总结为如下四个方面：一是强调用海活动对海洋生态系统基本生态功能的维护和保护。开发利用海域应维护、保持海洋生态系统的基本生态功能，特别要保护海洋生态环境敏感区、脆弱区，如自然保护区、珍稀、濒危海洋生物的天然集中分布区、河口和海湾海域、红树林、珊瑚礁等特殊生境以及重要渔业水域等海域；二是强调用海活动要侧重于海域自然资源禀赋的开发和利用。开发利用海域应因势利导，根据特定海域的自然禀赋确定用海方式，最大程度地挖掘海洋资源环境潜在功能与海域经济效用，达到海域使用的经济效益与生态效益相统一；三是强调用海活动与生态建设同步推进。尽可能地采用生态友好、环境友好的方式开发利用海域，最大程度地减轻对海洋生态环境的影响，明确落实开发利用海域的生态建设方案，积极鼓励用海活动与海洋生态修复、整治工程的有机结合；四是加强落实生物多样性保护和生态补偿工作。应加强用海活动范围内的海洋生物多样性保护工作，必要时采取有效措施保护海洋典型濒危动物及栖息地、海洋生物迁徙通道，对受威胁生物实施异地保护，对受损生物栖息地实施生态补偿。

2018年，国务院印发了《关于加强滨海湿地保护，严格管控围填海的通知》(国发〔2018〕24号)，要求按照"生态优先、节约集约、分类施策、积极稳妥"的原则，开展围填海历史遗留问题调查、评估与处置，严格限制围填海用于房地产开发、低水平重复建设旅游休闲娱乐项目及污染海洋生态环境的项目。同时要坚持自然恢复为主、人工修复为辅，积极推进"蓝色海湾""南红北柳""生态岛礁"等重大生态修复工程，支持通过退围还海、退养还滩、退耕还湿等方式，逐步修复已经破坏的滨海湿地。为落实国家生态文明建设战略部署和国务院相关要求，自然资源部制定了《围填海工程生态建设技术指南(试行)》《围填海项目生态评估技术指南(试行)》《围填海项目生态保护修复方案编制技术指南(试行)》等生态用海管理技术文件。我国生态用海管理逐步形成了生态建设、生态保护、合理布局、节约资源、整治修复等管理制度体系。

1. 生态建设

生态建设是一定区域背景下，为解决生态退化和环境破坏问题而采取的以恢复、保护生态系统和生态环境为目的的各类人为干预活动的统称。在海域开发利用过程中，充分利用生态系统的自然规律和现代科学技术，在用海活动中进行生态建设，实现环境、经济、社会效益的统一，达到生态用海的最终目的。用海活动生态建设内容涵盖海岸线生态建设、水系湿地生态建设、绿地建设及污染物排放与控制方案等内容，鼓励围填海建设与海域整治修复相结合，景观建设与栖息地营造相结合，促进围填海区域海洋生态功能的修复和重建，维护海洋生物多样性。

2. 生态保护

海域使用过程中必须加强海洋生态环境保护，一是避免用海活动占用、破坏重要海洋生态系统、典型滨海湿地、重要水产种质资源聚集区。海域使用必须符合海洋功能区划和海洋生态红线,海洋功能区划和海洋生态红线已将海洋生态系统服务功能价值较高,且遭受损害后较难恢复的海洋生态环境重要区、敏感区、脆弱区划为重点保护区,各类用海活动必须避免在海洋功能区划和海洋生态红线划定的保护区内实施;二是避免用海活动污染、干扰重要海洋生态系统、典型滨海湿地、重要水产种质资源区。各类用海活动会产生一定的入海污染物排放、悬浮泥沙扩散,影响海洋生态系统健康和海洋资源持续利用。因此,各类用海活动必须远离重要生态系统、典型滨海湿地、重要水产种质资源区。

3. 合理布局

各类用海项目海域选址,要从区域位置、产业类型和平面布置等多个方面统筹考虑,合理布局产业用海空间。从区域位置角度,优先保障国务院批准的沿海区域发展战略规划、自贸区、21世纪海上丝绸之路重要节点区、海洋生态文明建设中的重大项目用海;从产业类型角度,优先保障国家重大基础设施、海洋战略性新兴产业、重大民生工程等用海需求,提高用海的生态门槛和产业准入门槛,合理控制近海养殖容量,鼓励建设增殖型、资源修复型海洋牧场;从平面布置角度,加强各类用海项目平面设计与岸线占用审查力度,提倡人工岛式、多突堤式、水道式和区块组团式围填海,减少围填海项目对水动力条件和冲淤环境的改变。

4. 节约资源

生态用海的节约资源,主要指节约用海面积和岸线资源,主要包括:实施总量管控制度,根据海洋功能区划确定用海控制总量,预测阶段性用海需求,测算围填海年度计划,逐步压缩围填海计划指标。根据不同的用海产业类型,明确建设项目用海和岸线占用控制规模;在海域开发利用活动中,要严格执行围填海和岸线管控指标,促进海域资源的集约节约利用。

5. 整治修复

生态用海倡导用海建设与整治修复相结合的原则,将整治修复作为用海项目审批的重要环节和内容。海域开发利用过程中,建议围绕《国家海洋局生态文明建设实施方案(2015—2020年)》和"蓝色海湾"综合治理、"南红北柳"

湿地修复、"生态岛礁"保护修复等重大工程要求，结合工程用海特征和海域环境特征，做好海域整治修复工作，明确整治修复的海域、计划及具体措施，提高项目用海生态化水平，减少环境影响。

新时期海洋资源开发利用必须坚持"生态用海"，生态优先的原则，科学配置海域资源，优化海洋开发格局，加强生态保护与建设，维持海洋生态平衡，实现海域使用的生态效益、经济效益和社会效益最大化。坚持"生态用海"，就是要按照整体、协调、优化和循环的思路，进行海域资源的合理开发与可持续利用，维持海洋生态平衡。

第二节　用海生态建设

开展用海工程的生态建设，主要目的是采取系统性、综合性的技术方法和工程措施，尽可能地减少各类用海工程对海洋资源和海洋生态系统的影响，修复受损生境，提升新形成岸线的公众开放程度和景观生态效果，构建自然化、生态化、绿植化的新海岸。

一、用海生态建设原则

用海生态建设要坚持因地制宜、以人为本、保障安全、自然修复、节约资源等原则。

（1）因地制宜原则。应结合工程用海的实际功能需求，充分考虑当地自然资源现状、生态禀赋、水文动力、地形地貌和海洋灾害等自然条件，提出适合工程建设区域实际情况的生态建设方案。

（2）以人为本原则。统筹规划围填海区域的生产、生活、生态空间，增加人民群众亲海空间，破解人民群众亲海难题，让公众享受到碧海蓝天和洁净沙滩。

（3）保障安全原则。用海工程的设计应符合相关国家和行业设计规范标准，确保防洪防潮防浪安全和公众生命财产安全，发挥好生态建设的海洋减灾功能。

(4)自然修复原则。遵循海陆过渡带生态系统的自然规律,充分利用生态系统的自然修复与恢复能力,科学设计生态建设方案,为生态系统自然恢复创造良好条件,确保生态建设成果持久发挥作用。

(5)节约资源原则。生态建设应与工程用海开发利用有机融合,在海岸线和海域利用上实现布局协调和功能兼顾,尽量减少因生态建设带来的海域海岸线空间资源消耗。

二、用海生态建设主要内容

用海工程在开展海域使用论证工作前,应开展海洋生态本底调查。根据海洋生态本底调查结果,结合用海工程实际情况,编制生态建设方案。生态建设方案主要内容如下:

(1)生态化平面设计。生态化平面设计应充分体现生态用海理念,最大限度地保护所在海域生态系统的原始性和多样性,尽量保全所在海域和海岸生态系统服务功能。平面布置应尽量采用离岸人工岛、多突堤(适用于码头泊位)、区块组团等方式,尽可能减少岸线资源的占用,岸线利用率应符合《建设项目用海面积控制指标(试行)》的要求;结合项目实际,围填海项目平面设计中应布置出一定面积的水系、湿地等生态空间;砂质海岸用海工程不应对地形地貌与冲淤环境造成明显影响。

(2)公众亲海空间设计。除生产岸线、特殊利用岸线以及相关法律法规另有规定的岸线区域外,用海工程新形成的岸线均应以适当方式向公众开放,开发退让距离应符合《建设项目用海面积控制指标(试行)》的相关要求。根据项目主导功能和陆域纵深,规划设计沿岸绿化带、人工沙滩、公众亲海空间和进出亲海空间的通道。在有条件的区域,应在堤顶或海堤(护岸)向海侧建设观景栈道和平台等亲海廊道。

(3)生态化海堤建设。在保障海堤(护岸)防洪防潮防浪安全的前提下,向海侧堤型宜采用斜坡式结构,在条件适宜时尽可能缓坡入海,促进近岸海洋生境的重建。海堤(护岸)建设应采用生态混凝土和当地块石等绿色环保、适宜当地海域生态系统的无害化建筑材料,以利于植物生长和藻类、贝类附着，促进恢复生物多样性。因地制宜地采用生态格栅、生态护面(含生态袋、植物砌块、生态溢水砖、箱式绿化挡墙等)等生态设计措施构建生态海堤。因地制宜地构建灌草结合、多种群交错的海堤生态空间布局，尽量选取本土物种、防风抗浪、耐盐碱植物品种进行植被种植和养护，提高护岸植被物种多样性，发挥海堤生态带的综合减灾效能。

(4)生态化岸滩建设。采用红树林、柽柳、翅碱蓬、海草(藻)等生态修复措施，尽量恢复海岸的生态涵养、鸟类栖息、促淤消浪等功能。对于易于发生岸滩侵蚀的工程用海岸段，可采用潜堤、离岸堤、丁字坝等工程或植物护滩措施，保护岸滩稳定和修复受损岸滩。砂质海岸用海工程应进行沙滩养护，在条件适宜的岸段建造人工沙滩。生物海岸用海工程，可采取现场修复或按照占补平衡原则异地补种等生态措施，修复受损生境，提高邻近海域的生态功能。同时可根据用海工程所在海域自然条件和资源特点，在不危及防护工程坡脚和基础安全的前提下，采用人工鱼礁等生态设计，为鱼类、贝类等提供繁殖、生长、索饵和避敌的场所，营造海洋生物栖息的良好环境。

(5)污水排放与控制。用海工程污水应纳入污水管网集中处理，确保工程实施后区域污染物排放总量不增加。积极推行区域内工业废水和生活污水循环利用，鼓励建设单位集中收集处理污水废水，并结合人工生态湿地和水系建设，促进污水的循环利用。确需排海的，必须根据所在海洋功能区水质要求和污染物总量控制要求，充分发挥人工湿地等生态工程的再净化作用，选取最高标准处理方式进行处理，对污水进行生态化处置尽可能采用集中排、离岸排和生态化排放。严禁在重要、敏感和脆弱的生态区域进行污水排放。

(6)长期监测与评估。结合用海工程生态化海堤、生态化岸滩、污水排放与控制等生态建设方案，确定相应的生态建设监测要素，制定生态建设监测方案，明确长期跟踪监测和效果评估的要求。设置在污水排污口的用海工程，应在入海排污口和周边海域设置自动监测设施。能源、石化、核电等对海洋生态环境造成较大影响的用海项目，应当在用海范围内预留一定空间用于建设多功能合一的海洋生态环境监测站，并保证监测设施正常运行，保存原始监测记录。

三、用海生态建设要求

各类用海项目生态建设应结合工程所在海域自然环境、生态条件和项目功能需求,因地制宜提出可行的生态建设方案;不符合生态建设条件的应该当阐明理由和依据。不同区位条件和类型的用海工程应重点关注以下生态建设要求。

(1)位于海湾、河口海域的用海工程。要充分考虑海湾海域风浪较小、水动力较弱、生态价值较高、生态敏感脆弱、生态化建设条件适宜等特点,全面开展生态建设,重点就生态化海堤建设和公众亲海空间设计提出明确的工程措施和建设要求。在平面设计上尽量不采用截弯取直的平面布置方式,避免对海湾形态和潮流场特征造成严重影响。

(2)位于滩涂海域的用海工程。位于滩涂(特别是淤涨型滩涂)海域的用海工程,在平面设计上要考虑水动力弱、淤积快的特点,不强制要求人工岛、多突堤、区块组团等方式布局,向海侧应保留一定宽度的滩涂、湿地面积;生态建设方案包括生态化海堤、生态化岸滩、公众亲海空间设计、污水排放与控制、长期监测与评估五个方面内容。

(3)位于开阔海域的用海工程。区分迎浪面和背浪面分别制定生态化海堤建设方案。迎浪面海堤设计须优先考虑防洪防浪防潮和公众生命财产安全;经论证因灾害等因素不具备生态建设条件的应当阐明理由和依据。生态化平面设计、污水排放与控制、长期监测与评估的生态建设方案符合《围填海工程生态建设技术指南(试行)》。

(4)港口码头以及特殊用途等的用海工程。应优先考虑项目生产需求,在确保项目功能实现的前提下,适当开展生态海堤、生态化岸滩的生态化建设,不符合生态建设条件的应当阐明理由和依据。生态化平面设计、污水排放与控制、长期监测与评估的生态建设方案符合《围填海工程生态建设技术指南(试行)》。

第三节 用海生态评估

用海项目生态评估就是综合运用生态学方法,对用海项目的海洋生态环境影响进行分析评估,揭示用海项目的主要海洋生态环境影响方面、影响程度及其造成的海洋生态损失,为用海项目生态补偿、生态修复等提供依据。用海项目生态评估一般要根据用海项目的用海位置、用海方式、用海用途等开展有针对性的分析评估,可采用定性评价方法、定量评价方法、定性与定量相结合的评价方法等多种评估方法,全面反映用海项目造成的海洋生态影响和生态损失。

一、用海生态评估主要内容

1. 用海项目生态影响评估

用海项目生态影响评估,主要对用海项目的水文动力环境影响、地形地貌与冲淤环境影响、海水水质和沉积物环境影响、海洋生物生态影响、生态敏感目标影响等进行分类评估,阐述用海项目的主要海洋生态影响方面和影响程度。

(1)水文动力环境影响评估。

根据用海项目实施前后的水文动力观测资料,对比分析项目实施前后潮流(流速和流向)、潮位和波浪等特征值的变化。对位于海湾的用海项目,应对比分析项目实施前后纳潮量和水体交换量(率)的变化等。对位于河口的用海项目,应分析项目实施前后对行洪安全的影响。

(2)地形地貌与冲淤环境影响评估。

根据用海项目实施前后的水深地形资料,结合数值模拟计算结果,对比分析用海项目实施前后地形地貌的变化(含岸线变化)、近岸输沙特征、泥沙运移趋势和冲淤变化等。

(3)海水水质和沉积物环境影响评估。

根据用海项目实施前后的海水水质和沉积物调查资料,结合调查站位所在海洋功能区的环境保护要求，分析评估项目实施前后水质和沉积物质量变化情况。

(4)海洋生物生态影响评估。

根据用海项目实施前后的海洋生物生态调查资料，对比分析项目实施前后叶绿素 a、初级生产力、浮游生物、鱼卵及仔稚鱼、底栖生物、游泳生物、潮间带生物、海洋生物质量等变化情况。

(5)生态敏感目标影响评估。

分析用海项目对重要滨海湿地(含河口、红树林、珊瑚礁等)、海洋保护区、珍稀濒危海洋生物集中分布区、重要渔业水域(重要经济鱼类产卵场、索饵场、越冬场、洄游通道)、海洋自然历史遗迹和自然景观等生态敏感目标的影响，阐明生态敏感目标状况，分析用海项目对生态敏感目标造成的影响方式和程度，涉及鸟类迁徙栖息地、觅食地的围填海项目，应开展鸟类影响评估。

(6)其他影响评估。

如果用海项目对涉及陆域或海岛等近岸生态环境产生影响或损害时，应分析项目对近岸自然保护区、近岸和陆地生态系统、海岛生态系统等造成的影响。

2. 用海项目生态损失评估

用海项目生态损失评估，在全面分析用海项目生态环境影响的基础上，采用相对客观的评价标准，对用海项目造成的海洋生物资源损失和海洋生态系统服务功能损失进行定量评估，为用海项目海洋生态补偿与生态修复提供依据。

(1)海洋生物资源损失评估。

用海项目生物资源损失评估主要评估用海项目实施对各类海洋生物资源造成的损失数量及其价值，损失评估对象主要包括潮间带生物资源、底栖生物资源、渔业资源等海洋生物资源。

(2)海洋生态系统服务功能损失评估。

用海项目的生态系统服务功能损失评估主要评估用海项目造成的海洋生

态系统服务功能的损失,包括用海项目占用海域空间造成的海洋生态系统服务功能损失及受用海项目影响导致的周边海域生态系统服务功能损失,海洋生态系统服务功能包括海洋供给服务功能、海洋调节服务功能、海洋文化服务功能和海洋支持服务功能。

二、用海生态损失评估方法

1. 用海项目生物资源损失评估方法

(1)游泳动物资源损失评估方法。

游泳动物资源损失评估主要依据用海项目占用海域的游泳动物调查数据,采用下式计算:

$$M_y = \sum_{i=1}^{n} D_{yi} \cdot S \cdot H \tag{10.1}$$

式中,M_y 为用海项目导致的游泳动物资源损失量,单位为千克或吨;D_{yi} 为第 i 类游泳动物的生物量密度,单位为千克/米^3,S 为用海项目占用海域面积,单位为米^2,H 为用海项目占用海域范围内平均水深,单位为米。

游泳动物资源损失价值评估主要采用各类游泳动物资源损失量,与该类游泳动物水产品市场价格评估,计算公式如下:

$$V_y = \sum_{i=1}^{n} (M_i \cdot P_i - F_i) \tag{10.2}$$

式中,V_y 为用海项目占用海域导致的游泳动物资源损失价值量,单位为万元;M_i 为用海项目占用海域导致的第 i 类游泳动物资源损失量,单位为千克;P_i 为第 i 类游泳动物水产品市场平均价格,单位万元/千克;F_i 为第 i 类游泳动物水产品运送到市场销售的平均成本,单位为万元。

(2)鱼卵、仔稚鱼资源损失评估方法。

根据用海项目所在海域的鱼卵、仔稚鱼调查数据,按照以下公式计算鱼卵、仔稚鱼资源损失。

$$M_l = \sum_{i=1}^{n} (D_{li} \cdot S \cdot H) \tag{10.3}$$

式中,M_l 为用海项目导致的鱼卵、仔稚鱼资源损失量,单位万尾(万粒);D_{li} 为用海项目所在海域鱼卵、仔稚鱼密度,单位万尾(万粒)/米³,S 为用海项目占用海域面积,单位为米²,H 为用海项目占用海域范围内平均水深,单位为米。

用海项目占用海域导致的鱼卵、仔稚鱼资源损失价值计算公式如下:

$$V_l = \sum_{i=1}^{n}(M_{li} \cdot P_{li} \cdot K_{li} - F_{li}) \tag{10.4}$$

式中,V_l 为用海项目导致的鱼卵、仔稚鱼资源损失价值,单位万元;M_{li} 是用海项目导致的第 i 类鱼卵、仔稚鱼资源损失量,单位万尾(万粒);P_{li} 为当地第 i 类鱼类苗种的平均价格,单位为元/万尾;K_{li} 为鱼卵、仔稚鱼折算为商品苗种规格的换算比例;F_{li} 为第 i 类鱼卵、仔稚鱼培养成苗种的后期投资,单位为元或万元。

(3)底栖动物资源损失评估方法。

用海项目占用海域空间后会导致底栖动物资源全部或部分丧失,其底栖动物资源损失量计算公式如下:

$$M_d = \sum_{i=1}^{n}(D_{di} \cdot S) \tag{10.5}$$

式中,M_d 为用海项目导致的底栖动物资源损失量,单位为千克或吨;D_{di} 为第 i 类底栖动物的生物量密度,单位为千克/米²,S 为用海项目占用海域面积,单位为米²。

用海项目占用海域导致的底栖动物资源损失价值计算公式如下:

$$V_d = \sum_{i=1}^{n}(M_{di} \cdot P_{di} - F_{di}) \tag{10.6}$$

式中,V_d 为用海项目导致的底栖动物资源损失价值,单位万元;M_{di} 为用海项目导致的第 i 类底栖动物资源损失量,单位千克/吨;P_{di} 为当地第 i 类底栖动物水产品的平均市场价格,单位为元/千克;F_{di} 为第 i 类底栖动物捕获并运送到市场的成本,单位为元或万元。

(4)潮间带生物资源损失评估方法。

用海项目占用潮间带生态空间会导致潮间带生物资源全部或部分丧失,潮间带生物资源损失量计算公式如下:

$$M_c = \sum_{i=1}^{n}(D_{ci} \cdot S_i) \tag{10.7}$$

式中，M_c为用海项目导致的潮间带生物资源损失量，单位为千克或吨；D_{ci}为第i类潮间带生物的生物量密度，单位为千克/米²，S_i为第i类潮间带生物的分布面积，单位为米²。

用海项目占用潮间带生态空间导致的潮间带生物资源损失量计算公式如下：

$$V_c = \sum_{i=1}^{n}(M_{ci} \cdot P_{ci}) \quad (10.8)$$

式中，V_c为用海项目导致的潮间带生物资源损失价值，单位万元；M_{ci}为用海项目导致的第i类潮间带生物资源损失量，单位吨；P_{ci}为恢复第i类潮间带生物资源的单位面积修复成本，单位为万元/千克。

2. 用海项目生态系统服务功能损失评估方法

用海项目实施导致的海洋生态系统服务功能损失主要表现在食品与原材料供给服务功能损失、气候调节和维持服务功能损失、污染物净化服务功能损失、生物多样性维护服务功能损失、旅游休闲娱乐服务功能损失和科研教育服务功能损失等方面，以上6个方面的海洋生态系统服务功能损失价值评估方法如下。

(1) 食品与原材料供给服务功能损失评估。

海洋生态系统具有丰富的水产品、原材料等物质生产供给功能。用海项目占用海域直接造成被占用海域的水产品、原材料等物质生产供给功能丧失。这种海洋物质生产供给功能丧失可根据被用海项目占用海域内各种水产品、原材料的损失量及其市场价格来估算。

海水养殖食品供给功能损害价值核算模型：

$$P_q = \omega_s \sum_{i=1}^{n} S_i (R_{qi} - C_{qi}) \quad (10.9)$$

式中，P_q为用海项目占用海域导致的海水养殖功能损害价值(万元/年)，ω_s为用海项目对海水养殖功能损害程度，R_{qi}为单位面积某养殖产品近3年的平均收入[元/(年·米²)]，C_{qi}为单位面积某养殖产品近3年的平均生产成本[元/(年·米²)]，S_i为某产品的养殖面积(米²)，n为评估海域选取的养殖品种数。

原材料供给功能损害价值核算模型：

$$P_r = \omega_c \sum_{i=1}^{n} S_i Q_i (P_i - C_i) \tag{10.10}$$

式中,P_r为用海项目导致的原材料供给服务损失价值(万元/年),ω_c为用海项目对原材料供给服务功能损害程度,S_i为用海区域内第i类原材料的生长面积(米^2),Q_i为用海区域内第i类原材料单位面积产量(千克/米^2),P_i为第i类原材料的市场单价(元/千克),C_i为第i类原材料单位质量的成本(元/千克)。

(2)气候调节和维持服务功能损失评估。

海洋生态系统的气候调节和维持服务功能是指海洋生态系统通过浮游植物及其他植物(包括红树林)的光合作用吸收CO_2和其他气体,释放O_2来调节气候和维持空气质量功能。用海项目占用海域会造成浮游植物、红树林等初级生产者消失或受损,从而导致海洋生态系统的气候调节维持服务功能丧失或弱化。可采用重置成本法,即重置海洋生态系统提供气体调节服务功能所需的成本来间接估算各种用海活动造成这一服务功能的价值损失。具体步骤为:一是通过调查,得到生境受损海域单位面积浮游植物每年干物质的产量;二是通过调查得到固定CO_2、释放O_2的成本$PP_1 = PP_2 \times \dfrac{CPI_1}{CPI_2}$;三是利用下列光合作用方程式计算单位重量干物质所吸收CO_2与释放O_2的量。

$$CO_2(264g) + H_2O(108g) \xrightarrow{6772cal} C_2H_{12}O_6(180g) + O_2(193g) \rightarrow Amylase(162g) \tag{10.11}$$

从该光合作用方程式可以发现,每生产162克的干物质,就可固定264克的CO_2,并释放193克O_2,即生产1克干物质可以吸收1.63克CO_2,释放1.19克O_2。为此,单位面积生境受损海域每年造成的气候调节功能损害价值的核算模型即为:

$$V = (1.63 C_{CO_2} + 1.19 C_{O_2}) \cdot X \cdot S \tag{10.12}$$

式中,V为用海项目占用海域造成的海域气候调节功能年损害价值(万元/年),$PP_1 = PP_2 \times \dfrac{CPI_1}{CPI_2}$与$PP_1$分别为固定$CO_2$和制造$O_2$的成本(元/吨),$X$为单位面积浮游植物每年干物质的产量(吨/米^2),S为用海项目占用海域面积(米^2)。

另外,从光合作用方程式还可看出,浮游植物每生产180克碳水化合物,就可固定264克的CO_2,释放193克O_2,即每固定1克碳,就能释放2.679克O_2,故用海项目占用海域每年造成的气候调节功能损害价值也可采用下列模型计算:

$$P_{tj} = (C_{CO_2} + 2.679 C_{O_2}) \sum_{i=1}^{n} X_C \cdot S_i \times 10^{-6} \qquad (10.13)$$

式中,P_{tj}为用海项目占用海域造成的气候调节服务功能损失值(万元/年),C_{CO_2}为固定CO_2的成本(元/吨),C_{O_2}为生产O_2的成本(元/吨),X_C为第i种生态类型单位时间、面积固碳量[克/(年·米^2)],S_i为用海项目占用的第i类生态区域的面积(米^2),n为生态类型数。

(3) 污染物净化服务功能损失评估。

用海项目占用海域导致纳潮量的减少,造成带出海域污染物数量的减少,从而降低了海域的环境容量,弱化了海域污染物净化服务功能。可采用替代成本法或重置成本法,根据用海项目占用海域导致纳潮量减少计算污染物净化服务功能损失量,即用清除这些污染物所需的成本费用来替代污染物携出量减少造成的废物处理(或环境容量)功能的损害价值。

通过下列模型,即假设某海域第i种污染物每年的环境容量为X_i,第i种污染物处理成本为C_i,海水容量为Q,则单位水容量价值比ΔV:

$$\Delta V = \sum_{i=1}^{n} \frac{X_i C_i}{Q} \qquad (10.14)$$

用海项目占用一块面积为S,水深h的海域,每年损害的海域环境容量价值P_v:

$$P_v = \Delta v \times S \times h \qquad (10.15)$$

这样即可得到单位面积用海年损失的海域环境容量价值F评估模型为:

$$F = H \sum_{i=1}^{n} X_i C_i / Q \qquad (10.16)$$

式中,F为用海项目占用海域造成的单位面积海域污染物净化功能损失值(万元/年),X_i为第i种污染物每年的环境容量,C_i为第i种污染物的处理成本(元/千克),Q为海水容量,H为海域水深(米)。

(4) 旅游休闲娱乐服务功能评估。

海洋生态系统能够提供重要的旅游娱乐服务及景观服务,如沙滩、水质、红树林是重要的休闲旅游资源。海洋开发活动对滨海旅游休闲娱乐服务功能的损失价值难以通过直接的市场交易信息进行评估。可采用成果参照法,根据现有研究成果来估算用海项目造成的滨海旅游休闲娱乐服务功能损失价值，具体模型如下：

$$P_{tr} = \omega_{tr} \cdot V_{tr} \cdot S \quad (10.17)$$

式中，P_{tr}为用海项目造成的滨海旅游休闲娱乐服务功能损失价值(万元/年)，ω_{tr}为用海项目对滨海旅游休闲娱乐功能损害程度，V_{tr}为单位面积海域旅游休闲娱乐服务功能价值[元/(年·米^2)]，S为用海项目占用海域面积(米^2)。

(5)科研教育服务功能损失评估。

海洋为人类科学研究和教育提供丰富的材料和场所。由于海洋资源具有公共物品属性，用海项目开发活动对科研教育服务功能的损害价值难以利用直接市场交易信息进行评估。可采用成果参照法根据现有研究成果来估算用海项目造成的科研教育服务功能损失价值，具体模型如下：

$$P_{es} = \omega_{es} \cdot V_{es} \cdot S_s \quad (10.18)$$

式中，P_{es}为用海项目造成的科研教育服务功能损失价值(万元/年)，ω_{es}为用海项目对科研教育服务功能损害程度，V_{es}为单位面积海域科研教育服务价值[元/(年·米^2)]，S为用海项目占用面积(米^2)。

(6)用海项目生态服务功能损害的总价值核算模型。

用海项目导致的海洋生态系统服务功能损失总价值即为用海项目实施造成的各种生态系统服务功能受损所产生的直接、间接及其他生态损害价值的总和，具体核算模型为：

$$W_z = C_{sz} + C_{sj} + C_{sq} \quad (10.19)$$

式中，W_z为用海项目导致的海洋生态系统服务功能损失总价值(万元/年)，C_{sz}、C_{sj}、C_{sq}分别为用海项目造成生态系统服务功能直接、间接及其他损害价值(万元/年)。

三、用海生态评估程序与要求

1. 用海项目生态评估程序

用海项目生态评估工作的具体程序可分为准备、调查、评估和报告编制等阶段。

(1)准备阶段：收集用海项目基本情况、所在海域的背景资料及前期工作成果，了解项目周边海域开发利用现状和生态敏感目标，确定评估范围，编制评估工作方案。

(2)调查阶段：编制调查方案，明确调查内容、调查时间和调查方法等，组织实施海域生态现状调查。

(3)生态评估阶段：结合收集资料和现状调查结果，对比分析用海项目实施前后海洋生态环境要素变化情况，评估用海项目对海洋生态影响程度和生态损害价值。科学分析用海项目产生的生态问题，开展用海项目海洋生态影响综合评估。

(4)报告编制阶段：根据评估的内容和结论，提出生态修复对策，编制用海项目生态评估报告。

用海项目生态评估程序具体见图10-1。

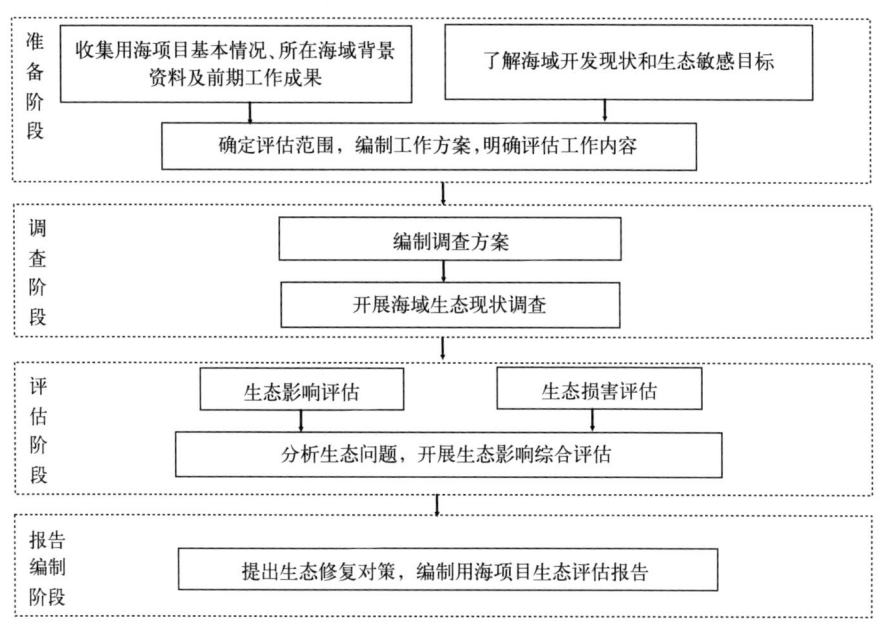

图10-1 用海项目生态评估工作程序

2. 用海项目生态评估要求

用海项目所在海域生态状况资料收集和现场调查应依据用海项目规模及

所在海域特征，参照《海域使用论证技术导则》要求开展。对用海项目实施后，已有资料不能满足评估需要的，应开展一次现场调查，调查站位设置与季节选择尽可能与用海项目实施前一致。缺少项目实施前所在海域生态状况资料的，应收集能够代表项目所在海域生态状况的相关资料。对建设用途明确的用海项目，可根据用海项目实际运营可能产生的海洋生态环境影响，有针对性地开展项目特征污染物相关要素现状调查。

第四节　用海生态保护与生态修复

用海生态保护与生态修复就是根据用海项目生态评估结论，梳理用海项目的主要生态影响问题，确定用海项目生态保护与生态修复重点，制定针对性的生态保护与生态修复目标，提出可量化的生态保护与生态修复考核指标。用海项目生态保护与生态修复应根据项目实际情况，选择海岸线、滨海湿地、海洋生物资源、水文动力和冲淤环境、海岛生态系统等作为生态保护与生态修复重点。对严重破坏海洋生态环境需要拆除的，还应关注海洋生境重建。同时，拆除方案应从海洋生态保护角度进行比选分析，给出推荐方案。

一、用海生态保护与生态修复主要内容

1. 用海项目生态修复

用海项目生态修复涉及海岸线生态修复的，应重点关注岸线类型和功能，采取沙滩养护、堤坝拆除、生态海堤建设等措施，形成具有自然海岸形态特征和生态功能的海岸线，提升生态涵养功能和灾害防御能力。

用海项目生态修复涉及滨海湿地恢复的，应重点关注生态系统完整性与生态健康，采取水系恢复、植被保育、退养还滩、退耕还湿、异地修复、外来物种防治等措施，尽可能恢复受损滨海湿地的结构与功能。需开展异地修复的，应明确选址方案、修复规模、修复对象等。

用海项目生态修复涉及海洋生物资源恢复的，应重点关注用海项目造成的资源损失，通过大型藻类种植、增殖放流、人工鱼礁投放等措施，提高海

洋生物资源总量和生物多样性。

用海项目生态修复涉及水文动力及冲淤环境恢复的，应重点关注纳潮量、水交换能力、岸滩稳定性及其引起的生境变化，可采取堤坝拆除、清淤疏浚等措施，改善水文动力与冲淤环境。

用海项目生态修复涉及无居民海岛的，应重点关注海岛生态系统独立性，可采取连岛堤坝拆除和海岛复绿等措施，恢复海岛生态系统的结构与功能。

用海项目生态修复具体修复措施参考表10-1。

表10-1 用海项目生态修复措施与相关技术要求

序号	修复类型	修复措施	相关技术参考
1	岸线修复	自然岸线：可采取沙滩养护、植被种植、促淤保滩等措施，修复和重建受损自然岸线。人工岸线：可采取环境整治、生态护岸、景观建设等措施，提升海岸线景观效果；可采取海防工程加固、提高海堤标准等措施，增强海岸灾害防御能力；可采取堤坝拆除、生态海堤建设等措施，形成具有自然海岸形态特征和生态功能的海岸线	《海滩养护与修复技术指南》（HY/T 255—2018）
2	滨海湿地修复	可采取水系恢复、植被保育、退养还滩、退耕还湿、外来物种防治等措施，恢复滨海湿地的结构与功能。红树林、珊瑚礁等典型生态系统修复，还可采取异地补种等措施	《红树林植被恢复技术指南》（HY/T 214—2017）；《海滩养护与修复技术指南》（HY/T 255—2018）
3	海洋生物资源恢复	可采取大型藻类种植、增殖放流和人工鱼礁投放等措施，恢复海洋生物资源	《人工鱼礁建设技术规范》（SC/T 9416—2014）；《水生生物增殖放流技术规程》（SC/T 9401—2010）
4	水文动力及冲淤环境恢复	可采取堤坝拆除、清淤疏浚等措施，改善水文动力与冲淤环境	
5	无居民海岛生态修复	可采取拆除连岛坝、海岛岸线修复等措施，恢复海岛生态系统独立性和完整性；采取植被复植等措施，恢复被破坏的海岛自然覆被	《海岛生态整治修复技术指南》

2. 用海项目生态保护

新增用海项目应在项目设计、施工阶段采取生态保护措施，边建设边修复，最大程度避免生态系统服务功能降低。生态保护措施应参照《围填海工程生态建设技术指南（试行）》要求，明确用海项目的生态化设计理念、开展生态化海堤和生态化岸滩建设、制定切实可行的污染防治方案。

二、用海项目生态保护与生态修复实施计划

根据用海项目实际的海洋生态影响，有针对性地编制用海项目海洋生态保护与修复方案，明确主要生态保护与生态修复内容，研制生态保护与生态修复方法与技术流程，制订生态保护修复的分年度实施计划，包括责任主体、组织方式和预期目标（如修复海岸线长度、滨海湿地面积）等。根据用海项目生态保护与生态修复方案，测算生态保护修复工程所需经费，原则上不得低于生态损害评估的金额。

三、用海项目生态保护修复效果跟踪监测与评估

根据用海项目生态保护修复重点，制订针对性的跟踪监测计划。用海项目生态保护修复效果监测内容、监测项目、监测频次等的确定可参照表10-2选取。

表10-2 用海生态保护修复效果跟踪监测计划

序号	修复类型	监测内容	主要监测项目	监测频次
1	岸线修复	岸线	岸线属性及岸线变化	修复完成后立即进行1次
2	滨海湿地修复	红树林生境及环境要素	植被、鸟类、外来物种等	修复完成后立即进行1次；3年后跟踪监测1次
		珊瑚礁生境及环境要素	活体珊瑚覆盖率、珊瑚礁鱼类、水质、沉积物等	
		滩涂生境及环境要素	水深地形、海水水质及沉积物质量、湿地植被、潮间带生物等	
3	海洋生物资源恢复	海洋生物	浮游植物、浮游动物、鱼卵仔鱼、游泳生物、底栖生物、潮间带生物、大型藻类以及增殖放流生物品种等	修复完成后首年春秋季各监测1次

续表

序号	修复类型	监测内容	主要监测项目	监测频次
4	水文动力及冲淤环境恢复	水文动力和冲淤环境	水深地形、流速流向、断面潮通量等	修复完成后立即进行1次
5	无居民海岛生态修复	海岛岸线、植被	岸线属性、植被类型和面积等	修复完成后立即进行1次

可根据监测结果开展效果评估，并编制评估报告。评估内容根据保护修复方案合理确定，应包括以下一项或多项：

——是否达到了设计方案的相关指标要求；

——是否形成了具有自然海岸形态特征和生态功能的海岸线；

——是否有效恢复了滨海湿地生境和生物多样性；

——是否有效恢复了海洋生物资源；

——是否有效改善了水文动力和冲淤环境；

——是否有效恢复了海洋(海岛)生态系统的功能。

第十一章

海域综合管理其他制度

第一节 海砂开采用海管理制度

我国开发利用海砂资源的历史久远，但众多的企业和个人下海开采海砂是近十几年才发展起来的。20 世纪 70—80 年代，开采者主要开采富集了具有重要经济价值和工业价值矿物资源的海砂，用于提炼金属、非金属矿物质用做工业原料。当时开采规模并不大，全国在 70 年代约 10 余万吨，到 80 年代约 20 余万吨。进入 90 年代，建筑行业用砂的需求量不断扩大，而海砂粒径适中、含泥量少、易于处理，是质优价廉的筑路和混凝土建筑材料，因此海砂的开采生产规模迅速扩大。在国际市场上，缺少矿石资源的日本动工兴建了几个大型工程，例如大阪关西机场、神户机场和东京世界公园的填海工程需要大量的填海砂石，其中大部分要从周边国家进口，海砂出口已成为一个重要的创汇渠道；在国内市场上，由于国家加大基础建设规模和投资力度，也带动了建筑砂石市场的空前繁荣。由于国际国内市场的强劲拉动，我国许多企业和个人纷纷下海采砂，从业人员近万人，海砂开采量约 9 000 万吨，海砂产值约 22 亿元人民币。2000 年以来，随着我国沿海经济迅猛发展，社会发展对海砂的需求急剧增加，特别是在临海工业、港口码头、滨海旅游等基础设施建设集中的海区，海砂开采活动也相对集中，如广东珠江口、山东胶州湾和浙江、福建沿海及台湾海峡等海域。

一、海砂开采管理政策法规

为规范海砂的开采活动,保护海洋生态环境,加强海洋综合管理,自1999年以来国家有关部门先后下发一系列关于采挖海砂的规范性文件。1999年2月国土资源部印发《关于加强海砂开采管理的通知》(国土资发〔1999〕52号文),这是我国政府中央部门首次对海砂的勘查开采做出明文规定。海砂开采管理必须严格遵守《中华人民共和国矿产资源法》及其配套法规,必须符合海洋功能区划、海域使用规划、海洋开发规划的总体原则,应以保护海洋生态、环境和海洋设施为前提,而且开采活动必须在勘查的基础上进行,未经探明的资源不得随意动用。海岸防护林带、石油及天然气勘查开采区、养殖场、军事设施、海岸线附近和其他重要的工程区等区域内不得开采海砂。同年7月,国家海洋局为了规范海砂开采,提高海砂开采项目审批的科学性,根据《中华人民共和国矿产资源法》、《国家海域使用管理暂行规定》和《关于加强海砂开采管理的通知》,制定了《海砂开采使用海域论证管理暂行办法》。为了加强海砂勘查开采的监管,11月国土资源部下发了《关于开展对勘查开采海砂等矿产资源监督检查的通知》(国土资发〔1999〕399号文),这是我国首次对领海及管辖海域勘查开采海砂行为进行清理、整顿。

2000年3月国家海洋局制定了《海砂开采动态监测简明规范(试行)》(国海发〔2000〕11号)。要求各级政府管理部门必须加强对海砂开采活动的动态监测,及时、准确地了解和掌握海砂开采区及其附近海域的生态、环境等要素的变化情况,防止对海洋资源、生态环境、海洋设施以及海岸、海底地形等造成损害。规范要求根据监测资料,对照《海砂开采使用海域论证报告书》,给出海砂开采对海洋资源、生态环境及对其他海洋开发活动的影响程度。从海洋水动力、沉积地貌方面确认海砂开采造成或加剧海岸侵蚀时,则应报告主管部门,要求业主立即停止开采;影响程度在资源和环境允许的范围内时,应提出减轻有害影响的对策建议,并提请采砂业主采取相应措施。

从2002年开始,国家从严控制海域勘查、开采建筑用砂活动,使以往普遍存在的海砂"盗采、乱采、滥采"等现象得到了有效的遏制,海砂开采活动已逐渐规范化。2002年出台的《全国海洋功能区划》中规定:"禁止在海洋保护区、侵蚀岸段、防护林带毗邻海域及重要经济鱼类的产卵场、越冬场和索饵场开采海砂等固体矿产资源;严格控制近岸海域海砂开采的数量、范围和强度,防止海岸侵蚀等海洋灾害的发生。"2004年为加强建筑用海砂的管理,严格控制和科学使用海砂,建设部下发了《建设部关于严格建筑用海砂管理的意见》(〔2004〕143号文)。

沿海各级海洋行政主管部门也在实践中继续建立健全海砂开采管理的各项规章制度,规范海砂开采使用海域论证的申请、组织、审批和管理。如,1991年海口市颁布《海口市海砂河砂管理暂行办法》;2002年10月福建首部《海砂开采管理规定》实施;2003年泉州市政府制定出台了《泉州市海域采砂管理暂行规定》及《泉州市人民政府关于严禁违法开采海砂的通知》等政策措施;厦门市政府也颁布了《厦门市砂、石、土资源管理办法》;2005年开始山东限制在距海岸线12海里以内开采海砂;2008年汕尾市出台了《汕尾市海砂管理暂行办法》。

总体而言,我国有比较完善的海砂管理制度,在海洋环境保护和资源合理利用等方面作了较好的规定。但实际上,由于执法能力和处罚力度不够,很多采砂业主往往在巨大利益驱使下,不经过论证,甚至在限制开采的海域违法采砂,对近岸海洋环境造成了很大的破坏。

二、海砂开采用海海域使用权申请程序

海砂开采用海实行招拍挂方式出让海域使用权。2010年,国家海洋局开始积极探索采用市场手段合理配置海域资源,推行以招标、拍卖、挂牌的方式出让海砂开采海域使用权,使国有海砂和海域资源价值最大化。2012年12月,国家海洋局印发了《关于全面实施以市场化方式出让海砂开采海域使用权的通知》,通知提出,海砂开采海域使用权由沿海省(自治区/直辖市)海洋行政主管部门以招拍挂等市场化方式依法出让海砂开采海域使用权,使用年限最长不超过3年,并划定了禁止和严格限制海砂开采活动的海域。随后,广东省、福建省、广西壮族自治区都出台了各自区域的海砂开采海域使用权管

理法规。

海砂开采海域使用权市场招拍挂程序如下：

(1)海砂开采海域选址。

地方海洋行政主管部门根据当地市场需求和海域实际情况，组织开展管辖海域砂源勘探工作，摸清辖区海砂资源情况。并对海砂资源富集海域进行初步审查，重点审查：是否符合有关规划、区划要求；是否已设置或计划设置海域使用权；是否存在管辖权异议等。制定辖区海域海砂开采海域使用规划，统筹选划单宗海砂开采用海的区域、面积。

(2)海砂开采海域选址使用论证评价与协调。

海洋行政主管部门负责对拟出让海砂开采海域组织开展海域使用论证和海洋环境影响评价工作，并就海砂开采海域选址征求同级或驻地水利、交通、海事等单位以及选址海域所在地县(区)级人民政府意见。

(3)海砂开采海域使用权出让方案编制。

地方海洋行政主管部门委托有资质的单位对拟挂牌出让海域进行海域使用权价值评估，编制海砂开采海域使用权挂牌出让方案，明确海砂开采用海位置、面积、坐标、出让年限、用海方式、海洋环境保护要求、竞买人资质和条件、公告和挂牌时间、挂牌起始价和增价幅度、海洋生物资源损失补偿款金额、保证金、竞卖所得及相关费用管理等内容。

(4)海砂开采海域使用权出让方案报批。

海砂开采海域使用权出让方案经地级以上市人民政府同意后，由地级海洋行政主管部门向省级海洋行政主管部门提交审查申请。申请材料应包括：①出让方案及编写说明；②海域使用论证报告书(报批稿)、海洋环境影响评价报告书(报批稿)及批准文件(复印件)；③海砂开采海域使用权价值评估报告；④挂牌底价(另行通过密件报送)；⑤其他需提交的材料。其中，挂牌底价由地级海洋行政主管部门根据评估结果和国家产业政策等综合因素确定，不得低于按海域使用金征收标准确定的海域使用金、海域使用论证和环评费、海域测量费和海域评估费等组织挂牌工作所需的费用总和。

(5)海砂开采海域使用权挂牌公告。

地方海洋行政主管部门组织在公共资源交易平台开展海砂开采海域使用权挂牌出让,并发布挂牌公告。公告内容包括:挂牌出让宗海编号、位置、面积、用海方式、出让年限、保证金、竞买人资质和条件、竞价平台、竞买规则、竞价时间、注意事项、联系方式、竞买须知以及成交确认书和出让合同等。

(6)海砂开采海域使用权挂牌出让。

海砂开采海域使用权申请人按照公告规定提交竞买书面申请。公共资源交易平台按照挂牌出让文件规定的竞买规则,确认海砂开采海域使用权竞得人。地方海洋行政主管部门与竞得人在规定的时间内签订《成交确认书》、《海域使用权出让合同》。

(7)海砂开采海域使用权不动产登记。

海域使用权管理统一配号成功后,根据《不动产登记暂行条例》规定,竞得人向不动产所在地的县级人民政府不动产登记机构办理不动产登记。

三、海砂开采海域使用金的征收

2007年,财政部、国家海洋局下发《关于加强海域使用金征收管理的通知》(财综〔2007〕10号),对海砂等矿产开采用海的海域使用金征收标准做出规定:不论海域等别,海砂等矿产开采用海的海域使用金征收标准均为4.50万元/公顷,征收方式为按年度缴纳。2018年,财政部、国家海洋局印发的关于《调整海域、无居民海岛使用金征收标准》的通知,将海砂等固体矿产资源开采用海的海域使用金征收标准提高到7.30万元/公顷,征收方式仍为按年度缴纳。

四、海砂开采海域使用监督管理

各级海洋执法机构对海砂开采进行执法监管,对非法采砂行为依法进行处罚。处罚的相关依据有《防治海洋工程建设项目污染损害海洋环境管理条例》,对未经批准或者不按批准的范围、方式开采海砂的行为,责令停止违法施工、限期改正、采取补救措施,并处 5 万元以上 20 万元以下罚款、必要时可暂扣违法作业工具;根据《中华人民共和国海洋环境保护法》第二十四条及第七十六条的规定:"开发利用海洋资源,应当根据海洋功能区划合理布局,严格遵守生态保护红线,不得造成海洋生态环境破坏。"违反本法规定,造成海洋资源与环境破坏的,处 1 万元以上 10 万元以下的罚款;有违法所得的,没收其违法所得。在海洋自然保护区内的非法采砂,可适用《海洋自然保护区管理办法》的有关规定,处以没收违法所得,可以处 300 元以上 10 000 元以下的罚款。

为遏制滥采海砂行为,进一步规范海砂开采秩序,辽宁、山东、福建、广东等地开展专项行动,针对海砂开采较为集中区域开展了专项执法,依法处罚了未经批准采砂等违法行为。中国海监广东省总队对珠江口、磨刀门、银洲湖海域海砂开采实施直接监管。通过为采砂船加装 GPS 监控设备,在省总队总值班室进行全天候、全方位监视;建立值班船制度,实施 24 小时轮流执勤,不定时、无规律登船检查;所有违法采砂案件统一由省总队立案处罚等有力措施,形成了高压监管态势,有效规范了采砂秩序,大大遏制了无序、无度采砂行为。

第二节 海上风电用海管理制度

我国海岸线漫长,海域辽阔,近海风能资源丰富,10 米高度可利用的风能资源约 700 多吉瓦。海上风速高,很少有静风期,可以有效利用风电机组发电储电。一般估计海上风速比平原沿岸高 20%,发电量增加 70%。在陆上设计寿命 20 年的风电机组在海上可达 25 年到 30 年。随着海上风电场技术的发展成熟,海上风电将来必然会成为重要的可持续能源。我国东部沿海经济发达,电力负荷集中,常规能源缺乏。开发利用海上风能资源,对于满足我国电力需求、改善能源结构、减少环境污染、应对全球气候变化、促进经济可持续发展具有重要作用。

一、我国海上风电发展的现状

海上风电项目是指沿海多年平均大潮高潮线以下海域的风电项目,包括潮间带和潮下带滩涂风电场、近海风电场和深海风电场。潮间带和潮下带滩涂风电场:指在沿海多年平均大潮高潮线以下至理论最低潮位以下5米水深内的海域开发建设的风电场。近海风电场:指在理论最低潮位以下5~50米水深的海域开发建设的风电场,包括在相应开发海域内无固定居民的海岛和海礁上开发建设的风电场。深海风电场:指在大于理论最低潮位以下50米水深的海域开发建设的风电场,包括在相应开发海域内无固定居民的海岛和海礁上开发建设的风电场。我国沿海风力发电主要集中在海岸线附近,以占用沿海滩涂、山地等沿海地域为主,很少有在深海海域建设大型海上风力发电场。随着风电技术的发展,海上风力发电将逐步向深海发展,如绥中36-1油田,在离岸46千米,海深30米布局。该项目于2007年5月批准立项,11月建成投产。目前这座海上风力发电站所发的电尚未进入陆上电网,而只供应海上石油平台。2009年10月,江苏如东海上(潮间带)试验风场首批两台各1.5兆瓦风力发电机组在距海岸线3千米的如东县南黄海环港外滩上缓缓启动,我国首批海上风力发电机成功并网发电。中国第一个海上风力发电场——上海东海大桥海上风电场项目,位于临港新城至洋山深水港的东海大桥两侧1 000米以外沿线,最北端距离南汇嘴岸线近6千米,最南端距岸线13千米,水深10米。上海东海大桥海上风电场使用了自主研发的3兆瓦海上风电机组,整个工程在2010年世博会之前已完成全部34台机组安装和调试,并投入运营。

国家能源局于2010年5月在江苏省开展了首轮四个项目海上风电特许权招标工作,包括滨海海上风电场(300兆瓦)、射阳海上风电场(300兆瓦)、大丰海上风电场(200兆瓦)和东台海上风电场(200兆瓦),总装机容量1 000兆瓦。2010年成为中国海上风电发展的元年,我国海上风电发展进入起步阶段。沿海各省纷纷编制海上风电规划,目前已有上海、江苏、浙江、山东和福建等多个地区提出了各自的海上风电发展规划。根据以上五个沿海省市海上风电规划,到 2015 年海上风电装机容量将达到 5 000 兆瓦,2020 将达到 30 000 兆瓦。

二、海上风电管理

(一)海上风电项目用海管理政策法规

我国政府近年来对风力发电事业提供的一系列优惠政策,为海上风力发电发展提供了新动力。如国家计委于 1996 年提出"乘风计划",支持风电立项,协调各方关系,并积极着手制订风电发展优惠政策,力图解决风电并网、风电电价、设备进口关税和增值税问题。国家计委和科技部于 1999 年 1 月以"计基础〔1999〕44 号"文发出《关于进一步支持可再生能源发展有关问题的通知》,文件规定对于银行安排基本建设贷款的项目给予 2%的财政贴息;国家经贸委与财政部、国家税务总局协调后,2002 年经国务院批准,决定给予风力发电减半征收增值税的优惠(即由 17%降至 8.5%)。2007 年启动的"国家科技支撑计划"将能源作为重点领域,提出要在"十一五"期间组织实施"大功率风电机组研制与示范"项目,组建近海试验风电场,形成海上风电技术。2007 年以来,国家海洋局开始受理和审批海上风电项目。同年,我国首个海上风电场——上海东海大桥 10 万千瓦海上风电场项目开工建设,地处渤海辽东湾的中国首座离岸型海上风力发电站,于 2007 年 11 月 28 日正式投入运营,更是标志着中国发展海上风电有了实质性突破。

为有序发展海上风电,2009 年 4 月,国家能源局下发文件,要求沿海各省(自治区、直辖市)制定海上风电发展规划,并提出近期海上风电开发方案。文件中明确了开发海上风电"以资源定规划、以规划定项目"的原则,优化选定若干个 1 000 兆瓦以上的海上风电场场址。国家能源局在《2010 年能源工作总体要求和任务》中提出"2010 年,要继续推进大型风电基地建设,特别是海上风电要开展起来。"2010 年 1 月,国家能源局和国家海洋局联合出台了《海上风电开发建设管理暂行办法》,海上风电项目开发建设管理包括海上风电发展规划、项目授予、项目核准、海域使用和海洋环境保护、施工竣工验收、运行信息管理等环节的行政组织管理和技术质量管理。国家能源主管部门负责全国海上风电开发建设管理,国务院海洋行政主管部门负责海上风电开发建设海域使用和环境保护的管理和监督,至此,政府和企业在开展海上风电规划和投资时开始有章可循。

2011年7月,为完善海上风电建设管理程序,根据《海上风电开发建设管理暂行办法》和有关法律法规,国家能源局和国家海洋局联合制定了《海上风电开发建设管理暂行办法实施细则》,该细则适用于海上风电项目前期、项目核准、工程建设与运行管理等海上风电开发建设管理工作。细则规定,海上风电场原则上应在离岸距离不少于10千米、滩涂宽度超过10千米时海域水深不得少于10米的海域布局。在各种海洋自然保护区、海洋特别保护区、重要渔业水域、典型海洋生态系统、河口、海湾、自然历史遗迹保护区等敏感海域,不得规划布局海上风电场。省级能源主管部门根据国家能源主管部门批复的省级海上风电规划,提出分阶段拟建项目前期工作方案,明确前期工作承担单位,在征求省级海洋主管部门意见后,报国家能源主管部门批复。国家能源主管部门征得国家海洋行政主管部门意见后批复实施。

(二)海上风电用海的申请审批

海上风电项目建设用海应遵循节约和集约利用海域资源的原则,合理布局。项目单位向国家能源主管部门申请核准前,应向国务院海洋行政主管部门提出海域使用申请文件,并提交以下材料:

(1)海域使用申请报告,包括建设项目基本情况、拟用海选址情况、拟用海的规模及用海类型;

(2)海域使用申请书(一式五份);

(3)资信证明材料;

(4)存在利益相关者的,应提交解决方案或协议。

国务院海洋行政主管部门收到符合要求的用海申请材料后组织初审。初审通过后,国务院海洋行政主管部门通知项目建设单位开展海域使用论证。海域使用论证评审通过后,国务院海洋行政主管部门出具项目用海预审意见。

项目建设单位申报项目建设核准申请时,应附国务院海洋行政主管部门用海预审意见;无预审意见或预审未通过的,国家能源主管部门不予核准。

海上风电项目建设用海按风电设施实际占用海域面积和安全区占用海域面积征用。其中，非封闭管理的海上风电机组用海面积为所有风电机组塔架占用海域面积之和，单个风电机组塔架用海面积按塔架中心点至基础外缘线点再向外扩50米为半径的圆形区域计算；海底电缆用海面积按电缆外缘向两侧各外扩10米宽为界计算；其他永久设施用海面积按《海籍调查规范》的规定计算。各宗用海面积不重复计算。

海上风电项目经核准后，项目申请单位应及时将项目核准文件提交国务院海洋行政主管部门。国务院海洋行政主管部门依法审核并办理海域使用权报批手续，项目申请用海单位按规定缴纳海域使用金，办理海域使用权登记，领取海域使用权证书。使用无居民海岛建设海上风电的项目单位应当按照《中华人民共和国海岛保护法》等法律法规办理无居民海岛使用申请审批手续，并取得无居民海岛使用权证书后，方可开工建设。

(三) 海上风电用海管理

国务院海洋行政主管部门负责海上风电开发建设海域使用和环境保护的管理和监督，在国家能源局出台海上风电规划的征求意见阶段主动参与，以提高对海上风电规划实施后果的预见性管理，致力于构建海上风电规划实施的协同机制。国务院海洋行政主管部门全面参与海上风电规划编制、项目授权、项目核准、施工等阶段的工作，促进海域空间资源合理利用，强化海洋生态环境保护，做好海域使用和环境保护的管理和监督工作，引导海上风电健康、持续发展。

省级能源主管部门编制的海上风电规划应充分征求省级海洋行政主管部门意见。省级海洋行政主管部门组织专家对海上风电规划用海进行审查，并提出审查意见。审查意见应作为国家能源局会同国务院海洋行政主管部门审查省级海上风电规划的必要文件。国家能源局、自然资源部共同开展海上风电特许权招标工作。为了保障招标工作的顺利进行，在招标方案制订阶段，自然资源部对特许权招标方案提出选址要求和指导意见，经自然资源部审查招标方案通过后才可以开标。国家能源局核准海上风电项目必须有自然资源部出具海上风电项目的用海预审意见，没有自然资源部的用海预审意见，国家能源局不予受理。没有能源局的核准意见,自然资源部不得办理用海手续。

海上风电建设项目同时接受能源部门、海洋行政主管部门和海洋执法机构的监督检查。自然资源部,海洋执法机构履行《中华人民共和国海域使用法》,凡是地方能源部门、海洋部门越权审批的风电建设项目,由国家能源局、自然资源部重新履行核准和用海审批手续。凡是故意确权不当的风电建设项目,依据海域使用法进行查处。凡是存在权属争议的风电建设项目,争议区域应立即停止生产,待争议解决后,再恢复生产。对未批先建的,由海洋执法机构按海域使用法等有关法律进行查处,查处后,如该项目符合有关规定,可为其补办用海手续。

为保证有限风电资源发挥最大效益,所有风电合作协议,统一由各级政府与风电开发商、风电装备制造商签订,并授权开展风电场前期工作。对沿海地区已签未开工的风电场投资协议进行评估,对未按协议履行承诺的项目,一年启动预警,两年收回开发权,防止风电开发企业垄断风电资源和"跑马圈地"现象发生。在风电资源的配置上,坚持"一盘棋",统筹规划,减少风电产业对海洋环境和港口、养殖等海洋产业的影响。

第三节 海底电缆管道管理制度

海底电缆管道是指为电力、通信、物质等输送方便,在海底底床、表土建设的通信电缆、电力电缆,输水、输气、输油及输送其他物质的管状输送设施。国家对铺设海底电缆、管道及其他有关活动,实行统一领导,分级管理,地方海洋行政主管部门负责其管辖海域内海底电缆、管道的审批与监督管理,国家海洋行政主管部门海区派出机构负责地方海洋行政管理机构管辖海域以外的海底电缆、管道的审批与监督管理。跨省、自治区、直辖市管理海域和超出省、自治区、直辖市管理海域的海底电缆、管道,由国家海洋行政主管部门海区派出机构商同有关地方海洋行政主管部门审批,并负责监督管理。以下海底电缆管道由国务院海洋行政主管部门负责审批:

(1)路经我国管辖海域和大陆架的外国海底电缆、管道;

(2)由我国铺向其他国家和地区的国际海底电缆、管道；

(3)国内长距离(200千米以上)的海底电缆管道；

(4)污水排放量为20万吨/日以上的海底排污管道。

一、海底电缆管道建设用海申请审批程序

海底电缆管道建设用海申请者，在为铺设海底电缆、管道进行路由调查前，要向相关海洋行政主管部门提出路由调查、勘测书面申请，申请书包括：①电缆管道建设用海申请者名称、国籍、住所；②海底电缆、管道路由调查、勘测单位名称、国籍、住所及主要负责人；③海底电缆、管道路由调查、勘测的精确地理区域；④海底电缆、管道路由调查、勘测的时间、内容、方法和设备，包括所用船舶的船名、国籍、吨位及其主要装备和性能。另外还要附具：①调查、勘测路由依据的详细说明；②调查、勘测单位的基本情况；③《铺设海底管道工程对海洋资源和环境影响报告书》编写大纲和评价单位的基本情况；④如果是海底污水排放管道，要有《污水排海工程可行性研究报告》；⑤其他有关说明资料。

海洋行政主管部门对路由调查、勘测申请批准后，才能开展海底电缆管道路由调查、勘测工作。在调查、勘测工作完成后，海底电缆、管道建设用海申请者将最后确定的海底电缆、管道路由报海洋行政主管部门审批，并附具以下资料：①海底电缆、管道的用途，使用材料及其特性；②精确的海底电缆、管道路线图和位置表以及起止点、中继点(站)和总长度；③铺设工程的施工单位、施工时间、施工计划、技术设备等；④铺设海底管道工程对海洋资源和环境影响评价报告书；⑤其他有关说明材料。

海洋行政主管部门对海底电缆、管道建设用海申请批复后，申请者缴纳海域使用金，办理海域使用权登记，取得海域使用权后，方可开展工程施工。工程施工完成后，海域使用权所有者要将海底电缆、管道路线图、位置表等说明资料报送海洋行政主管部门备案。

为海洋石油开发所铺设的超出石油开发区的海底电缆、管道的路由，应在油(气)田总体开发方案审批前报国务院海洋行政主管部门，由国务院海洋

行政主管部门商国家能源主管部门批准。在海洋石油开发区内铺设平台间或平台与单点系泊间的海底电缆管道，用海申请者应在为铺设所进行的路由调查、勘测和施工前，向海洋行政主管部门提交调查、勘测申请和海域使用申请。

海底电缆、管道铺设和为铺设所进行的路由调查、勘测活动，必须按规定在获批的作业区域内开展获批的作业项目，不能妨碍海上其他用海秩序，同时妥善处理工程建设遗留物，防止妨害海洋环境。对于海底电缆、管道铺设和其他海上作业，需要移动已铺设的海底电缆、管道时，应当提前与相关使用者协商，并经海洋行政主管部门批准后才能施工。由于海底电缆、管道施工不当，造成其他海底电缆、管道损害的应依法赔偿。海洋行政主管部门对所批复的海底电缆、管道的铺设、维修、改造、拆除、废弃以及为铺设所进行的路由调查、勘测活动全面监督和检查，对违反相关规定的，按违反程度分别处以警告、罚款直至责令其停止海上作业的处理。

二、海底电缆管道保护

国家实行海底电缆管道保护区制度，省级以上人民政府海洋行政主管部门每年根据备案的注册登记资料，商同级有关部门划定海底电缆管道保护区，并向社会发布海底电缆管道公告，告知社会公众海底电缆管道名称、编号、注册号、海底电缆管道所有者、用途、总长度、路由起止点、示意图、标识等信息。海底电缆管道保护区范围为：①沿海宽阔海域，海底电缆管道两侧各500米；②海湾等狭窄海域，海底电缆管道两侧各100米；③海港区，海底电缆管道两侧各50米。海底电缆管道保护区划定后，报国务院海洋行政主管部门备案。

县级以上海洋行政主管部门对海底电缆管道保护区进行定期巡航检查，在海底电缆管道保护区内禁止从事挖砂、钻探、打桩、抛锚、拖锚、底拖捕捞、张网、养殖或其他可能破坏海底电缆管道安全的海上作业。同时鼓励海底电缆管道所有者对海底电缆管道保护区和海底电缆管道线路等设置标识。任何单位和个人都有保护海底电缆管道的义务，并有权对破坏海底电缆管道的行为进行检举和控告。

第四节　海域使用执法检查制度

国家建立重大海洋行政处罚案件会审制度，对需要自然资源部处理的重大海域使用违法案件，由海洋执法机构牵头组织，案件承办部门、相关业务司、政策法规部门和有关单位参加，经集体讨论，提出处理意见。海域使用执法检查工作实行国家统一领导，各级人民政府海洋行政主管部门的海域使用执法检查与行政处罚权由所属的执法机构集中组织实施。

一、海域使用执法检查方式

由于海域使用具有位置相对固定，时间相对较长，类型多样等特点，海洋执法各级机构针对不同海域使用类型，确定了科学合理的执法检查方式。

(一)综合检查与专项检查

综合检查指海洋执法机构对管辖范围内各种用海类型进行综合型的检查。例如对养殖用海、旅游用海、盐业用海、港口用海等多种用海类型同时进行检查。海洋执法机构每隔一段时间在本辖区内组织开展一次综合检查，以从宏观上总体上把握本区域海域使用活动的综合情况。

专项检查指海洋执法机构对管辖范围内某一用海类型进行专门的检查，例如对围填海用海情况、海砂开采用海情况开展的专门检查。海洋执法机构对本地区的海域使用活动分用海类型进行管理，对问题较多、需重点加强管理的用海类型，经常开展专项检查，以便及时发现和处理违规违法海域使用问题。

(二)定期检查和不定期检查

定期检查指海洋执法机构在时间上有规律地对海域使用活动进行的检查工作，如月检查、季度检查、年度检查等。海洋执法机构对管辖范围内的用海活动，确定了合理的检查频率，做到既能有效地对各类用海活动进行监管，又能节省执法成本,定期检查可对行政管理相对人产生稳定的警戒作用,以强化其守法意识。

不定期检查指海洋执法机构对海域使用活动进行的无规律突击性、随机性检查。不定期检查可使行政管理相对人无法事先准备或掩饰其违法行为,从而使检查所获得的情况更客观和真实。

(三)事前检查、事中检查和事后检查

事前检查指海洋执法机构在海域使用工程项目开始之前进行的检查。如在海洋行政主管部门审批海域使用工程项目时,海洋执法机构协助海域使用审批部门对该工程项目的用海现场进行核查,检查其申报内容是否符合实际情况。

事中检查指海洋执法机构在海域使用工程项目开始之后,结束之前阶段实施的检查,主要检查其批准手续是否齐全,用海范围和方式是否符合审批要求,使用该海域应承担的义务是否全部履行等。

事后检查指海洋执法机构对海域使用工程项目结束之后对其实施的验收检查,检查项目用海是否按照批准的要求进行施工,有无违法行为等。

(四)现场检查和书面检查

现场检查指海洋执法人员亲临海域使用现场进行的检查,分为陆地检查、海上检查和空中检查。陆地、海上、空中三种检查方式各有特点,既可以独立使用,发挥各自的优势,也可以相互配合,采取立体执法模式,以增加执法的空间覆盖范围。

书面检查指海洋执法人员不到海域使用现场,根据行政管理相对人提供的书面材料进行的检查。海洋执法机构根据实际需要,要求行政管理相对人定期向本机构提供有关海域使用活动的文字、图像等材料,以通过书面检查掌握其用海活动情况。

(五)联合检查和单独检查

联合检查指上级海洋执法机构和下级海洋执法机构联合,对某一管辖区域的海域使用活动进行跨层级的联合检查;或者两个以上地区的海洋执法机构对海域使用活动进行跨区域的联合检查。跨层级的联合检查可利用行政体系本身的层级优势，解决由地方保护主义或部门保护主义而产生的海域使用问题。跨区域联合检查一般适合于解决不同地区共同存在的比较严重的问题，这种检查可由两个或两个以上地区的平级海洋执法机构共同组织，以加大检查力度，也有利于相互间的借鉴和交流。

单独检查指海洋执法机构对本管辖区域内的海域使用活动进行的独立检查，一般适用于本地区的入场检查。

由于海域使用各种类型差异较大，要加强对各种海域使用的执法检查，全面提高海域使用执法检查水平，就必须实行检查方式的多样化。海洋执法各级机构在多年的海域使用执法检查实践工作中，不断积极探索，加强研究，丰富和发展了多种海域使用执法检查方式。

二、海域使用执法处罚

海域使用执法处罚指海洋执法机构在执行海域使用执法检查时，依据海洋法律、法规或规章制度，对违法用海活动做出的惩罚处理工作。海洋执法机构在行使海域使用执法处罚时遵循的基本原则包括：①坚持合法、公正、公开、处罚相当、处罚与教育相结合的原则，以切实维护海域使用正常秩序，保护公民、法人和其他组织的合法权益。②以事实为依据、以法律为准绳，在行使裁量权时考虑违法行为的事实、性质、情节以及社会危害程度等，做出的行政处罚与违法行为相当。③对于违法行为事实、性质、情节以及社会危害程度相同或类似的同类案件，在实施处罚裁量时，适用的法律依据、处罚种类以及处罚幅度基本相同。

海域使用执法处罚在程度上可以划分为免予、减轻、从轻、一般、从重五种情况。免予处罚指法律、法规所规定的法定事实存在，但依照法律、法规免予追究其法律责任而最终不适用行政处罚。减轻处罚指在法定的处罚种类和处罚幅度最低限以下，对违法行为人适用的行政处罚。从轻处罚指在法定的种类和处罚幅度内，在几种可能的处罚方式内选择较轻的处罚种类和幅度的较低限。从重处罚指在法定的种类和处罚幅度内，在几种可能的处罚方式内选择较重的处罚种类或幅度的较高限。以上情形之外的,属于一般处罚。当海洋违法行为轻微并及时纠正,没有造成危害后果的,免予行政处罚。当事人具有以下情形,适用于以法从轻或者减轻行政处罚。

(1)当事人主动消除或者减轻海洋违法行为危害后果,如及时退还非法占用的海域、积极恢复海域原状,及时采取措施清理污染、排除危害、对海洋环境和生态进行补救等。

(2)受他人胁迫而实施的海洋违法行为。

(3)配合海洋行政主管部门及其所属海洋执法机构查处违法行为有立功表现,如积极配合调查取证,主动提供涉案材料和有关线索,坦白自身违法事实或揭发、检举其他违法行为等。

(4)主动纠正自己的违法行为,积极服从海洋行政主管部门海洋执法机构的管理、监督。

(5)海洋管理法律、法规和规章制度规定的其他可以从轻和减轻行政处罚的情形。

对于当事人具有下列情形之一者,从重处罚。

(1)违法行为被行政处罚后,再次发生同类违法行为。

(2)违法行为严重损害国家和社会公共利益,如非法占用海域面积巨大,违法行为对当地海洋资源和环境造成重大影响和危害。

(3)违法行为对他人造成严重的人身损害和重大财产损失。

(4)不服从、抗拒或阻挠海洋行政主管部门海洋执法机构管理、监督。

(5)海洋法律、法规和规章规定的其他应从重处罚。

对于同时具有两个或两个以上从轻情节,并且不具有从重情节或法定严重情节的,可按最少、最轻处罚种类或最低处罚幅度给予处罚。同时具有两个或两个以上从重情节,并且不具有从轻或减轻情节的,可按最多、最重处罚种类或最高处罚幅度给予处罚。同时具有一个或多个减轻、从轻、从重情节的,综合考虑根据主要情节作出具体处罚决定。不具备上述免予、减轻、从轻、从重情节的,或同时具备减轻、从轻情节与从重情节相互抵消的,适用一般行政处罚。

各级海洋执法机构将海域使用执法处罚工作纳入依法行政年度考核范围，并通过执法案卷评查等形式对本单位或下级海洋执法机构行使海域使用执法处罚的工作进行监督。对违反处罚形式规范，滥用处罚权，侵害公民、法人和其他组织合法权益的，海洋执法机构主动纠正，并协助行政监察部门依法追究相关人员的行政责任。

第十二章

我国海域综合管理制度面临的形势与展望

第一节 我国海域综合管理现状与挑战

海域综合管理是国家为保障海洋战略的实施和海洋经济可持续发展，对海洋空间开发、资源利用、环境保护、权益维护等进行统筹、协调、监督、管理和控制的综合行为。近20年来，沿海地区工业化、城镇化和国际化进程加快，海洋开发利用的范围和强度不断扩大，涉海行业用海矛盾日益突出，我国海域综合管理面临着新的形势与挑战。如何从根本上完善和提高国家海域综合管理水平，更好地服务于海洋强国建设战略部署，是我国海域综合管理亟待解决的重要课题。

一、我国海域使用现状

1. 海域使用支撑海洋相关产业快速发展

"十三五"以来，我国海洋经济快速转型发展，产业结构不断优化，新兴产业和新业态快速成长，海洋经济增长率远高于同期国民经济增长率，海洋生产总值占国内生产总值的比重逐年提高。海洋经济已成为推动国民经济高质量发展的重要"引擎"。各沿海城市兴起"以港兴市"极大地促进了港口对海洋产业发展的引领作用。滨海旅游产业发展迅速，滨海旅游业收入占海洋产业总产值近30%，已经成为海洋产业的重要支柱。在海洋渔业资源开发方面，长期以来我国沿海各级政府对海洋渔业发展给予了高度重视，制定出台了许多有利于保障海洋渔业发展的法规、条例和政策、措施等，为促进我国海洋渔业的快速发展起到了一定的作用，使我国海洋总产值和海洋渔业产量不断攀升，海水养殖和海洋捕捞产业稳定发展，2018年海洋渔业实现增加值 4 801 亿元。海水利用业、海洋化工业自主创新能力不断提高，沿海地区纷纷启动海洋化工基地项目、海水利用关键装备制造项目等工程，产值年均增长速度在 20% 左右。海洋生物医药研发不断取得新突破，引领产业快速发展，2018年实现增加值 413 亿元，比上年增长 9.6%。

2. 近岸海域开发充分，远海海域发展潜力巨大

多年来，我国绝大部分涉海产业和海洋开发利用活动聚集在 10 米等深线以内，其中主要以渔业用海为主，渔业用海面积已经占到确权用海总面积的 80% 以上。沿海滩涂已经开发利用面积接近总面积的 1/3，占海域空间不足 1% 的沿海滩涂，其使用面积占海域使用总面积的比例接近 22%，而 10 米等深线以外海域开发利用不足 10%，且主要是航道、电缆管道以及保护区等用海。海岸和近岸海域空间的高密度、大强度开发，导致海岸线、近岸海域空间资源迅速流失，近岸海域开发利用潜力、可持续发展能力显著降低，未来海洋经济发展、沿海地区开发将面临严重的空间资源紧缺问题。近岸海域开发接近饱和，海洋资源相对枯竭，而远海海域拥有丰富的空间资源，多样化的地理、气候特征，为发展海洋产业提供了良好的条件，同时避免产生与临海产业用海之间的矛盾，发展潜力巨大。

3. 海域空间资源开发利用管理逐步完善

各级海洋行政主管部门积极贯彻落实《中华人民共和国海域使用管理法》《中国海洋 21 世纪议程》《全国海洋功能区划》所规定的海洋功能区划、海域权属管理和海域有偿使用等海域管理制度，统筹协调各行业用海，使得海域空间资源的开发利用秩序逐步规范。各行业用海全部纳入了海域管理，用海秩序逐步规范，依法用海、有偿用海的意识更加深入人心，海域资源开发利用的"无序、无度"现象得到全面改善。各级海洋行政主管部门把加强海洋资源资产和产权管理作为基础工作，着实确立海洋资源资产有偿使用原则，充分实现海洋资源的巨大经济价值。

4. 海洋空间资源参与宏观调控的力度逐渐增强

2018年全国海洋生产总值83 415亿元，海洋生产总值占国内生产总值的9.30%，占沿海地区生产总值的15.5%。随着海洋经济的迅速发展和海域利用活动的增多，海域空间资源管理与国家宏观经济形势联系更加紧密。作为海洋经济的主要载体，海洋空间资源间接参与国家经济活动的宏观调控重要性日益增加。通过适时调整资源供给政策，加强海洋功能区划对投资项目的统筹和引导，保证重大建设项目用海需求。同时严格控制海域使用论证和评审时间等多项政策措施的实施，促进产业结构调整，落实国家宏观调控政策。特别是围填海计划指标纳入2010年国民经济和社会发展计划(草案)以来，进一步增强了海域管理参与和实施宏观调控的力度，推动海洋经济高健康发展。

二、我国海域使用管理面临的挑战

1. 海洋空间资源资源配置效率低，产能过剩与开发不足现象并存

由于历史上缺乏科学的海域空间资源开发利用规划和宏观调控制度，海洋空间资源市场配置机制尚未建立，资源配置效率低下和用海过度与不足并存现象严重。缺乏海洋空间资源配置的统筹规划、整体布局、科学引导和系统监管，海洋空间资源配置不符合海洋功能区划的要求，海洋空间资源配置混乱无序使得我国海洋空间资源开发处于技术落后，利用水平低；开发效益不高，结构不合理；开发强度过大，发展不科学的粗放模式。一方面，行业用海规划不合理，未能按照"市场化运作，规范化开发，集约化经营"思路进行开发，造成行业内不良竞争，产能过剩现象明显。同时另一方面，海洋产业发展水平较低，高密度低产值的近岸养殖用海活动大量占用海域，海域资源开发产出率低下，资源损毁和浪费严重，海洋产业亟需调整产业结构。

2. 近岸可利用海域资源紧缺，后续发展空间保障能力不足

近岸海域资源开发利用势必需要毗邻的岸段作为依托，然而长期的高强度开发已经压缩了我国海岸和近岸海域的可利用空间，可供直接利用的海岸已经越来越少,1990年我国大陆自然岸线占海岸线总长度的比例为81.7%,至2018年这一数字已经锐减到48.8%。同时日益减少的近岸海域被大量高密度、低产值的用海活动所占据,沿海产业的布局没有完全统筹规划,沿岸陆地建设不合理征用海岸线、地方港口与水产养殖之间的利益突出,使得海域资源显得更加紧张。海岸和近岸海域可利用空间的大幅度减少直接影响了海岸和近岸海域的可持续开发,制约了相关海洋产业的升级,并使高品位、低能耗的新型绿色海洋产业得不到合理的发展空间,重大的海洋产业布局得不到有效的空间保障,海岸和近岸开发潜力殆尽,海洋经济无法实现可持续发展。

3. 国家沿海发展战略对海域资源需求紧迫,海域资源供给压力激增

随着海洋生产产值的逐年提高,海洋经济已经成为国民经济的重要支柱,为进一步提升沿海地区经济发展对社会经济的带动作用,国务院相继批准广西北部湾、天津滨海新区、河北曹妃甸、广东"珠三角"、福建海峡西岸、江苏沿海地区、辽宁沿海经济带、山东"黄三角"、海南国际旅游岛等区域规划及重点产业振兴与调整规划,对海岸和近海的开发利用提出了新的需求。地方政府一市一港口、一市多园区等扩张性海洋开发利用,形成的大量围填海历史遗留问题,扰乱了海洋空间资源开发秩序,使原本紧张的海岸和近岸海域空间资源随着沿海地区国家发展战略的落实实施,形势更加严峻,供给压力激增。

4. 海域开发强度持续增大,资源破坏和环境恶化的现象未得到有效遏制

随着海域资源利用规模的不断扩大,一些问题已经暴露出来。在思想上,没有按照"适度、适当、适时"的方针进行海域资源开发;在立法上,不仅缺少综合性的法律,而且单项资源管理的法规也不够完善;在监督上,缺少建立项目用海的可行性评价机制、环境评价机制、科学民主决策机制和公示监督机制,由于现有的海洋法规未形成系统配套的海洋法律制度,贯彻实施难度大。海洋和环保部门配合生疏,对海洋环境污染、资源破坏事件的监督管理不力,特别是没有建立对赤潮、漏油、工业污染等有关应急预案，海上污染突发事件的信息发布工作管理和应急处理能力不强。同时没有及时整顿和规范海域使用管理秩序，对违反用海法律法规相关人员没有追究相应的法律责任，使得资源、环境破坏行为没有得到相应处理，未能实现海洋资源开发与环境保护的双赢。

5. 行业用海矛盾突出，海域开发利用秩序有待进一步规范

近年来，国务院相继批准了 21 个沿海区域发展战略规划。这些沿海发展战略规划多从本地区的发展需求出发编制，而缺乏国家层次的总体规划体系。缺乏国家总体规划引导的区域发展战略规划的实施，一方面驱动了港口航运、临海工业、石化能源等产业的大量用海需求，也占用了大片海洋渔业用海，加上沿海产业的污染物排放，严重影响了海洋渔业发展，导致行业用海矛盾突出。另一方面，这些区域发展战略规划虽然名称各异，但区域发展战略定位雷同，产业规划大同小异，发展需求预测不准，导致许多区域产业结构趋同，市场需求不振，产能过剩凸显，大量以破坏海洋资源环境为代价建设的产业新城、产业园区等，多处于荒弃或低效运行状态。特别是沿海港口、临海工业等建设用海对渔业用海、保护区海域等造成较大压力，加剧了行业用海矛盾，同时也导致渔业水域的迅速减少和旅游娱乐、湿地等岸段资源的破坏。

第二节 我国海域使用管理面临的任务与形势

2018 年，国务院机构改革正式将海域综合管理工作纳入陆海统筹的自然资源综合管理总体框架。在当前国家陆海统筹大部制改革体系下，创新和发展我国特色的海域综合管理工作，维护海岸线和近岸海域开发利用秩序，优化海洋产业布局，促进海洋自然资源持续利用，保障沿海地区经济和社会健康发展，既是我国海域综合管理工作面临的新形势，也我国海域综合管理工作的主要任务。

一、我国海域综合管理面临的主要形势

1. 海域综合管理的宏观环境正在发生深刻变化

目前，我国已进入经济增长速度换挡期，结构调整阵痛期和前期刺激政策消化期"三期叠加"的新阶段。这对海洋资源供给和利用提出新的要求，以往一些地区粗放、不合理的海洋资源利用和配置方式亟需改变，海洋资源利用已逐渐从对数量和速度的追求转向对质量和效益的追求。在经济新常态下，我国全面深化改革深入推进，简政放权，转变政府职能的重点是处理好政府与市场、政府与社会的关系，海洋管理要在理顺政府、市场和社会三者的关系的前提下，促进海洋资源配置的市场化，实现海洋治理体系和治理能力的现代化。

2. 生态文明建设对海域综合管理提出新要求

受传统发展理念、开发方式以及管理体制等方面的影响，我国海洋资源供给利用仍较为粗放，监管能力相对薄弱，对生态环境的破坏较为严重。党的十九大把生态文明建设作为"五位一体"发展的重要领域，把海洋作为生态文明建设的重要阵地，提出陆海统筹的国土空间综合管控新格局。海域综合管理要以建设海洋生态文明为目标，坚持陆海统筹、生态用海原则，更加注重海洋开发利用与海洋生态保护相结合，将"生态+"思想贯穿于海域综合管理各方面，促进"生态+海洋经济"发展，构建"生态+海洋管理"方式，推动海洋产业布局向绿色低碳型和海洋战略性新兴产业发展，推动海岸带地区城镇化改造向海洋文化型发展，海洋养殖业向海洋牧业现代化发展，海洋开发利用向集约节约和海洋生态文明方向转变。

3. 人民群众亲海近海需求不断增强

2020年我国全面建成小康社会，居民收入水平步入中等发达国家行列，城市化水平达到或接近世界平均水平，东部沿海地区的"大湾区"建设战略带动的城市化水平提高，对临海生活、滨海旅游等需求进一步增强，生活品质的要求进一步提升。我国海岸带和近海资源多用于工农业生产，对滨海旅游业等新兴海洋服务业供给不足，需进行岸线改造和修复，改善海

岸带和近海生态环境，提供更多优质海洋资源满足人们日益增长的消费需求。

4. 用海强度与用海环境风险逐年加大

随着我国东南部沿海地区加速工业化、城市化进程，人口持续向沿海地区集中，沿海一字排开的石油、钢铁、化工、重型机械、造船、煤炭等高能耗、高排放的产业，加上海上油气勘探开发，海洋油气大规模船舶运输，导致油类与石油烃污染、重金属污染、有毒化学品污染、粉尘污染、温排水等多种海洋环境风险加大，以上重化工产业在未来发展规划中有进一步向沿海聚集的趋势，并且规模更大，离海更近，加大了海洋环境压力，更是直接影响着海洋环境，海洋生态压力日益加大，未来将面临前所未有的挑战。加上全球气候变化，一些极端性气候灾害事件时有发生。极端气候事件叠加沿海各种环境生态风险，大幅度提高了我国沿海地区的生态环境压力。

5. 海洋资源利用和管理方式亟待转变

目前我国海洋经济发展中仍然存在着粗放型发展、产业布局不合理、趋同性比较严重、集中集约用海不够、技术含量不高、环境保护不力等问题。如何引导海洋产业向高新技术转型，实现持续健康的发展，防止盲目开发、过度开发海域等不合理的行为，建立有利于科学发展、社会和谐的海域使用秩序，实现海洋资源集约节约利用，是我国海域综合管理亟待解决的问题。在新一轮海洋开发与竞争中，许多发达国家加紧调整或制定新的海洋战略和海洋资源利用方式，提出发展"海洋低碳经济"，为解决海洋资源与环境问题提出了一个全新的思路。作为世界上最大的发展中国家，我国必须站在战略高度认识海洋，转变海洋资源利用与管理方式，增强社会公众的海洋资源环境保护意识，在借鉴发达国家成功经验的基础上，以低碳产业为突破口，协调好海洋资源环境保护与经济增长的关系，强化环境友好型社会建设，持续快速发展海洋低碳经济。

二、我国海域综合管理面临的主要任务

1. 为"海洋强国"建设提供管理制度保障

海洋已成为世界各国特别是沿海国家存在与发展的资源宝库和最后空间。1996年正式生效的《联合国海洋法公约》确立了新的领海、大陆架和专属经济区、公海和国际海底区域制度，标志着世界海洋开发新秩序正在重新塑造。许多沿海国家重新审视本国的海洋政策，制定新的海洋开发战略，向深海大洋开发迈进。建设海洋强国，推进"21世纪海上丝绸之路"共创共建是我国参与全球开放合作、改善全球经济治理体系、促进全球共同发展繁荣、推动构建人类命运共同体的中国方案。海域综合管理是建设海洋强国，推进"21世纪海上丝绸之路"合作发展的制度保障。海域综合管理必须站在全球战略高度，从海岸→近岸→近海→远海→大洋的不同尺度，谋划海洋空间开发的法律、法规、制度、政策等综合管理框架体系，实现全球海洋资源开发利用与保护的有序、有度、共创、共享。

2. 为国家生态安全提供重要支撑

生态安全与国防军事安全、经济安全同等重要，都是国家安全的重要基石。海洋生态安全是我国生态安全的重要组成部分，21世纪人类的可持续发展越来越多的依赖于海洋，海洋生态系统为人类提供物质资源、环境容量、精神需求和基本生存条件。健康安全的海洋生态是提供高产优质海洋产品的自然基础，是保障我国粮食安全的战略基础，避免和防止海洋生态的"荒漠化"是利用和管理海洋资源的基本目标。我国尤其是东部沿海地区的社会经济发展已离不开海洋，海洋生态系统与陆地生态系统之间通过大气运动和水分循环而产生广泛的物质能量联系，构成了相通相连的生态系统，成为支撑该地区以至全国社会经济发展的生态环境基础，海洋生态系统的失衡或破坏不仅直接影响海洋经济发展，而且通过生态连锁反应危及陆域生态系统，间接影响我国社会经济发展。海域综合管理要坚持生态优先，海洋空间首先是生态空间，其次才是资源空间，海洋资源开发必须保护和保全海洋生物资源和海洋生态系统服务功能，生态用海，生态管海，维护海洋作为国家生态安全

的重要屏障功能。

3. 为国家粮食安全提供重要保障

近年来,由于耕地减少,造成与土地休戚相关的农业与畜牧业压力倍增,根据相关研究预计,2020年我国粮食缺口约为0.15亿~1.83亿吨,粮食安全问题日渐突出。目前,我国管辖海域300万平方千米,2018年全国海洋已养殖面积为109.49公顷,只占全国海洋可养殖面积的42%,当年海洋捕捞量为1 200万吨,海水养殖产量为1 300万吨,海洋养殖开发尚不充分。海水养殖投入相当于农田的1/15,相对于传统的粮食作物,海产品营养全面、平衡,蛋白质的营养保健价值很高,矿物质含量丰富。根据统计分析,每100克海产品中含22.9克蛋白质;每100克粮食中的蛋白质含量为8克,海产品比粮食更具营养。从蛋白质含量的角度看,按照每公顷粮食产量5 500千克来计算,2018年全国海产品总量相当于1 400万公顷粮田的产量,而海水养殖的效益是粮田的10倍,二者的投入产出比相差悬殊。海域综合管理要服务于国家粮食安全,谋划和拓展养殖用海管理策略,支持现代海洋牧场建设,尤其是从政策和制度上推动近海、深远海海洋牧场建设,将南海、东海、黄海的深远海海域建设成我国海洋"蓝色粮仓",使得海洋成为我国粮食安全的重要保障。

4. 为发展战略布局提供后备空间资源

随着沿海地区人口的增长和社会经济的发展,土地资源不足和用地矛盾突出已成为制约经济发展的关键因素。我国近岸拥有广阔的海涂资源,浅海和滩涂面积14.6万平方千米,其中滩涂面积2.06万平方千米,海洋空间资源给社会经济发展提供了新的发展空间,向海洋要空间就成为解决发展问题的重要手段。1949年至上世纪末,围填海造地面积达1.2万平方千米,形成了沿海地区重要的农业种植区和人口密集区,对我国保持耕地动态平衡起到了重要作用。近20年,我国平均每年建设用围填海面积达150~170平方千米,形成了辽宁沿海、河北曹妃甸、天津滨海新区、上海浦东新区等众多面积较大的围填海集中区,围填海在支持沿海地区经济发展、缓解建设用地供需矛盾、减轻耕地保护压力等方面发挥了重要作用。近年来,国家相继布局了"21世纪海上丝绸之路"、海南自由贸易港、粤港澳大湾区等发展战略。海域综合管理作为调控海洋空间开发与保护的重要手段,要加强我国海岸、近岸和近海空间开发利用管控,集约/节约利用海洋空间资源,为国家发展战略的基础设施、重大战略、重大工程布局提供海岸、近岸、近海、海岛等后备空间资源保障。

5. 全面深化海域综合管理改革

随着国家全面深化改革的持续推进,陆海统筹成为当前国家自然资源综合治理的重要方向,海域综合管理必须站在陆地和海洋的双重视角,有计划、有步骤地创建陆海统筹海域自然资源综合管理制度体系。首先,从法律角度,需要重新梳理海域使用管理法、海岛保护法、海洋环境保护法等相关法律,制定陆海统筹的海岸带保护与利用管理法律,依法确立海域综合管理的主要制度;其次,从管理制度角度,优化和完善陆海统筹的海域管理制度体系,包括陆海统筹的海洋空间规划制度、海域不动产权属管理制度、海域自然资源资产有偿使用制度等;第三,从法规政策角度,修改和修订适应法律和制度的海域综合管理法规政策,形成海域综合管理制度体系;第四,从技术角度,改进和提升适应陆海统筹的海域综合管理技术体系,修订海域综合管理相关的技术规范和技术规程,改造海域使用动态监视监测管理系统、海岛监视监测管理系统等。

第三节 我国海域使用管理展望

21世纪是海洋经济的世纪,作为一个发展中的海洋大国,我国海域开发利用规模和范围将会持续扩大,海域开发利用方式将会逐步向集约/节约化方向转变,海域环境保护将会由以控制污染为主转变为控制污染、环境保护、生态修复等多种保护方式转变,海域使用管理也随之呈现出许多新特征。

一、海域使用管理范围将进一步扩大

当前,我国海域开发利用活动主要集中在近岸海域,即我国领海基点线以内的领海海域。对于近海海域和远海海域,开发利用基本上是以海洋渔业

资源捕捞为主，其他海洋开发利用活动极少。随着我国海洋技术的快速发展，东海陆架盆地、珠江口盆地、琼东南盆地、南海中南部盆地等将成为我国油气资源开发的重要阵地。依托边远海岛开展海洋水产增养殖，是目前我国近岸海域资源约束下的海洋渔业发展的重要抉择方向。开发深远海旅游资源，发展海洋旅游业，是我国滨海旅游实现跨越式发展，真正走向海洋的必然之路。海域使用管理必将以服务于海域开发利用活动为目标，管理范围从以近岸海域为主逐步走向近海、远海海域。

二、集约/节约用海模式将普遍推广

近年来，我国高强度的围填海造地、港口开发、围海养殖等海域开发利用活动，加剧了近岸海域空间资源的稀缺性，而海洋经济的快速发展又需要一定的海域空间资源作为支撑，这就进一步加大了近岸海域空间资源的供给压力。为了保障海域空间资源的高效利用，集约/节约用海将成为我国海域使用的普遍模式。海域立体养殖、岛式港口规划、海岛旅游休闲、海底卤水制盐、海上城镇建设等具体模式将成为保障我国海岸线、海域空间资源持续利用的必要措施。可以说，海域空间资源集约/节约利用模式推广必将是我国海域使用管理的重要工作之一。

三、生态用海、生态管海将成为海域综合管理的重要内容

生态用海、生态管海，落实国家生态文明建设战略部署，是"十三五"期间我国海洋综合管理工作的重要任务。国家围绕生态用海、生态管理已经提出了相关的规划要求。《全国海洋功能区划（2010—2020）》提出建立完善的海域海岸带整治修复技术规范，形成我国海域海岸整治修复工作的长期业务化运行机制，有序开展海域海岸整治修复工作，力争"十三五"期间，完成30项整治修复示范区，整治修复海域面积5 000平方千米，整治修复岸段长度1 000千米。自然资源部积极落实生态用海理念，在全国范围内开展了用海生态建设、用海生态评估、用海生态保护、用海生态修复等生态用海措施。国土空间规划试点方案实施陆海统筹的国土空间规划，将海域与陆域共同作为

国土空间，开展"三区三线"划定，其中的生态空间和生态保护红线将成为生态用海、生态管海的重要依据。可以看出，生态用海、生态管海将成为未来一段时间内我国海域使用管理、海洋生态环境保护的重要内容。

四、海域使用管理体制将进一步完善

1. 海域管理职责权限进一步明确

《中华人民共和国海域使用管理法》已经明确提出了中央与地方在海域使用管理上统一领导、条块结合、分级管理的行政管理体系。地方海域管理队伍代表国家行使海域管理权，是国家海域管理队伍的重要组成部分。国家海洋行政主管部门偏重于立法管理，制定海洋经济发展方针、政策、发展战略规划，对地方海洋工作的业务指导和监督，向国务院反映地方人民政府的有关建议和要求，并在政策、资金、技术等方面给予必要的支持。地方海洋行政主管部门偏重于具体事务的处理，如海域空间开发与利用，海洋环境管理与保护等，并接受国家海洋行政主管部门的业务指导，建立请示报告制度，及时向国家海洋行政主管部门汇报情况和反映问题，认真传达贯彻并组织落实国家海洋行政主管部门的指示精神。另外各涉海部门要依据《中华人民共和国海域使用管理法》进一步明确职责分工。

2. 建立全国统一的海洋监察执法队伍

我国现行的海洋执法管理体制，基本上是分部门、分行业管理。同发达国家海上统一执法管理体制相比，这种多头分散管理体制，容易产生部门各自为政、执法内松外严、相互扯皮推诿、效能低下等问题。在我国管辖海域面积大、维护海洋权益任务繁重的前提下，集中海洋执法力量，统一海洋执法管理是大势所趋。近年来，地方各级海洋监察队伍相继组建，我国海洋监察执法队伍得到壮大。然而地方海洋监察队伍的建设尚处于探索与起步阶段，各地海洋监察队伍的建制和隶属关系尚未统一和规范，有的渔政与海监合一，有的由自然资源部海区派出机构代理。尽管这些不同模式体现了各地的实际情况，但因执法主体、执法依据和执法程序等方面的区别，在具体执法过程中难免给管理相对人造成不应有的混乱和误解。所以，建立全国统一的海洋监察执法队伍并明确海上执法的职权,是海域管理的必然趋势。

3. 完善海洋管理咨询机制

建立一种向社会开放的海洋管理咨询机制,让公众或民间力量参与到公共事务管理活动中来,是现代行政管理的一种发展趋势。咨询机制在海域管理中具有重要的作用。建立和完善海域使用管理专家咨询团体是发挥咨询功能的有效形式之一。作为非政府组织的咨询机构,海域使用管理咨询团体是由一些精通海洋的科学家、管理专家、企业家组成,主要咨询内容包括涉及海洋发展的重大项目事先评估,对涉及海洋生态系统或有重大社会影响的工程提出评价,对于跨部门、跨区域的一些没有管理规范问题进行确认。重大海洋工程项目、管理计划需经过权威的咨询专家组的评估和论证,对达到的预期目标、技术可行性、成本和风险等方面进行论证,提出客观、公正、科学的评估报告与评估结论,为协商或决策提供依据。确立咨询机制需要掌握三个条件:①咨询专家组必须由专业结构合理的专家骨干组成,包括海洋管理专家、海洋科学专家、海洋工程专家等,以确保人员组成的高质量、高层次;②开展工作的机制,必须具有业务活动的相对独立性,包括调查、研究及其结果,以保证工作的科学和客观;③机构的建制关系,必须直接归属于所服务的主管部门或其上一级主管部门领导和管理,以最大限度地减少、避免可能对咨询建议研究的影响或干扰。

海域使用管理体制的建立和完善是一个系统工程,同时也是一个长期的、动态的发展过程。由于各种影响因素的不确定性,海域管理体制的变革不可能设定在一个预先安排好的框架体系中。虽然不能机械地设定海域管理体制的具体模式,但可以确立海域管理体制的变革方向,把握其演变的轨迹与规律,作出与我国海洋事业发展相适应的、科学的制度选择与制度安排,实现海域管理制度的不断创新与发展。

参考文献

阿东，1999. 海洋功能区划的意义和作用[J]. 海洋开发与管理，16(3)：25-28.

曹可，李娜，2003. 海域分等定级理论与方法研究[J]. 海洋开发与管理(20)：6.

常军，刘高焕，刘庆生，2004. 黄河口海岸线演变时空特征及其与黄河来水来沙关系[J]. 地理研究，23(5)：339-346.

谌艳珍，方国智，倪金，2010. 辽河口海岸线近百年来的变迁[J]. 海洋学研究，28(2)：14-21.

程海燕，2017. 广西海域综合管理生态用海的对策探析[J]. 低碳世界(24).

崔凤有，2001. 海域使用权研究[D]. 青岛：中国海洋大学.

崔建远，2004. 海域使用权制度及其反思[J]. 中国政法大学学报(6)：57.

董月娥，张静怡，滕欣，2015. 人工海岸的生态化建设效果评价方法初探[J]. 海洋开发与管理，32(11)：30-34.

傅金龙，2004. 海洋功能区划的理论与实践[M]. 北京：海洋出版社.

高昆，2010. 对我国周边国家海洋执法实践的研究及启示[D]. 中国海洋大学.

关道明，阿东，2012. 全国海洋功能区划研究[M]. 北京：海洋出版社.

国家海洋局海域管理司，2001. 国外海洋管理法规选编[M]. 北京：海洋出版社.

国家海洋局政策法规和规划司，2012. 中华人民共和国海洋法规选编(第4版)[M]. 北京：海洋出版社.

国家海洋局，2007. 中国21世纪海洋政策研究报告[R].

韩立民，陈艳，2006. 海域使用管理的理论与实践[M]. 山东：青岛海洋大学出版社.

何广顺，王晓惠，赵锐，等，2010. 海洋主体功能区划方法研究[J]. 海洋通报，29(3)：334-341.

胡斯亮，2011. 围填海造地及其管理制度研究[D]. 中国海洋大学.

黄飞波，2004. 如何实现海域使用权的有效管理——广西海域管理信息系统建设现状及思考[J]. 南方国土资源(10)：14-15.

黄明群, 2006. 关于提高海域使用论证工作质量的一些认识[J]. 海洋开发与管理, 23(5): 104-107.

纪大伟, 田洪军, 王园君, 2016. 海域海岸带整治修复进展与管理建议[J]. 海洋开发与管理(5): 87-90.

蒋德玉, 2007. 论我国海上执法管理体制的完善[D]. 上海交通大学.

兰岚, 2007. 海域使用权制度研究[D]. 上海: 上海海事大学.

李长义, 苗丰民, 2006. 辽宁海洋功能区划[M]. 北京: 海洋出版社.

李梅生, 崔旭, 2012. 海岸线保护与利用探析——以辽宁省大连市为例[J]. 中国土地(7): 33-35.

李娜, 2004. 海域有偿使用价格确定的理论和方法[D]. 大连: 辽宁师范大学.

李佩瑾, 2003. 海域使用评估理论与实证研究[D]. 大连: 辽宁师范大学.

李英花, 何斌源, 2017. 广西海域海岛海岸带整治修复工程管理研究[J]. 环境科学与管理, 42(9).

李永军, 2006. 海域使用权研究[M]. 北京: 中国政法大学出版社.

林宁, 李晋, 王倩, 等, 2009. 我国海洋功能区划备案的问题与对策[J]. 海洋开发与管理, 26(5): 21-25.

刘百桥, 阿东, 关道明, 2014. 2011—2020年中国海洋功能区划体系设计[J]. 海洋环境科学, 33(3): 441-445.

刘利东, 2008. 海域使用动态监测管理的工作流建模与系统实现研究[D].

刘修德, 李涛, 等, 2008. 福建省海湾围填海规划环境影响综合评价[M]. 北京: 科学出版社.

柳百萍, 2002. 论我国海域有偿使用制度[J]. 安徽农业大学学报(社会科学版)(6): 54.

楼东, 刘亚军, 朱兵见, 2012. 浙江海岸线的时空变动特征、功能分类及治理措施[J]. 海洋开发与管理(3): 11-16.

鹿守本, 艾万铸, 2001. 海岸带综合管理: 体制和运行机制研究[M]. 北京: 海洋出版社.

路文海, 徐伟, 2007. 海域定级方法初步研究[J]. 海洋信息技术(3): 5-9.

吕彩霞, 2000. 海域使用制度与海洋综合管理[J]. 海洋开发与管理, 17(1): 14-18.

吕彩霞, 2000. 我国海域使用管理立法的紧迫性[J]. 海洋开发与管理, 17(4): 15-18.

栾维新, 阿东, 2002. 中国海洋功能区划的基本方案[J]. 人文地理(3): 93-95.

栾维新, 李佩瑾, 2007. 我国海域评估的理论体系及海域分等的实证研究[J]. 地理科学进展(2).

马龙,王培刚,宋士林,等,2012.浅谈海域使用论证质量控制的关键环节[J].海洋开发与管理(3):31-34.

马小峰,赵冬至,张丰收,等,2007.海岸线卫星遥感提取方法研究进展[J].遥感技术与应用,22(4):575-580.

苗丰民,等,2004.海域使用管理技术概论[M].北京:海洋出版社.

苗丰民,赵全民,2007.海域分等定级及价值评估理论与方法[M].北京:海洋出版社.

苗丽娟,李淑媛,等,2005.海域使用分类定级方法初探[J].资源调查与评价(4).

苗丽娟,苗丰民,等,2004.海域使用价格影响因素评价体系的建立[J].国土资源科技管理,21(6).

彭本荣,等,2006.海域空间资源价值:理论、方法及应用研究[G].中国土地资源战略与区域协调发展研究.北京:气象出版社:766-772.

彭本荣,洪华生,陈伟琪,等,2005.填海造地生态损害评估:理论、方法及应用研究[J].自然资源学报,20(5):715-726.

秦书莉,2010.海域纯收益评估方法研究[J].海洋信息(1).

沈晓磊,2006.我国现行海上执法体制的理论分析及对策研究[D].同济大学.

宋德瑞,郝煜,王雪,等,2012.我国海域使用发展趋势与空间潜力评价研究[J].海洋开发与管理,29(5):14-17.

孙丽,刘洪滨,杨义菊,等,2010.中外围填海管理的比较研究[J].中国海洋大学学报(社会科学版)(5):40-46.

孙丽,2009.中外围海造地管理的比较研究[D].中国海洋大学.

孙毅,于连生,等,1999.资源利用与环保中的价值补偿问题[M].长春:吉林人民出版社.

孙悦,2008.海域使用管理法律问题研究[D].大连:大连海事大学.

索安宁,曹可,初佳兰,等,2017.基于GF-1卫星遥感影像的海岸线生态化监测与评价研究[J].海洋学报,39(1):121-129.

索安宁,曹可,马红伟,等,2015.海岸线分类体系探讨[J].地理科学,35(7):931-937.

索安宁,关道明,孙永光,等,2016.景观生态学在海岸带地区的研究进展[J],生态学报,36(11):3167-3175.

索安宁，2017. 海岸空间开发遥感监测与评估[M]. 北京：科学出版社.

索安宁，王鹏，袁道伟，等，2016. 基于高空间分辨率卫星遥感影像的围填海存量资源监测与评估研究[J]. 海洋学报，38(9)：54-63.

索安宁，于永海，2017. 围填海管理技术探究[M]. 北京：海洋出版社.

索安宁，赵建华，马红伟，2018. 海域使用遥感监测与评估[M]. 北京：科学出版社.

王宝灿，1989. 海岸动力地貌[M]. 上海：华东师范大学出版社.

王宝铭，齐连明，等，2006. 试论地租理论在海域评估中的应用[J]. 海洋开发与管理，23(5).

王长海，邱桔斐，丁红，2009. 海域使用中有关海岸线的问题探讨[J]. 海洋开发与管理，26(4)：51-56.

王冠钰，2010. 澳大利亚的海洋法实践研究及其对我国的启示[D]. 青岛：中国海洋大学.

王江涛，郭佩芳，2011. 海洋功能区划问题及对策探讨[J]. 海洋湖沼通报(3)：163-167.

王江涛，刘百桥，2011. 海洋功能区划控制体系研究[J]. 海洋通报，30(4)：371-376.

王利，苗丰民，1989. 海域有偿使用价格确定的理论研究[J]. 海洋开发与管理，16(1)：21-24.

王淼，生万栋，董春梅，等，2006. 我国现行海上执法体制的弊端与改革对策[J]. 软科学(1).

王平，赵明利，谢健，2009. 区域建设用海规划工作的几点体会[J]. 海洋开发与管理，26(5)：11-15.

王权明，苗丰民，李淑媛，2008. 国外海洋空间规划概况及我国海洋功能区划的借鉴[J]. 海洋开发与管理，25(9)：5-8.

王铁民，2002. 海域使用管理研究[M]. 北京：海洋出版社.

王勇智，王曙光，鲍献文，2008. 海域使用后评价的初步研究[J]. 海洋开发与管理，25(1)：60-66.

王志远，蒋铁民，2003. 渤黄海区域海洋管理[M]. 北京：海洋出版社.

王忠，2002. 关于实施海域有偿使用制度的几个问题的思考[J]. 海洋开发与管理(1)：31.

魏清泉，1994. 区划规划原理和方法[M]. 广州：中山大学出版社.

温国义，杨健强，索安宁，2015. 集约用海区用海布局优化技术研究及应用[M]. 北京：海洋出版社.

伍光和，2002. 自然地理学[M]. 北京：高等教育出版社.

夏东兴, 2006. 海岸带与海岸线[J]. 海岸工程, 25: 13-20.

夏国辉, 2003. 浅谈海域有偿使用制度[C]. 第二届海峡两岸航运科技学术研讨会.

徐春燕, 2006. 海域使用管理法律制度研究[D]. 大连: 大连海事大学.

徐祥民, 2009. 中国海域有偿使用制度研究[M]. 北京: 中国环境科学出版社.

杨辉, 2007. 海域使用论证存在的问题及对策研究[J]. 海洋开发与管理, 24(6): 27-33.

杨金森, 刘容子, 1999. 海岸带管理指南: 基本概念、分析方法、规划模式[M]. 北京: 海洋出版社.

杨世伦, 2003. 海岸环境和地貌过程导论[M]. 北京: 海洋出版社.

杨玉娣, 边淑华, 2007. 海岸线及其划定方法探讨[J]. 海洋开发与管理, 24(6): 34-35.

叶知年, 2004. 海域使用权基本法律问题研究[J]. 西南政法大学学报(3): 80.

于青松, 齐连明, 等, 2006. 海域评估理论研究[M]. 北京: 海洋出版社.

于永海, 2011. 基于规模控制的围填海管理方法研究[D]. 大连理工大学.

于永海, 苗丰民, 王玉广, 2003. 基于3S技术的海岸线测量与管理应用研究[J]. 地理与地理信息, 19(6).

于永海, 索安宁, 2013. 围填海评价方法研究[M]. 北京: 海洋出版社.

俞树彪, 阳立军, 2009. 海洋区划与规划导论[M]. 北京: 知识产权出版社.

袁延冰, 2011. 海域使用论证制度的实施研究[D]. 中国农业科学院.

翟伟康, 徐文斌, 李晋, 等, 2012. 我国海域使用现状特点及存在问题的分析[J]. 海洋开发与管理, 29(3): 26-30.

张存勇, 2006. 连云港近岸海域海洋工程对生态环境的影响及其研究[D]. 中国海洋大学.

张宏声, 2004. 海域使用管理指南[M]. 北京: 海洋出版社.

张宏声, 2003. 全国海洋功能区划概要[M]. 北京: 海洋出版社.

张惠荣, 高中义, 2010. 论海域使用权属管理制度[J]. 政法论坛, 28(1): 154-159.

张惠荣, 2009. 海域使用权属管理与执法对策[M]. 北京: 海洋出版社.

张军岩, 于格, 2008. 世界各国(地区)围海造地发展现状及其对我国的借鉴意义[J]. 国土资源(8): 60-62.

张灵杰, 2001. 试论海岸带综合管理规划[J]. 海洋通报, 20(2): 58-65.

赵建华, 陈沈良, 2003. 数字海岸与海岸带综合管理[J]. 海洋通报, 22(1): 50-56.

赵建华, 索安宁, 徐京萍, 2018. 海域使用遥感监测技术[M]. 北京: 海洋出版社.

中国水利学会围涂开发专业委员会, 2000. 中国围海工程[M]. 北京: 中国水利水电出版社.

周良勇, 戴勤奋, 2003. 海域使用管理信息系统的建立[J]. 海洋地质动态, 19(3): 34-37.

周玲玲, 鲍献文, 余静, 等, 2017. 中国生态用海管理发展初探[J]. 中国海洋大学学报(社会科学版), 19(6): 24-29.

朱诚, 程鹏, 卢春成, 等, 1996. 长江三角洲及苏北沿海地区7000年以来海岸线演变规律分析[J]. 地理科学.

朱建华, 2015. 唐山湾海域海岸带综合整治修复工程项目质量控制研究[D]. 中国海洋大学.

朱真坚, 2008. 海洋区划与规划[M]. 北京: 海洋出版社.

左平, 邹欣庆, 朱大奎, 2000. 海岸带综合管理框架体系研究[J]. 海洋通报, 19(5): 55-61.

BAKKER T W M, 1990. The geohydrology of coastal dunes. In Bakker W. Jungerius P D, Klijn J A, eds. Dunes of the European coasts[A]. Catena Suppl, 18, 109-119.

BIRD E C F, 1985. Coastline change: A global review[M]. Chichester: Wily.

CHAPPELL J, 1980. Coral morphology, diversity and reef growth[J]. Nature, 286: 249-252.

MANDELBROT B B, 1967. How long is the coast of Britain[J]. Science, 155: 636.

P D 柯马尔, 1985. 海滩过程与沉积作用[M]. 北京: 海洋出版社.

附录 1

中华人民共和国海域使用管理法

(2001年10月27日第九届全国人民代表大会常务委员会第二十四次会议通过)

第一章 总 则

第一条 为了加强海域使用管理,维护国家海域所有权和海域使用权人的合法权益,促进海域的合理开发和可持续利用,制定本法。

第二条 本法所称海域,是指中华人民共和国内水、领海的水面、水体、海床和底土。

本法所称内水,是指中华人民共和国领海基线向陆地一侧至海岸线的海域。

在中华人民共和国内水、领海持续使用特定海域三个月以上的排他性用海活动,适用本法。

第三条 海域属于国家所有,国务院代表国家行使海域所有权。任何单位或者个人不得侵占、买卖或者以其他形式非法转让海域。

单位和个人使用海域,必须依法取得海域使用权。

第四条 国家实行海洋功能区划制度。海域使用必须符合海洋功能区划。

国家严格管理填海、围海等改变海域自然属性的用海活动。

第五条 国家建立海域使用管理信息系统,对海域使用状况实施监视、监测。

第六条　国家建立海域使用权登记制度，依法登记的海域使用权受法律保护。

国家建立海域使用统计制度，定期发布海域使用统计资料。

第七条　国务院海洋行政主管部门负责全国海域使用的监督管理。沿海县级以上地方人民政府海洋行政主管部门根据授权，负责本行政区毗邻海域使用的监督管理。

渔业行政主管部门依照《中华人民共和国渔业法》，对海洋渔业实施监督管理。

海事管理机构依照《中华人民共和国海上交通安全法》，对海上交通安全实施监督管理。

第八条　任何单位和个人都有遵守海域使用管理法律、法规的义务，并有权对违反海域使用管理法律、法规的行为提出检举和控告。

第九条　在保护和合理利用海域以及进行有关的科学研究等方面成绩显著的单位和个人，由人民政府给予奖励。

第二章　海洋功能区划

第十条　国务院海洋行政主管部门会同国务院有关部门和沿海省、自治区、直辖市人民政府，编制全国海洋功能区划。

沿海县级以上地方人民政府海洋行政主管部门会同本级人民政府有关部门，依据上一级海洋功能区划，编制地方海洋功能区划。

第十一条　海洋功能区划按照下列原则编制：

（一）按照海域的区位、自然资源和自然环境等自然属性，科学确定海域功能；

（二）根据经济和社会发展的需要，统筹安排各有关行业用海；

（三）保护和改善生态环境，保障海域可持续利用，促进海洋经济的发展；

（四）保障海上交通安全；

（五）保障国防安全，保证军事用海需要。

第十二条　海洋功能区划实行分级审批。

全国海洋功能区划，报国务院批准。

沿海省、自治区、直辖市海洋功能区划，经该省、自治区、直辖市人民政府审核同意后，报国务院批准。

沿海市、县海洋功能区划，经该市、县人民政府审核同意后，报所在的省、自治区、直辖市人民政府批准，报国务院海洋行政主管部门备案。

第十三条　海洋功能区划的修改，由原编制机关会同同级有关部门提出修改方案，报原批准机关批准；未经批准，不得改变海洋功能区划确定的海域功能。

经国务院批准，因公共利益、国防安全或者进行大型能源、交通等基础设施建设，需要改变海洋功能区划的，根据国务院的批准文件修改海洋功能区划。

第十四条　海洋功能区划经批准后，应当向社会公布；但是，涉及国家秘密的部分除外。

第十五条　养殖、盐业、交通、旅游等行业规划涉及海域使用的，应当符合海洋功能区划。

沿海土地利用总体规划、城市规划、港口规划涉及海域使用的，应当与海洋功能区划相衔接。

第三章　海域使用的申请与审批

第十六条　单位和个人可以向县级以上人民政府海洋行政主管部门申请使用海域。

申请使用海域的，申请人应当提交下列书面材料：

(一)海域使用申请书；

(二)海域使用论证材料；

(三)相关的资信证明材料；

(四)法律、法规规定的其他书面材料。

第十七条　县级以上人民政府海洋行政主管部门依据海洋功能区划，对海域使用申请进行审核，并依照本法和省、自治区、直辖市人民政府的规定，报有批准权的人民政府批准。

海洋行政主管部门审核海域使用申请，应当征求同级有关部门的意见。

第十八条　下列项目用海，应当报国务院审批：

（一）填海五十公顷以上的项目用海；

（二）围海一百公顷以上的项目用海；

（三）不改变海域自然属性的用海七百公顷以上的项目用海；

（四）国家重大建设项目用海；

（五）国务院规定的其他项目用海。

前款规定以外的项目用海的审批权限，由国务院授权省、自治区、直辖市人民政府规定。

第四章　海域使用权

第十九条　海域使用申请经依法批准后，国务院批准用海的，由国务院海洋行政主管部门登记造册，向海域使用申请人颁发海域使用权证书；地方人民政府批准用海的，由地方人民政府登记造册，向海域使用申请人颁发海域使用权证书。海域使用申请人自领取海域使用权证书之日起，取得海域使用权。

第二十条　海域使用权除依照本法第十九条规定的方式取得外，也可以通过招标或者拍卖的方式取得。招标或者拍卖方案由海洋行政主管部门制订，报有审批权的人民政府批准后组织实施。海洋行政主管部门制订招标或者拍卖方案，应当征求同级有关部门的意见。

招标或者拍卖工作完成后，依法向中标人或者买受人颁发海域使用权证书。中标人或者买受人自领取海域使用权证书之日起，取得海域使用权。

第二十一条　颁发海域使用权证书，应当向社会公告。

颁发海域使用权证书，除依法收取海域使用金外，不得收取其他费用。

海域使用权证书的发放和管理办法，由国务院规定。

第二十二条　本法施行前，已经由农村集体经济组织或者村民委员会经营、管理的养殖用海，符合海洋功能区划的，经当地县级人民政府核准，可以将海域使用权确定给该农村集体经济组织或者村民委员会,由本集体经济组织的成员承包,用于养殖生产。

第二十三条　海域使用权人依法使用海域并获得收益的权利受法律保护,任何单位和个人不得侵犯。

海域使用权人有依法保护和合理使用海域的义务;海域使用权人对不妨害其依法使用海域的非排他性用海活动,不得阻挠。

第二十四条　海域使用权人在使用海域期间,未经依法批准,不得从事海洋基础测绘。

海域使用权人发现所使用海域的自然资源和自然条件发生重大变化时,应当及时报告海洋行政主管部门。

第二十五条　海域使用权最高期限,按照下列用途确定:

(一)养殖用海十五年;

(二)拆船用海二十年;

(三)旅游、娱乐用海二十五年;

(四)盐业、矿业用海三十年;

(五)公益事业用海四十年;

(六)港口、修造船厂等建设工程用海五十年。

第二十六条　海域使用权期限届满,海域使用权人需要继续使用海域的,应当至迟于期限届满前二个月向原批准用海的人民政府申请续期。除根据公共利益或者国家安全需要收回海域使用权的外,原批准用海的人民政府应当批准续期。准予续期的,海域使用权人应当依法缴纳续期的海域使用金。

第二十七条　因企业合并、分立或者与他人合资、合作经营,变更海域使用权人的,需经原批准用海的人民政府批准。

海域使用权可以依法转让。海域使用权转让的具体办法,由国务院规定。

海域使用权可以依法继承。

第二十八条　海域使用权人不得擅自改变经批准的海域用途;确需改变的,应当在符合海洋功能区划的前提下,报原批准用海的人民政府批准。

第二十九条　海域使用权期满,未申请续期或者申请续期未获批准的,海域使用权终止。

海域使用权终止后，原海域使用权人应当拆除可能造成海洋环境污染或者影响其他用海项目的用海设施和构筑物。

第三十条　因公共利益或者国家安全的需要，原批准用海的人民政府可以依法收回海域使用权。

依照前款规定在海域使用权期满前提前收回海域使用权的，对海域使用权人应当给予相应的补偿。

第三十一条　因海域使用权发生争议，当事人协商解决不成的，由县级以上人民政府海洋行政主管部门调解；当事人也可以直接向人民法院提起诉讼。

在海域使用权争议解决前，任何一方不得改变海域使用现状。

第三十二条　填海项目竣工后形成的土地，属于国家所有。

海域使用权人应当自填海项目竣工之日起三个月内，凭海域使用权证书，向县级以上人民政府土地行政主管部门提出土地登记申请，由县级以上人民政府登记造册，换发国有土地使用权证书，确认土地使用权。

第五章　海域使用金

第三十三条　国家实行海域有偿使用制度。

单位和个人使用海域，应当按照国务院的规定缴纳海域使用金。海域使用金应当按照国务院的规定上缴财政。

对渔民使用海域从事养殖活动收取海域使用金的具体实施步骤和办法，由国务院另行规定。

第三十四条　根据不同的用海性质或者情形，海域使用金可以按照规定一次缴纳或者按年度逐年缴纳。

第三十五条　下列用海，免缴海域使用金：

(一)军事用海；

(二)公务船舶专用码头用海；

(三)非经营性的航道、锚地等交通基础设施用海；

（四）教学、科研、防灾减灾、海难搜救打捞等非经营性公益事业用海。

第三十六条　下列用海，按照国务院财政部门和国务院海洋行政主管部门的规定，经有批准权的人民政府财政部门和海洋行政主管部门审查批准，可以减缴或者免缴海域使用金：

（一）公用设施用海；

（二）国家重大建设项目用海；

（三）养殖用海。

第六章　监督检查

第三十七条　县级以上人民政府海洋行政主管部门应当加强对海域使用的监督检查。

县级以上人民政府财政部门应当加强对海域使用金缴纳情况的监督检查。

第三十八条　海洋行政主管部门应当加强队伍建设，提高海域使用管理监督检查人员的政治、业务素质。海域使用管理监督检查人员必须秉公执法，忠于职守，清正廉洁，文明服务，并依法接受监督。

海洋行政主管部门及其工作人员不得参与和从事与海域使用有关的生产经营活动。

第三十九条　县级以上人民政府海洋行政主管部门履行监督检查职责时，有权采取下列措施：

（一）要求被检查单位或者个人提供海域使用的有关文件和资料；

（二）要求被检查单位或者个人就海域使用的有关问题作出说明；

（三）进入被检查单位或者个人占用的海域现场进行勘查；

（四）责令当事人停止正在进行的违法行为。

第四十条　海域使用管理监督检查人员履行监督检查职责时，应当出示有效执法证件。

有关单位和个人对海洋行政主管部门的监督检查应当予以配合，不得拒绝、妨碍监督检查人员依法执行公务。

第四十一条　依照法律规定行使海洋监督管理权的有关部门在海上执法

时应当密切配合，互相支持，共同维护国家海域所有权和海域使用权人的合法权益。

第七章 法律责任

第四十二条 未经批准或者骗取批准，非法占用海域的，责令退还非法占用的海域，恢复海域原状，没收违法所得，并处非法占用海域期间内该海域面积应缴纳的海域使用金五倍以上十五倍以下的罚款；对未经批准或者骗取批准，进行围海、填海活动的，并处非法占用海域期间内该海域面积应缴纳的海域使用金十倍以上二十倍以下的罚款。

第四十三条 无权批准使用海域的单位非法批准使用海域的，超越批准权限非法批准使用海域的，或者不按海洋功能区划批准使用海域的，批准文件无效，收回非法使用的海域；对非法批准使用海域的直接负责的主管人员和其他直接责任人员，依法给予行政处分。

第四十四条 违反本法第二十三条规定，阻挠、妨害海域使用权人依法使用海域的，海域使用权人可以请求海洋行政主管部门排除妨害，也可以依法向人民法院提起诉讼；造成损失的，可以依法请求损害赔偿。

第四十五条 违反本法第二十六条规定，海域使用权期满，未办理有关手续仍继续使用海域的，责令限期办理，可以并处一万元以下的罚款；拒不办理的，以非法占用海域论处。

第四十六条 违反本法第二十八条规定，擅自改变海域用途的，责令限期改正，没收违法所得，并处非法改变海域用途的期间内该海域面积应缴纳的海域使用金五倍以上十五倍以下的罚款；对拒不改正的，由颁发海域使用权证书的人民政府注销海域使用权证书，收回海域使用权。

第四十七条 违反本法第二十九条第二款规定，海域使用权终止，原海域使用权人不按规定拆除用海设施和构筑物的，责令限期拆除；逾期拒不拆除的，处五万元以下的罚款，并由县级以上人民政府海洋行政主管部门委托有关单位代为拆除，所需费用由原海域使用权人承担。

第四十八条 违反本法规定，按年度逐年缴纳海域使用金的海域使用权人不按期缴纳海域使用金的，限期缴纳；在限期内仍拒不缴纳的，由颁发海域使用权证书的人民政府注销海域使用权证书，收回海域使用权。

第四十九条　违反本法规定，拒不接受海洋行政主管部门监督检查、不如实反映情况或者不提供有关资料的，责令限期改正，给予警告，可以并处二万元以下的罚款。

第五十条　本法规定的行政处罚，由县级以上人民政府海洋行政主管部门依据职权决定。但是，本法已对处罚机关作出规定的除外。

第五十一条　国务院海洋行政主管部门和县级以上地方人民政府违反本法规定颁发海域使用权证书，或者颁发海域使用权证书后不进行监督管理，或者发现违法行为不予查处的，对直接负责的主管人员和其他直接责任人员，依法给予行政处分；徇私舞弊、滥用职权或者玩忽职守构成犯罪的，依法追究刑事责任。

第八章　附　则

第五十二条　在中华人民共和国内水、领海使用特定海域不足三个月，可能对国防安全、海上交通安全和其他用海活动造成重大影响的排他性用海活动，参照本法有关规定办理临时海域使用证。

第五十三条　军事用海的管理办法，由国务院、中央军事委员会依据本法制定。

第五十四条　本法自2002年1月1日起施行。

附录2

海籍调查规范：典型宗海界址界定示例

C.1 顺岸平推式围填海工程

用海特征：与海岸线相接的围填海工程。其界址界定方法见图C.1。

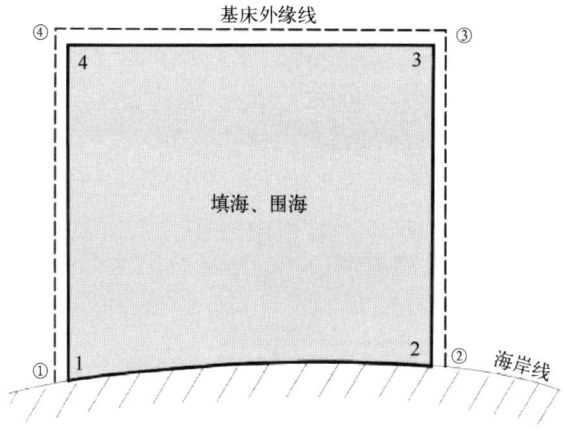

图 C.1 顺岸平推式围填海工程界址界定图示

注1：折线①-1-2-②-③-④-①围成的区域为本宗海的范围，属建设、农业、废弃物处置填海造地，或盐田、围海养殖。

注2：折线①-1-2-②为原来的海岸线；折线2-3-4-1为围堰、堤坝的坡顶线；折线②-③-④-①为围堰、堤坝基床或回填物倾埋水下的外缘线。

C.2 人工岛式填海造地工程

用海特征：离海岸线一定距离的填海造地工程，形成有效岸线。其界址界定方法见图C.2。

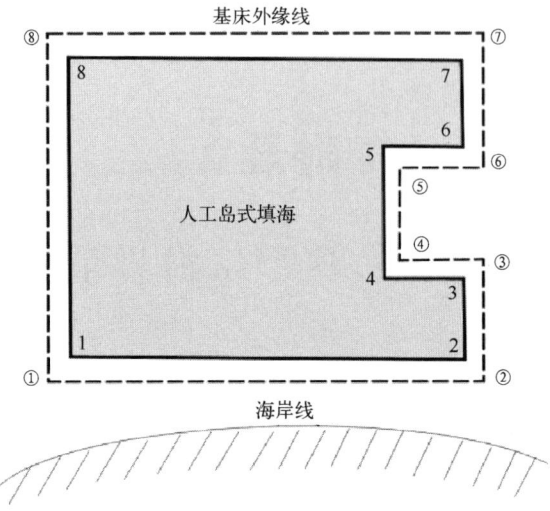

图 C.2 人工岛式填海造地工程界址界定图示

注1：折线①-②-③-④-⑤-⑥-⑦-⑧-①围成的区域为本宗海的范围，用于油气开采的属人工岛式油气开采用海，其他用途的属建设、农业或废弃物处置填海造地。

注2：折线 1-2-3-4-5-6-7-8-1 为围堰、堤坝的坡顶线；折线①-②-③-④-⑤-⑥-⑦-⑧-①为围堰、堤坝基床或回填物倾埋水下的外缘线。

C.3 半封闭式围海

用海特征：用堤坝等设施圈围但不完全闭合的围海。其界址界定方法见图 C.3。

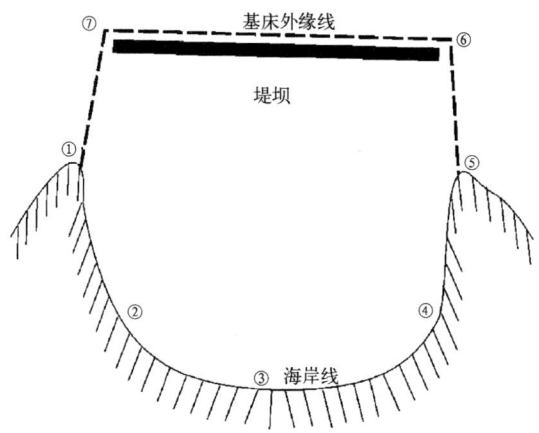

图 C.3 半封闭式围海界址界定图示

注1：折线①-②-③-④-⑤-⑥-⑦-①围成的区域为本宗海的范围，属围海养殖或港池、蓄水用海。

注2：折线①-②-③-④-⑤为海岸线；线段⑦-⑥为堤坝基床外缘线，线段⑦-①和⑥-⑤为口门连线。

C.4 一般平台

用海特征：采用透水方式构筑的除码头和石油平台以外的平台。其界址界定方法见图C.4。

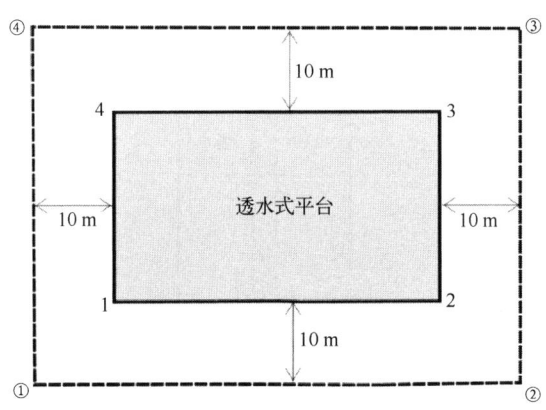

图C.4 一般平台界址界定图示

注1：折线①-②-③-④-①围成的区域为本宗海的范围，属透水构筑物用海，用途为平台。

注2：折线1-2-3-4-1为平台的外缘线；折线①-②-③-④-①为平台外缘线向四周平行外扩10 m形成的边线。

C.5 栈桥

用海特征：采用透水方式构筑的栈桥。其界址界定方法见图C.5。

C.6 港口

用海特征：有防波堤等设施圈围的港口，内有透水式和非透水式码头。其界址界定方法见图C.6。

C.7 顺岸码头甲

用海特征：采用透水方式构筑的顺岸码头。回旋水域位于码头前方，横向范围不超过码头的两端。其界址界定方法见图C.7。

C.8 顺岸码头乙

用海特征：采用非透水方式构筑的顺岸码头，已形成有效岸线。回旋水域位于码头侧前方，横向范围超出码头一端。其界址界定方法见图C.8。

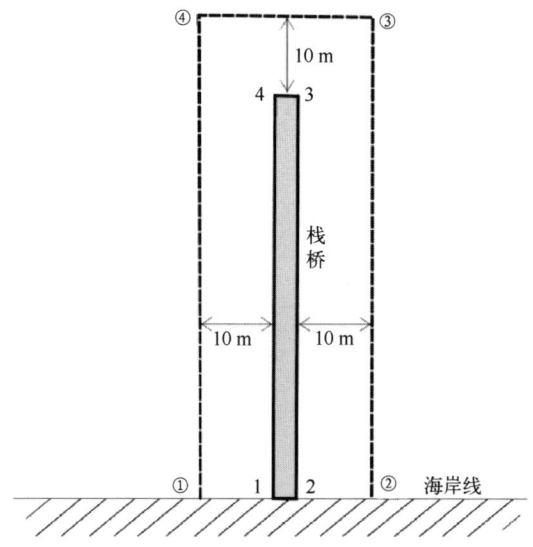

图 C.5　栈桥界址界定图示

注1：折线①-1-2-②-③-④-①围成的区域为本宗海的范围，属透水构筑物用海，用途为栈桥。

注2：折线①-1-2-②为海岸线；折线2-3-4-1为栈桥的外缘线；折线②-3-④-①为栈桥外缘线向外平行外扩10m形成的边线。

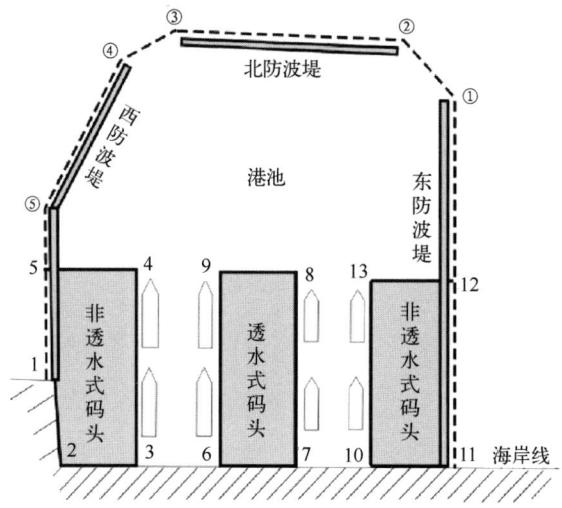

图 C.6　港口界址界定图示

注1：折线 1-2-3-6-7-10-11-12-①-②-③-④-⑤-5-1 围成的区域为本宗海的范围。其中折线 1-2-3-4-5-1 和 10-11-12-13-10 围成的区域属非透水构筑物用海，折线 6-7-8-9-6 围成的区域属透水构筑物用海，用途均为码头；折线 5-4-3-6-9-8-7-10-13-12-①-②-③-④-⑤-5 围成的区域属港池、蓄水用海，用途为港池。

注2：折线 1-2-3-6-7-10-11 为海岸线；折线 3-4-5-1、7-8-9-6 和 11-12-13-10 为码头的外缘线；折线 12-①-②-③-④-⑤-5 为防波堤的水下护坡坡脚线和口门连线。

· 256 ·

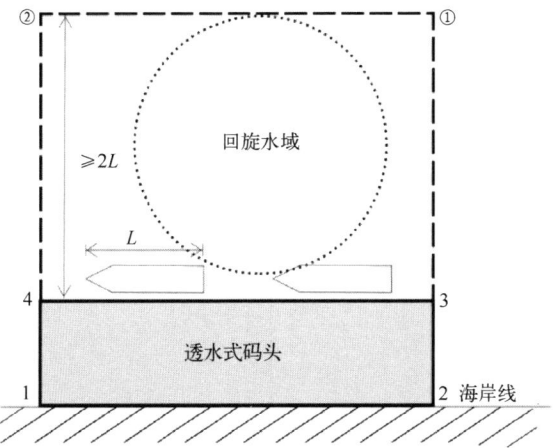

图 C.7 顺岸码头甲界址界定图示

注1：折线 1-2-3-①-②-4-1 围成的区域为本宗海的范围。其中折线 1-2-3-4-1 围成的区域属透水构筑物用海，用途为码头；折线 4-3-①-②-4 围成的区域，属港池、蓄水用海，用途为港池。

注2：线段 1-2 为海岸线；折线 2-3-4-1 为码头外缘线；线段 ②-4 和 ①-3 为码头前沿线 4-3 的垂线，并与码头两端相齐；线段 ②-① 为码头前沿线 4-3 的平行线，与 4-3 相距 2 倍设计船长或与回旋水域的外缘相切(以两者中距码头前沿线较远者为准)。

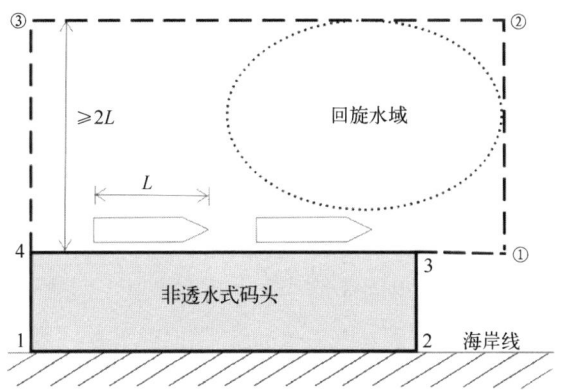

图 C.8 顺岸码头乙界址界定图示

注1：本项目用海分成两宗海。其中折线 1-2-3-4-1 围成的区域为一宗海的范围，属建设填海造地，用途为码头；折线 4-3-①-②-③-4 围成的区域为另一宗海，属港池、蓄水用海，用途为港池。

注2：线段 1-2 为原来的海岸线；折线 2-3-4-1 为码头外缘线；线段 3-① 为码头前沿线 4-3 的延长线；线段 ③-4 和 ②-① 为码头前沿线 4-3 的垂线，其中线段 ③-4 与码头左端相齐，线段 ②-① 与回旋水域外缘相切；线段 ③-② 为码头前沿线 4-3 的平行线，与 4-3 相距 2 倍设计船长或与回旋水域的外缘相切(以两者中距码头前沿线较远者为准)。

C.9 顺岸码头丙

用海特征：采用透水方式构筑的顺岸码头，右端与其他项目的码头相接，回旋水域的横向范围超出本项目码头与其他项目码头相接的一端。其界址界定方法见图 C.9。

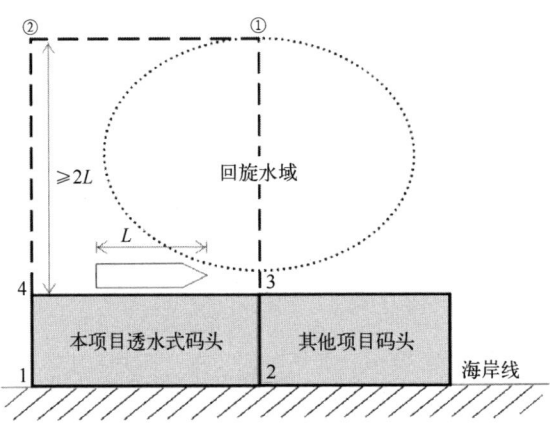

图 C.9 顺岸码头丙界址界定图示

注1：折线 1-2-3-①-②-4-1 围成的区域为本宗海的范围。其中折线 1-2-3-4-1 围成的区域属透水构筑物用海，用途为码头；折线 4-3-①-②-4 围成的区域，属港池、蓄水用海，用途为港池。

注2：线段 1-2 为海岸线；线段 3-2 为本码头与其他码头的分界线；折线 3-4-1 为码头外缘线；线段②-4 和①-3 为码头前沿线 4-3 的垂线，并与码头两端相齐；线段②-① 为码头前沿线 4-3 的平行线，与 4-3 相距 2 倍设计船长或与回旋水域的外缘相切（以两者中距码头前沿线较远者为准）。

C.10 突堤码头甲

用海特征：采用透水方式构筑的突堤码头，两侧均设有泊位和回旋水域，一侧回旋水域的纵向范围超出码头前端。其界址界定方法见图 C.10。

C.11 突堤码头乙

用海特征：采用非透水方式构筑的突堤码头，两侧均设有泊位，回旋水域位于码头侧前方。其界址界定方法见图 C.11。

C.12 突堤码头丙

用海特征：采用非透水方式构筑的突堤码头，与其他项目的突堤码头相邻（水域间距小于双方设计船长之和的 2 倍）。码头两侧均设有泊位，回旋水域位于码头侧前方。其界址界定方法见图 C.12。

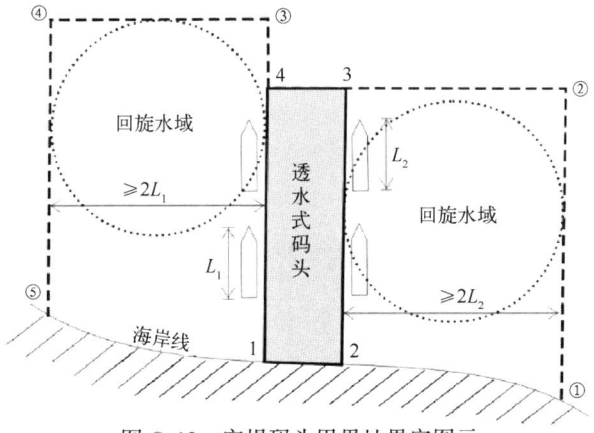

图 C.10 突堤码头甲界址界定图示

注1：折线⑤-1-2-①-②-3-4-③-④-⑤围成的区域为本宗海的范围。其中折线1-2-3-4-1围成的区域属透水构筑物用海，用途为码头；折线⑤-1-4-③-④-⑤和2-①-②-3-2围成的区域，属港池、蓄水用海，用途为港池。

注2：折线⑤-1-2-①为海岸线；折线2-3-4-1为码头外缘线；线段③-4为4-1的延长线；线段④-③为4-1的垂线，与对应回旋水域外缘相切；线段3-②为3-2的垂线，与码头前端相齐；线段④-⑤和②-①分别为对应码头前沿线4-1和3-2的平行线，分别与4-1和3-2相距2倍设计船长或与回旋水域的外缘相切(以两者中距码头前沿线较远者为准)。

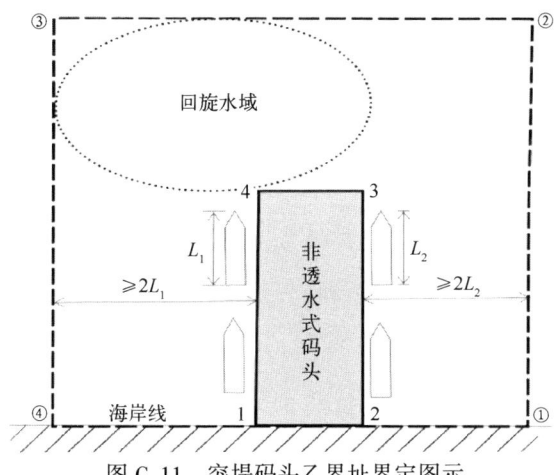

图 C.11 突堤码头乙界址界定图示

注1：折线④-1-2-①-②-③-④围成的区域为本宗海的范围。其中折线1-2-3-4-1围成的区域属非透水构筑物用海，用途为码头；折线④-1-4-3-2-①-②-③-④围成的区域，属港池、蓄水用海，用途为港池。

注2：折线④-1-2-①为海岸线；折线2-3-4-1为码头外缘线；线段③-②为码头前沿线4-1和3-2的垂线，与回旋水域外缘相切；线段③-④为码头前沿线4-1的平行线，与4-1相距2倍设计船长或与回旋水域外缘相切(以两者中距码头前沿线较远者为准)；线段②-①为码头前沿线3-2的平行线，与3-2相距2倍设计船长。

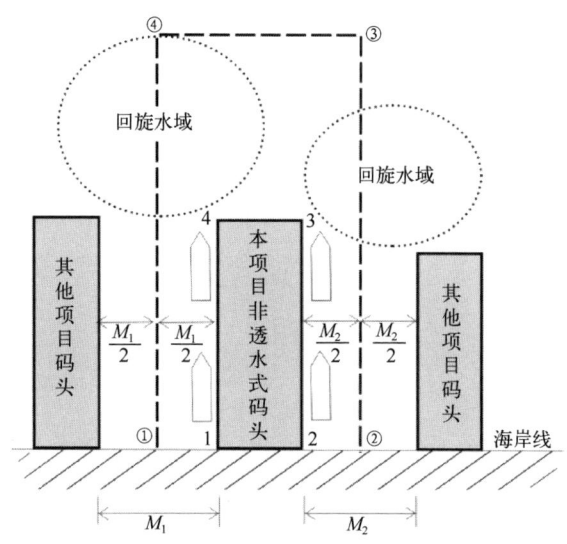

图 C.12 突堤码头丙界址界定图示

注1：折线①-1-2-②-③-④-①围成的区域为本宗海的范围。其中折线 1-2-3-4-1 围成的区域属非透水构筑物用海，用途为码头；折线①-1-4-3-2-②-③-④-①围成的区域，属港池、蓄水用海，用途为港池。

注2：折线①-1-2-②为海岸线；折线 2-3-4-1 为码头外缘线；线段④-③为码头前沿线 4-1 和 3-2 的垂线，与最外的回旋水域外缘相切；线段④-①和③-②为码头前沿线 4-1 和 3-2 的平行线，平分或依比例分割本项目码头与相邻码头之间的水域距离。

C.13 T型码头甲

用海特征：采用透水方式构筑的 T 型码头，码头后方有单个运货引桥。回旋水域位于码头前方，横向范围超出码头两端。其界址界定方法见图 C.13。

C.14 T型码头乙

用海特征：采用透水方式构筑的 T 型码头，码头后方有多个运货引桥。回旋水域位于码头前方，占用公共航道。其界址界定方法见图 C.14。

C.15 T型码头丙

用海特征：采用透水方式构筑的 T 型码头，码头后方有多个运货引桥。码头一端与其他项目码头相接。回旋水域的横向范围超出本项目码头与其他项目相接的一端。其界址界定方法见图 C.15。

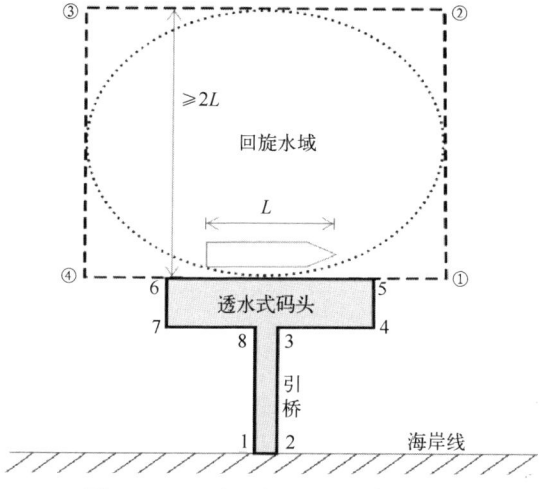

图 C.13 T 型码头甲界址界定图示

注1：折线 1-2-3-4-5-①-②-③-④-6-7-8-1 围成的区域为本宗海的范围。其中折线 1-2-3-4-5-6-7-8-1 围成的区域属透水构筑物用海，用途为码头；折线 ④-6-5-①-②-③-④ 围成的区域，属港池、蓄水用海，用途为港池。

注2：线段 1-2 为海岸线；折线 2-3-4-5-6-7-8-1 为码头与引桥的外缘线；线段 ④-6 和 5-① 为码头前沿线 6-5 的延长线；线段 ③-④ 和 ②-① 为码头前沿线 6-5 的垂线，并与回旋水域外缘相切；线段 ③-② 为码头前沿线 6-5 的平行线，与 6-5 相距 2 倍设计船长或与回旋水域的外缘相切（以两者中距码头前沿线较远者为准）。

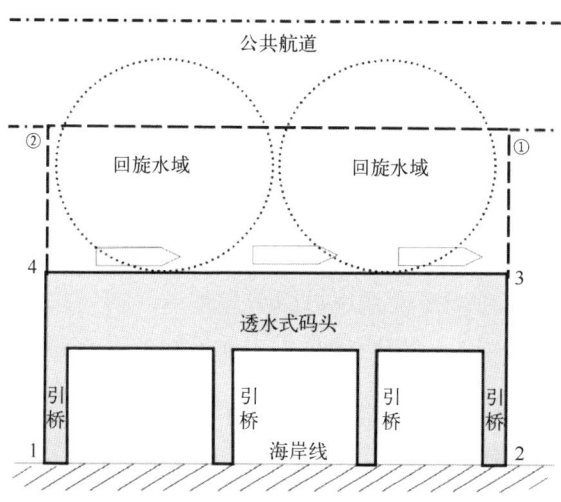

图 C.14 T 型码头乙界址界定图示

注1：折线 1-2-3-①-②-4-1 围成的区域为本宗海的范围。其中折线 1-2-3-4-1 围成的区域属透水构筑物用海，用途为码头；折线 4-3-①-②-4 围成的区域，属港池、蓄水用海，用途为港池。

注2：线段 1-2 为海岸线；折线 2-3-4-1 为码头与引桥的外缘线；线段 ②-4 和 ①-3 为码头前沿线 4-3 的垂线，与码头两端相齐；线段 ②-① 为公共航道向码头一侧的边缘线。

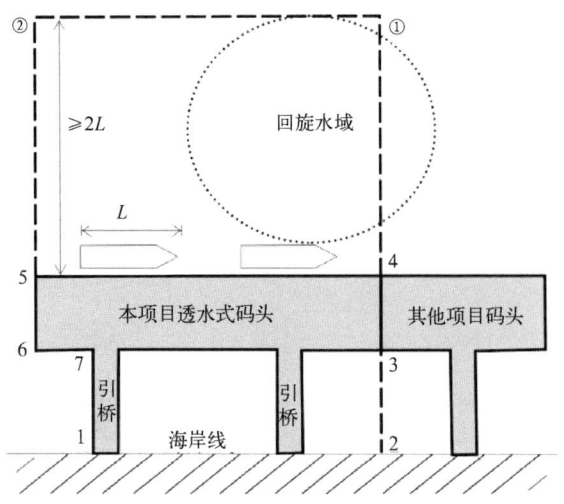

图 C.15　T 型码头丙界址界定图示

注1：折线 1-2-3-4-①-②-5-6-7-1 围成的区域为本宗海的范围。折线 1-2-3-4-5-6-7-1 围成的区域属透水构筑物用海，用途为码头；折线 4-①-②-5-4 围成的区域，属港池、蓄水用海，用途为港池。

注2：线段 1-2 为海岸线；折线 4-5-6-7-1 为码头与引桥的外缘线；线段 4-3 为本码头与其他码头的分界线，与码头前沿线 5-4 垂直；线段 3-2 为分界线 4-3 的延长线，与岸线相接；线段②-5 和①-4 为码头前沿线 5-4 的垂线，与码头两端相齐；线段②-① 为码头前沿线 5-4 的平行线，与 5-4 相距 2 倍设计船长或与回旋水域外缘相切（以两者中距码头前沿线较远者为准）。

C.16　L 型码头甲

用海特征：采用非透水方式构筑的 L 型码头。泊位和回旋水域位于码头后方，回旋水域横向范围不超出码头的开敞端。其界址界定方法见图 C.16。

C.17　L 型码头乙

用海特征：采用非透水方式构筑的 L 型码头。泊位位于码头后方。回旋水域位于码头侧方，向岸一侧边缘与码头前沿线的垂直距离不足 2 倍设计船长。其界址界定方法见图 C.17。

C.18　F 型码头甲

用海特征：采用透水方式构筑的 F 型码头。回旋水域位于码头前方或侧前方。其界址界定方法见图 C.18。

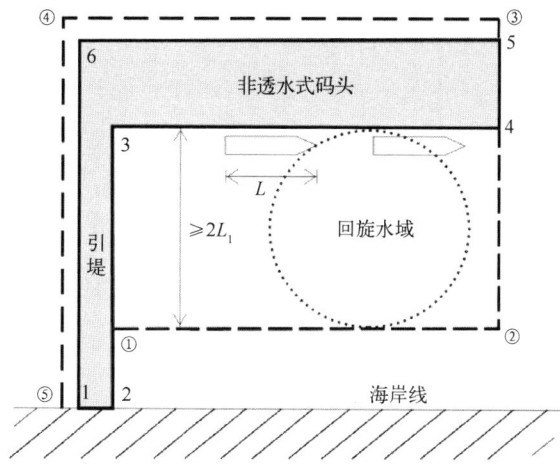

图 C.16　L 型码头甲界址界定图示

注1：折线⑤-1-2-①-②-4-5-③-④-⑤围成的区域为本宗海的范围。其中折线⑤-1-2-①-3-4-5-③-④-⑤围成的区域属非透水构筑物用海，用途为码头；折线①-②-4-3-①围成的区域，属港池、蓄水用海，用途为港池。

注2：折线⑤-1-2 为海岸线；折线 2-①-3-4-5-③-④-⑤为码头与引堤的外缘线；折线 5-6-1 为护坡坡顶线；线段 4-②为码头前沿线 3-4 的垂线，与码头开敞端相齐；线段①-②为码头前沿线 3-4 的平行线，与 3-4 相距 2 倍设计船长或与回旋水域向岸一侧的边缘相切（以两者中距码头前沿线较远者为准）。

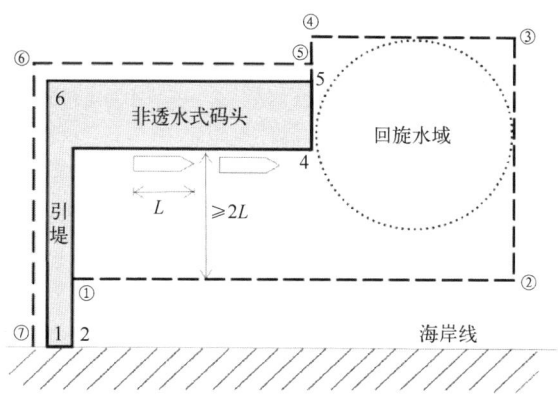

图 C.17　L 型码头乙界址界定图示

注1：折线⑦-1-2-①-②-③-④-⑤-6-⑦围成的区域为本宗海的范围。其中折线⑦-1-2-①-3-4-5-⑤-6-⑦围成的区域属非透水构筑物用海，用途为码头；折线①-②-③-④-⑤-5-4-3-①围成的区域，属港池、蓄水用海，用途为港池。

注2：折线⑦-1-2 为海岸线；折线 2-①-3-4-5-⑤-6-⑦为码头与引堤的外缘线；折线 5-6-1 为护坡坡顶线；折线④-⑤-5 为码头前沿线 3-4 的垂线，与码头开敞端相齐；线段④-③和③-②分别为码头前沿线 3-4 的平行线和垂线，与回旋水域外缘相切；线段①-②为码头前沿线 3-4 的平行线，与 3-4 相距 2 倍设计船长。

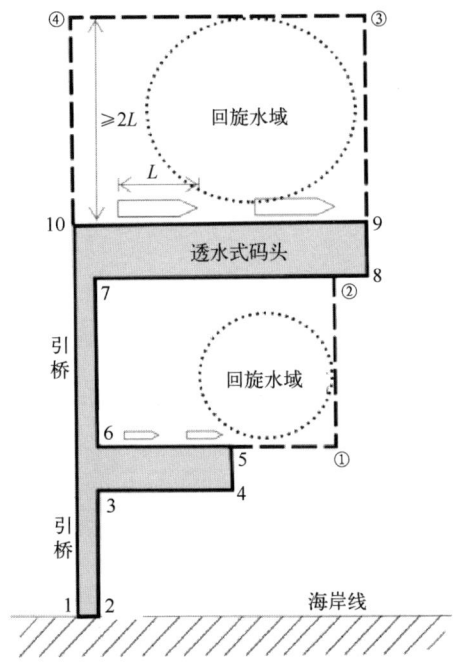

图 C.18　F 型码头甲界址界定图示

注1：折线 1-2-3-4-5-①-②-8-9-③-④-10-1 围成的区域为本宗海的范围。其中折线 1-2-3-4-5-6-7-8-9-10-1 围成的区域属透水构筑物用海，用途为码头；折线 10-9-③-④-10 和 6-5-①-②-7-6 围成的区域，属港池、蓄水用海，用途为港池。

注2：线段 1-2 为海岸线；折线 2-3-4-5-6-7-8-9-10-1 为码头与引桥的外缘线；线段④-10 和 ③-9 为码头前沿线 10-9 的垂线，与码头两端相齐；线段④-③为码头前沿线 10-9 的平行线，与 10-9 相距 2 倍设计船长或与回旋水域外缘相切（以两者中距码头前沿线较远者为准）；线段 5-①为码头前沿线 6-5 的延长线；线段②-①为码头前沿线 6-5 的垂线，与对应回旋水域外缘相切。

C.19　F 型码头乙

用海特征：采用透水方式构筑的 F 型码头，与其他项目的反 F 型或 L 型码头相邻（水域间距小于双方设计船长之和的 2 倍），呈合围状。其界址界定方法见图 C.19。

C.20　蝶型码头

用海特征：由平台、系缆墩等多个分散的构筑物组成的蝶型码头，码头平台后方有人行栈桥。回旋水域位于码头前方，纵向范围不超过码头前沿线起 2 倍设计船长。横向范围超出码头两端。其界址界定方法见图 C.20。

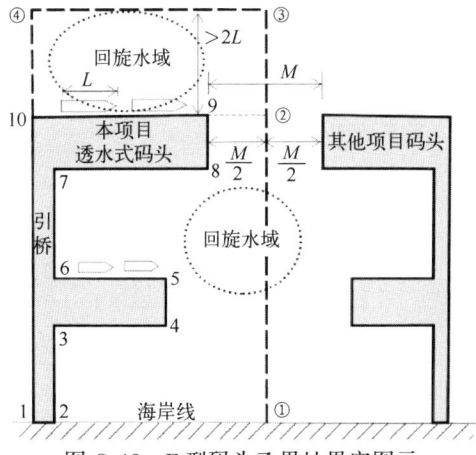

图 C.19 F 型码头乙界址界定图示

注1：折线 1-2-①-②-③-④-10-1 围成的区域为本宗海的范围。其中折线 1-2-3-4-5-6-7-8-9-10-1 围成的区域属透水构筑物用海，用途为码头；折线 2-①-②-③-④-10-9-8-7-6-5-4-3-2 围成的区域，属港池、蓄水用海，用途为港池。

注2：线段 1-2 为海岸线；折线 2-3-4-5-6-7-8-9-10-1 为码头与引桥的外缘线；线段④-10 和③-②-①为码头前沿线 10-9 和 6-5 的垂线，线段④-10 与码头一端相齐，线段③-②-①平分或依比例分割本项目码头与相邻码头之间的水域距离；线段④-③为码头前沿线 10-9 的平行线，与 10-9 相距 2 倍设计船长或与回旋水域外缘相切（以两者中距码头前沿线较远者为准）。

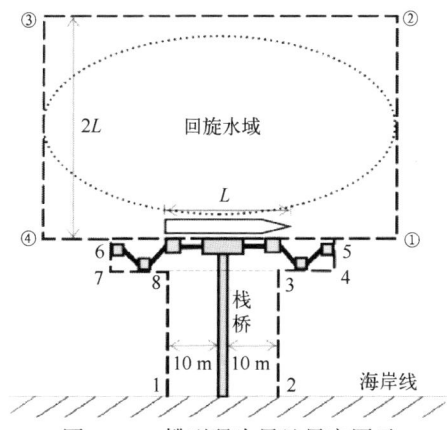

图 C.20 蝶型码头界址界定图示

注1：折线 1-2-3-4-5-①-②-③-④-6-7-8-1 围成的区域为本宗海的范围。其中折线 1-2-3-4-5-6-7-8-1 围成的区域属透水构筑物用海，用途为码头；折线④-①-②-③-④围成的区域属港池、蓄水用海，用途为港池。

注2：线段 1-2 为海岸线；折线 7-8-3-4-5-6-7 为与平台和系缆墩等相切的矩形边；线段 8-1 和 3-2 为栈桥边缘外扩10m 的平行线；线段④-6 和 5-①为码头前沿线 6-5 的延长线；线段③-④和②-①为码头前沿线 6-5 的垂线，与回旋水域外缘相切；线段③-②为码头前沿线 6-5 的平行线，与 6-5 相距 2 倍设计船长或与回旋水域外缘相切（以两者中距码头前沿线较远者为准）。

C.21 游艇码头

用海特征：采用透水方式构筑的 F 型游艇码头，泊位密集，无专门的船舶回旋水域。其界址界定方法见图 C.21。

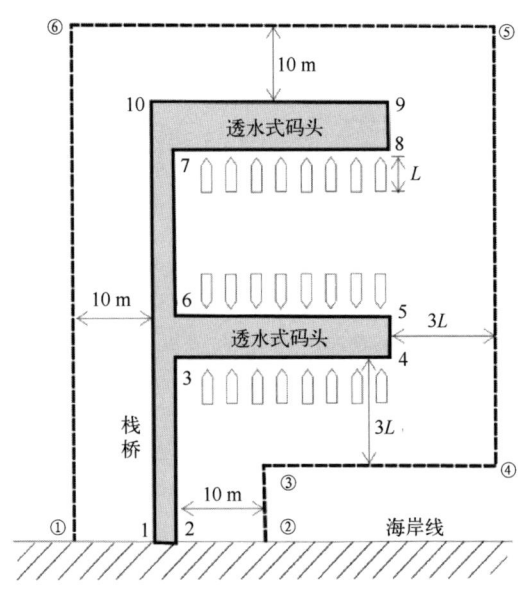

图 C.21 游艇码头界址界定图示

注1：折线①-1-2-②-③-④-⑤-⑥-①围成的区域为本宗海的范围，属透水构筑物用海，用途为游艇码头。

注2：折线①-1-2-②为海岸线；折线 2-3-4-5-6-7-8-9-10-1 为游艇码头与栈桥的外缘线；线段③-④和⑤-④分别为设置泊位的码头前沿线及码头开敞端外扩 3 倍设计船长形成的边线；线段③-②和折线⑤-⑥-①为码头、栈桥边缘线外扩10m的边线。

C.22 船坞甲

用海特征：坞门宽度小于 1 倍设计船长。其界址界定方法见图 C.22。

C.23 船坞乙

用海特征：坞门宽度大于或等于 1 倍设计船长。其界址界定方法见图 C.23。

C.24 滑道甲

用海特征：纵向滑道。船头方向与滑道走向一致，与岸线垂直。其界址界定方法见图 C.24。

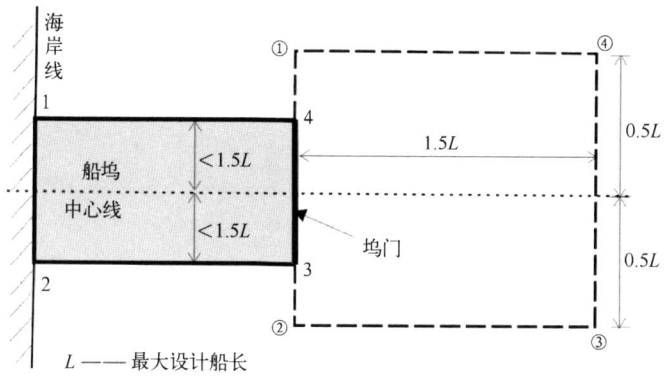

图 C.22　船坞甲界址界定图示

注1：折线 1-2-3-②-③-④-①-4-1 围成的区域为本宗海的范围。其中折线 1-2-3-4-1 围成的区域属透水构筑物用海，用途为船坞；折线①-4-3-②-③-④-①围成的区域，属港池、蓄水用海，用途为港池。

注2：线段 1-2 为海岸线；折线 2-3-4-1 为船坞外缘线，线段 4-3 为坞门；线段①-4 和 3-②为坞门 4-3 的延长线；线段①-④和②-③为船坞中心线的平行线，与船坞中心线相距 0.5 倍设计船长；线段④-③为坞门 4-3 的平行线，与坞门相距 1.5 倍设计船长。

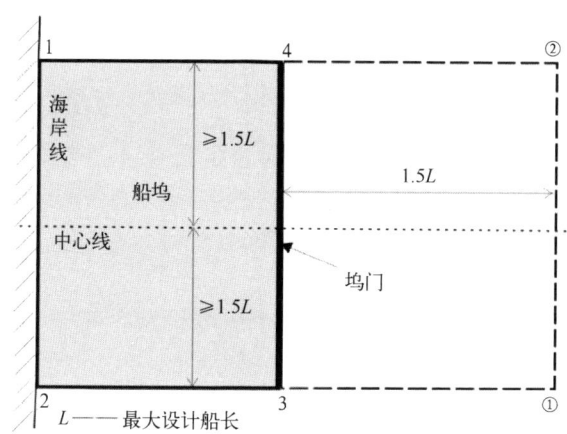

图 C.23　船坞乙界址界定图示

注1：折线 1-2-3-①-②-4-1 围成的区域为本宗海的范围。其中折线 1-2-3-4-1 围成的区域属透水构筑物用海，用途为船坞；折线 3-①-②-4-3 围成的区域，属港池、蓄水用海，用途为港池。

注2：线段 1-2 为海岸线；折线 2-3-4-1 为船坞外缘线，线段 4-3 为坞门；线段 4-②和 3-①为船坞中心线的平行线，与船坞两端相齐；线段②-①为坞门 4-3 的平行线，与坞门相距 1.5 倍设计船长。

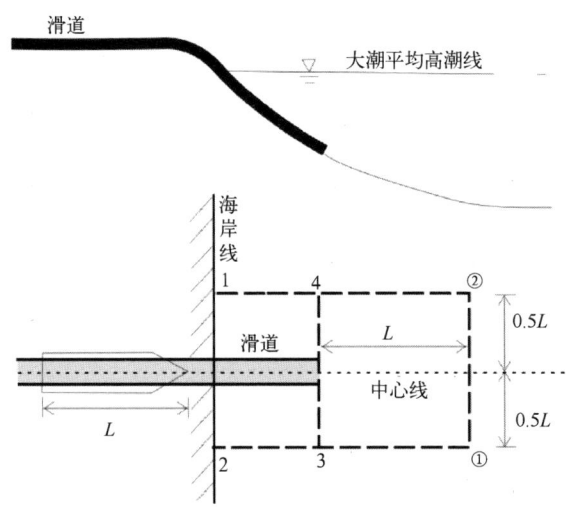

图 C.24 滑道甲界址界定图示

注1：折线 1-2-3-①-②-4-1 围成的区域为本宗海的范围。其中折线 1-2-3-4-1 围成的区域属透水构筑物用海，用途为滑道；折线 3-①-②-4-3 围成的区域，属港池、蓄水用海，用途为港池。

注2：线段 1-2 为海岸线；线段 1-4、4-②、2-3 和 3-① 为滑道中心线的平行线，与滑道中心线相距 0.5 倍设计船长；线段 4-3、②-① 为滑道中心线的垂线，线段 4-3 与滑道前端相齐，线段 ②-① 与滑道前端相距 1 倍设计船长。

C.25 滑道乙

用海特征：横向滑道。船头方向与滑道走向垂直，与岸线平行。其界址界定方法见图 C.25。

C.26 发电设施

用海特征：采用透水方式构筑的单个发电设施，离开海岸线一定距离。其界址界定方法见图 C.26。

C.27 风机塔架

用海特征：采用透水方式构筑的单个风机塔架。其界址界定方法见图 C.27。

C.28 油气开采用人工岛及其连陆道路或堤坝

用海特征：不形成有效岸线，用于油气开采的人工岛及其连陆道路或堤坝。其界址界定方法见图 C.28。

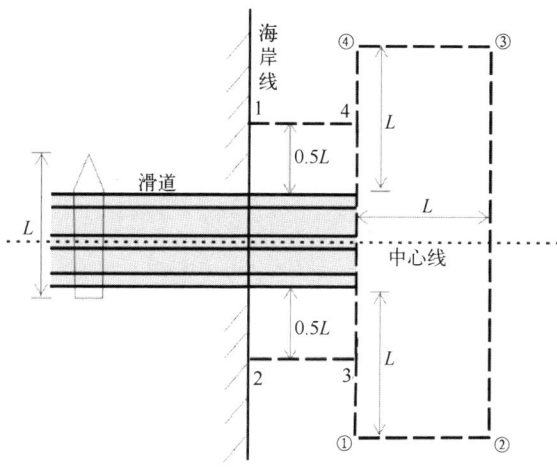

图 C.25 滑道乙界址界定图示

注1：折线 1-2-3-①-②-③-④-4-1 围成的区域为本宗海的范围。其中折线 1-2-3-4-1 围成的区域属透水构筑物用海，用途为滑道；折线 3-①-②-③-④-4-3 围成的区域，属港池、蓄水用海，用途为港池。

注2：线段 1-2 为海岸线；线段 1-4 和 2-3 为滑道中心线的平行线，与滑道两侧相距 0.5 倍设计船长；线段④-③和①-②为滑道中心线的平行线，与滑道两侧相距 1 倍设计船长；线段④-4、4-3 和 3-①为滑道中心线的垂线，与滑道前端相齐；线段③-②为滑道中心线的垂线，与滑道前端相距 1 倍设计船长。

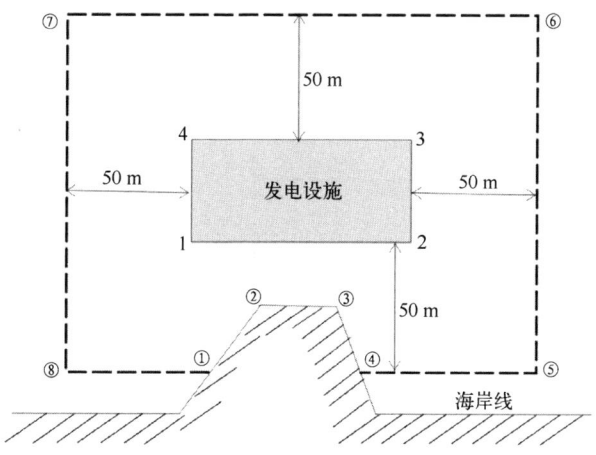

图 C.26 发电设施界址界定图示

注1：折线①-②-③-④-⑤-⑥-⑦-⑧-①围成的区域为本宗海的范围，属透水构筑物用海，用途为发电设施。

注2：折线①-②-③-④为海岸线；折线 1-2-3-4-1 为发电设施的外缘线；折线④-⑤-⑥-⑦-⑧-①为发电设施外缘线外扩 50m 形成的边线。

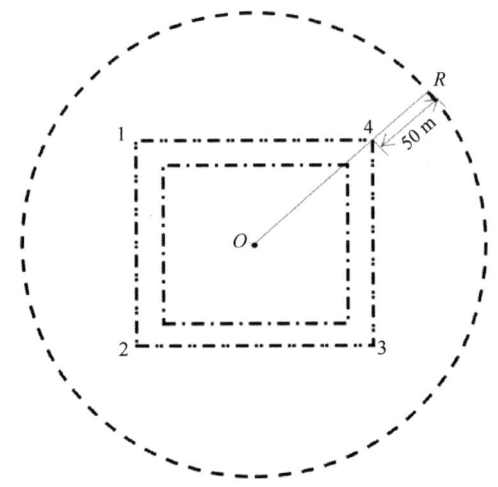

图 C.27　风机塔架界址界定图示

注：图中用虚线表示的圆为本宗海范围，属透水构筑物用海，用途为海上风力发电项目风机塔架。塔架中心点为圆心，半径为塔架中心点与塔架基础最外缘点连线外扩 50m。

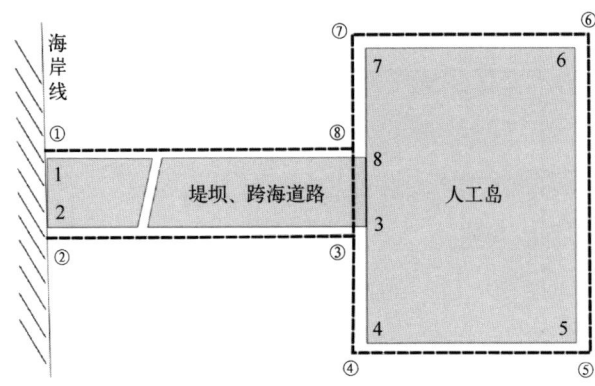

图 C.28　油气开采用人工岛及其连陆道路或堤坝界址界定图示

注1：折线①-1-2-②-③-④-⑤-⑥-⑦-⑧-①围成的区域为本宗海的范围。其中折线①-1-2-②-③-⑧-①围成的区域属非透水构筑物用海，用途为连陆道路或堤坝；折线③-④-⑤-⑥-⑦-⑧-③围成的区域属人工岛式油气开采用海，用途为人工岛。

注2：折线①-1-2-②为海岸线；折线 2-3-4-5-6-7-8-1 为人工岛及其连陆道路或堤坝的护坡坡顶线；折线②-③-④-⑤-⑥-⑦-⑧-①为人工岛及其连陆道路或堤坝的水下外缘线。

C.29 石油平台

用海特征：采用透水方式构筑的综合生产石油平台或油气开采井口平台。其界址界定方法见图 C.29。

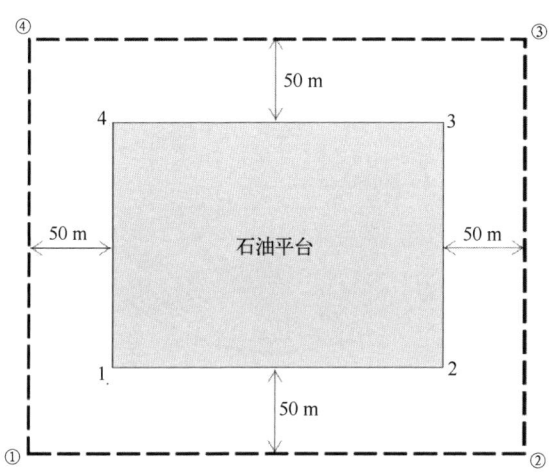

图 C.29 石油平台界址界定图示

注1：折线①-②-③-④-①围成的区域为本宗海的范围，属平台式油气开采用海，用途为石油平台。
注2：折线 1-2-3-4-1 为平台的外缘线；折线①-②-③-④-①为平台外缘线向四周平行外扩 50 m 形成的边线。

C.30 浮式生产储油装置甲

用海特征：采用立管或单点系泊方式的储油轮。其界址界定方法见图 C.30。

C.31 浮式生产储油装置乙

用海特征：采用多点伸展系泊方式的储油轮。其界址界定方法见图 C.31。

C.32 跨海桥梁及其附属设施

用海特征：通过设置桥墩或采用直跨形式架空建设的跨海桥梁。其界址界定方法见图 C.32。

C.33 电缆管道和海底隧道用海

用海特征：占用海床和底土空间铺设的电缆管道或海底隧道等。其界址界定方法见图 C.33。

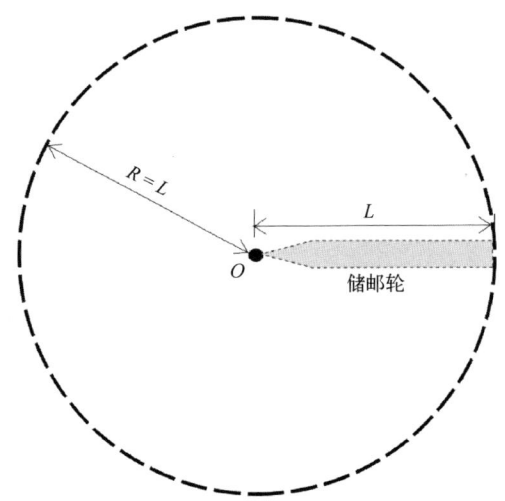

图 C.30 浮式生产储油装置甲界址界定图示

注1：图中用虚线表示的圆为本宗海的范围，属平台式油气开采用海，用途为浮式生产储油装置。
注2：圆心为立管中心点或系泊点，半径为1倍船长(含系泊臂、缆的总长度)。

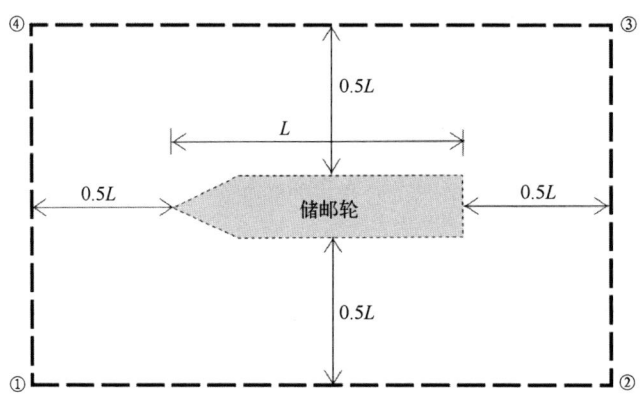

图 C.31 浮式生产储油装置乙界址界定图示

注1：折线①-②-③-④-①围成的区域为本宗海的范围，属平台式油气开采用海，用途为浮式生产储油装置。
注2：折线①-②-③-④-①为储油轮垂直投影的外切矩形外扩 0.5 倍船长的矩形边。

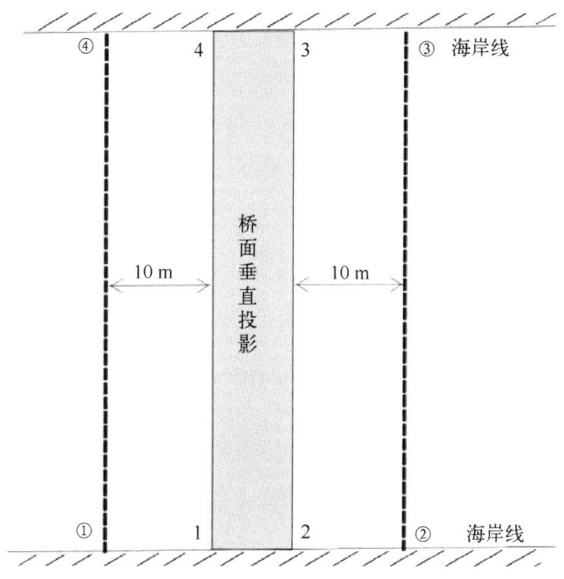

图 C.32 跨海桥梁及其附属设施界址界定图示

注1：折线①-1-2-②-③-3-4-④-①围成的区域为本宗海的范围，属跨海桥梁、海底隧道用海，用途为跨海桥梁。

注2：折线①-1-2-②和③-3-4-④为海岸线；线段4-1和3-2为桥面垂直投影的外缘线；线段④-①和③-②为桥面垂直投影的外缘线向两侧外扩10m的平行线。

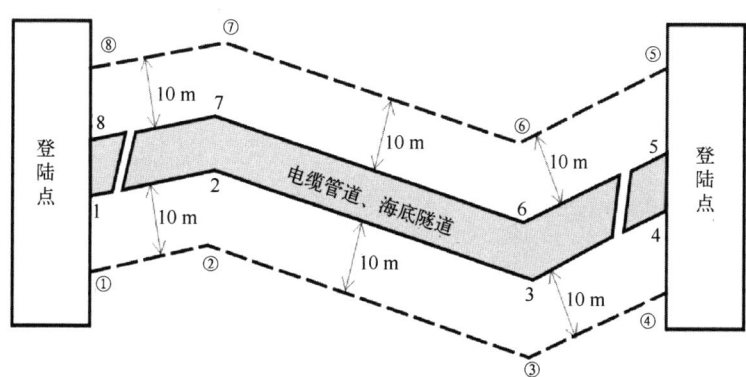

图 C.33 电缆管道和海底隧道用海界址界定图示

注1：折线①-②-③-④-4-5-⑤-⑥-⑦-⑧-8-1-①围成的区域为本宗海的范围。其中电缆管道属海底电缆管道用海，用途为海底电缆管道；海底隧道属跨海桥梁、海底隧道用海，用途为海底隧道。

注2：折线1-2-3-4和5-6-7-8为电缆管道或海底隧道及其防护设施的外缘连线；折线①-②-③-④和⑤-⑥-⑦-⑧为电缆管道或海底隧道及其防护设施的外缘连线向两侧平行外扩10m的边线。

C.34 海底场馆用海

用海特征：占用海床和底土空间构筑的海底场馆、仓储设施等，邻接海岸线。其界址界定方法见图 C.34。

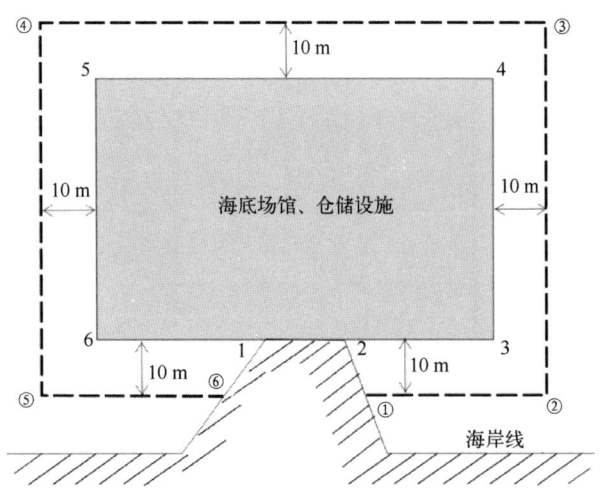

图 C.34 海底场馆用海界址界定图示

注1：折线 1-2-①-②-③-④-⑤-⑥-1 围成的区域为本宗海的范围，属跨海桥梁、海底隧道用海，用途为海底场馆或海底仓储等。

注2：折线⑥-1-2-①为海岸线，折线 2-3-4-5-6-1 为海底场馆或仓储设施的外缘线，折线①-②-③-④-⑤-⑥为海底场馆或仓储设施的外缘线外扩 10 m 形成的边线。

C.35 取排水口甲

用海特征：沿岸取排水口。其界址界定方法见图 C.35。

C.36 取排水口乙

用海特征：离岸取排水口。其界址界定方法见图 C.36。

C.37 开放式养殖用海甲

用海特征：单宗的筏式或网箱养殖。其界址界定方法见图 C.37。

C.38 开放式养殖用海乙

用海特征：多宗相连的筏式或网箱养殖。本项目与其他相邻项目的水域间距不足 60 m。其界址界定方法见图 C.38。

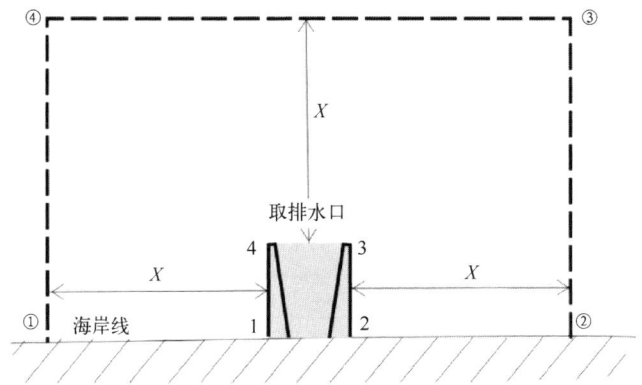

图 C.35 取排水口甲界址界定图示

注1：折线①-1-2-②-③-④-①围成的区域为本宗海的范围。一般的取排水用海，属取、排水口用海，用途为养殖或工业取排水口；专门用于污水达标排放的排水口，属污水达标排放用海，用途为污水达标排水口。

注2：折线①-1-2-②为海岸线；折线2-3-4-1为取排水设施的外缘线；折线②-③-④-①为取排水设施外缘线外扩X距离形成的矩形边，养殖、盐田取排水口取$X=30$ m，其他取排水口取$X=80$ m。

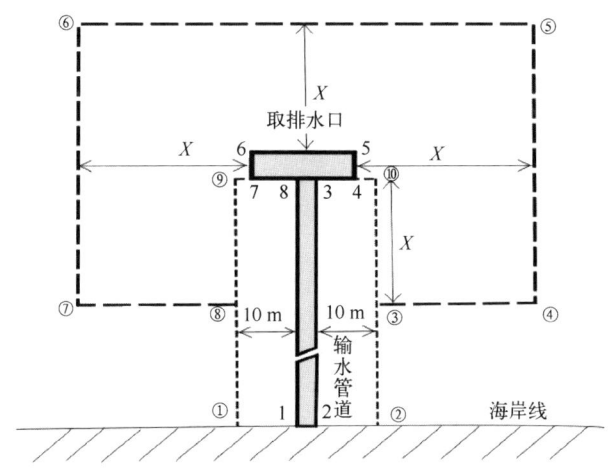

图 C.36 取排水口乙界址界定图示

注1：折线①-1-2-②-③-④-⑤-⑥-⑦-⑧-①围成的区域为本宗海的范围。其中折线3-4-⑩-③-④-⑤-⑥-⑦-⑧-⑨-7-8-3围成的区域属透水构筑物用海，用途为养殖或工业取排水口；折线①-1-2-②-③-⑩-4-3-8-7-⑨-⑧-①围成的区域属海底电缆管道用海，用途为输水管道。

注2：折线3-4-5-6-7-8-3为取排水设施（头部）的外缘线；折线1-2-3-8-1为输水管道；折线③-④-⑤-⑥-⑦-⑧为取排水设施外缘线外扩X距离形成的边线，养殖、盐田取排水口取$X=30$ m，其他取排水口取$X=80$ m；线段①-⑨和②-⑩为输水管道外缘线向两侧外扩10 m 的平行线；线段⑨-7 和④-⑩分别为线段7-8和3-4的延长线，与线段①-⑨、②-⑩相齐。

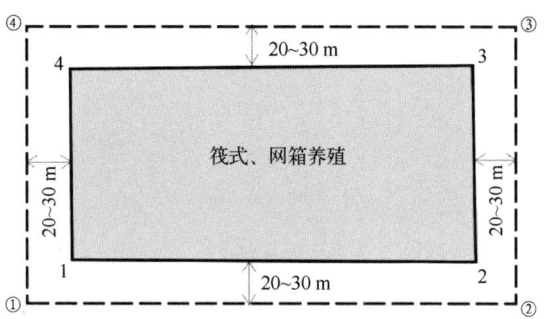

图 C.37 开放式养殖用海甲界址界定图示

注1：折线①-②-③-④-①围成的区域为本宗海的范围，属开放式养殖用海，用途为筏式或网箱养殖。

注2：折线 1-2-3-4-1 为筏脚(架)、桩脚(架)最外缘的连线；折线①-②-③-④-①为筏脚(架)、桩脚(架)外缘连线外扩 20~30 m 的边线。

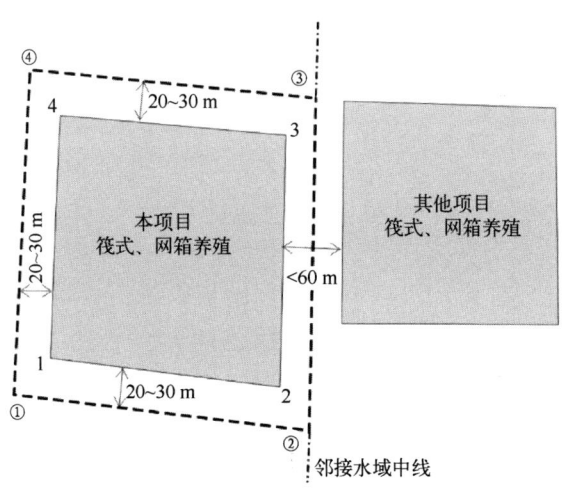

图 C.38 开放式养殖用海乙界址界定图示

注1：折线①-②-③-④-①围成的区域为本宗海的范围，属开放式养殖用海，用途为筏式或网箱养殖。

注2：折线 1-2-3-4-1 为筏脚(架)、桩脚(架)最外缘的连线；折线①-②-③-④-①为筏脚(架)、桩脚(架)外缘连线外扩 20~30 m 的边线；线段③-②为本项目与相邻项目之间的水域中线。

C.39 浴场用海甲

用海特征：设置防鲨网的海水浴场。其界址界定方法见图 C.39。

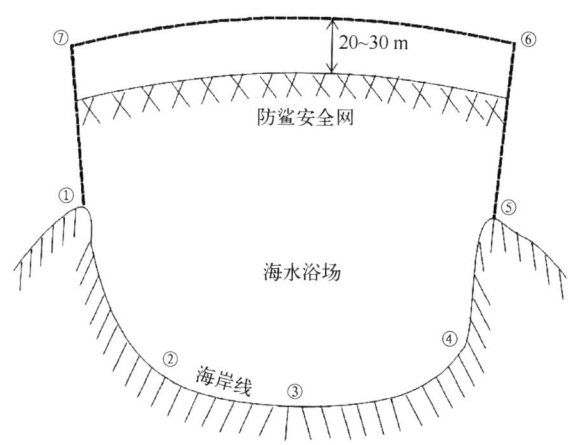

图 C.39 浴场用海甲界址界定图示

注1：折线①-②-③-④-⑤-⑥-⑦-①围成的区域为本宗海的范围，属浴场用海，用途为浴场。
注2：折线①-②-③-④-⑤为海岸线；线段⑦-①和⑥-⑤为防鲨网两侧缆绳的延长线；线段⑦-⑥为防鲨网外缘线外扩20~30 m的边线。

C.40 浴场用海乙

用海特征：海湾型或凹入型海水浴场，无防鲨网，实际使用范围在海湾内。其界址界定方法见图C.40。

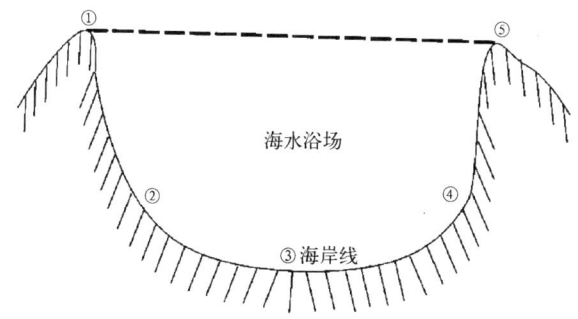

图 C.40 浴场用海乙界址界定图示

注1：折线①-②-③-④-⑤-①围成的区域为本宗海的范围，属浴场用海，用途为浴场。
注2：折线①-②-③-④-⑤为海岸线；线段①-⑤为岬角连线。